大中原文化读本

民俗中原：

唢呐吹奏一阕归乡词

《大中原文化读本》丛书编委会 编

文心出版社
·郑州·

图书在版编目（CIP）数据

民俗中原：唢呐吹奏一阕归乡词 /《大中原文化读本》丛书编委会编. 一郑州：文心出版社，2018.3（2019.1重印）

（大中原文化读本）

ISBN 978-7-5510-1264-5

Ⅰ.①民… Ⅱ.①大… Ⅲ.①散文集-中国-当代 Ⅳ.①I267

中国版本图书馆CIP数据核字（2016）第091239号

《大中原文化读本》丛书编委会人员名单

（按姓氏音序排列）

白军峰　陈传龙　陈　洋　陈光福　陈晓磊　成　城　崔运民　董素芝
段海峰　郭良正　郭艳先　韩晓民　郝淑华　侯发山　胡　泊　贾国勇
李　涛　李　颖　李俊科　栗志涛　刘树生　刘永成　逯玉克　骆淑景
马维兵　石广田　睢建民　孙　兴　王　剑　王　涛　王剑冰　王永记
武冠宇　姚国禄　易怀顺　张超我　张充波　张俊杰　张树民　张相荣
赵长春　郑长春　庄　学

选题策划：齐占辉
责任编辑：齐占辉
责任校对：吴月梅
装帧设计：青禾设计　李莱昂
出 版 社：文心出版社
（郑州市经五路66号）
发行单位：全国新华书店
承印单位：北京博海升彩色印刷有限公司
开　　本：710×1000　1/16
字　　数：300千字
印　　张：12
版　　次：2018年3月第1版
印　　次：2019年1月第2次印刷
书　　号：ISBN 978-7-5510-1264-5
定　　价：42.00元

王剑冰，河南省作家协会副主席，河南省文艺评论家协会副主席，河南省散文学会会长，中外散文诗协会副主席，曾任《散文选刊》副主编、主编。

透射历史辉煌 展现中原文明

河南人爱说“中”，为什么？有人说，“中”就是因为中国姓“中”，中国的中就在中原，中原在中国之中，中原在黄河之中，中原人干事儿没有说不中的。有地方说“对”，有地方说“是”，有地方说“行”，有地方说“要得”，都没有“中”听着来劲儿、瓷实、肯定。“中”是民族味儿，“中”是中原风。

中原无论是过去还是现在在中国都是常住人口最多的地方，说明什么？说明中原是最宜居之地，人们喜欢往这里集中。得中原者得天下，中原一占住其他事情就好办了。你没见一条大河流经九省区，波澜曲折，唯到中原变得漫漶壮阔，山峡中憋屈的风，一遇广阔就尽情尽性。中原给了一切生物以一切的可能。没有哪一个地方被那么多的游子称为“老家”，出了中原你随便问，总能遇到河南人。中原人爱唱戏，声腔沉郁豪放、婉转悠扬，能拉魂曳魄、惊天泣神。中原人待客都喜用大杯大碗，从来按头等大事对待。中原人爱吃面，能吃出七十二花样，耍出十八般武艺。中原人有愚公般的实在，也有老子样的智慧。在中原，你随便走一地，都会同历史、文化、文明相通连。无数人物、无数遗迹、无数传说使得中原自显博大，沉厚深浑。

我所居住的地方，不远有座版筑土城，上面长满荒草和野木，冬天的时候铺满皑皑白雪，从高处看像一条银色长龙，逶迤折向很远。春天又开满了野花，说不清的芬芳随处荡漾。这就是郑州的商代都城遗址。渐渐地，我越来越知晓郑州的一些细节的东西。在城墙的一个角落，有标志是“李诚故里”，李诚是谁？一查资料方知此人了得。我还寻找过李商隐在郑州古城墙附近的居所，以及他常登临并赋诗的夕阳楼。那首诗后来被刻石而名扬天下：“花明柳暗绕天愁，上尽重城更上楼。欲问孤鸿向何处，不知身世自悠悠。”我站在一片古城废墟上，面对西下的落日一阵感慨。我去找寻过陈胜故里，年代久远，只有一点可以追寻的痕迹，那是在阳城也就是现在的告成的老墙围子里。我当时一阵惊喜，那个辍耕之垄上怅叹久矣、怀有鸿鹄之志搅乱历史风云的猛士，竟然是郑州登封人。还有黄帝、子产、列子、韩非、杜甫、郑虔、白居易、申不害、郑国、高拱、许衡、李商隐……也都是郑州人。这是一个怎样的队列啊，这些风云人物，竟都在一个地方聚齐了，他们之中有中国历史上最伟大的政治家、军事家和文学家，由他们串起来的故事，可以说就是半部中国史。

我出郑州，刚过了圃田的高架桥，就看到一个“列子故里”的牌子，牌子虽然不起眼儿，但让我猛一激灵。列子何等人物？那个讲说了《愚公移山》《杞人忧天》《郑人买履》等故事的“寓言大王”原来就在这里！而他的主要创作来源，大都是取自中原的生活与传说。我经过光山，才知道司马光是在光山出生，司马光的“光”就是取自“光山”。我一直没有到过获嘉，到那里才知道有个同盟台，武王伐纣时曾在那里会盟然后展开的牧野大战。去偃师，本来是去看二里头遗址的，在一个学校的角落发现一堆土，荒草蓬茸，颓然不堪，里面掩埋的竟然是吕不韦。

因为地处中国之中，中国八大文明古都，中原就占了四个。《诗经》三百篇，一半以上内容都与中原有关。中原地下文物堪称第一。这么说吧，你到中原游走，无论顺哪个方向都不会让你失望。咱们就从郑州往东西两线说说，往东，中间经过官渡，那是历史上有名的官渡大战的地方，然后是中牟，中国的美男子潘安的老家，再说开封话就多了，再往东有朱仙镇，有老子故里，有花木兰故里，有芒砀山（汉高祖刘邦斩蛇起义的地方）。再有商丘，里面的历史也能让你流连忘返。那么拐回头再往西去，又会有邙山历代陵园，其中就有宋陵，有杜甫故里、二里头文化遗址，洛阳更不用说，洛阳往西到三门峡，还有老子走过的函谷关。这只是差不多顺两条直线说一说，如果论片说就更多，还有南面北面呢，可以说哪条线都串联着无数辉煌的珠玉。

到底中原有多少好？我这里不细说了，那么看看这八卷书吧，看完再告诉我你的感觉，你一定说我没有妄言。我感觉，文心社出这套书是大手笔，数百位热心文友参与撰稿写作，以随性、自由的笔法，以极具个人成长印记的独特感受，来写中原传统文化，构成宏大的一套可供参考、学习、欣赏的“大中原文化读本”。这套书按照编者的说法，是把被史学专家、文化学者把玩的中原文化，以文艺范儿的通俗化理念，搞出来美食、民俗、戏曲、寻根、问宗、故都、古镇、非遗八个分册，每个分册选取中原文化的一个独具特色的亮点，是想展现中原生活风俗，体现中原人文精神，传承华夏文明，突出正义与精神，追求向上向善的力量。这就有意思了，也算是文心出版社精心打造的文化盛宴。

中原正在发生着变化，而且是很大的变化，这或许同你的印象或概念不大一样了，这些不一样，在这些书中也有反映，总之这些文字会给你带来回味和惊喜。这也是在多个方面给你引出了一个参观线路，就像一个增乐趣、长知识的导游图，在导游图上你可以随意找出想看到的那些细部特征。实可为旅途伴侣，枕边挚爱。这样，中原人会对家乡有更多的了解、自豪和自信，外地人也会对中原有更多的感慨。如此，当是我们为之满足的，快乐的。

王剑冰于郑州形散庐

邀您共赴
这场中原文化的饕餮盛宴

无论是为新书推广，还是为最确切地表达我们内心最真实的激动，我们都为这套“大中原文化读本”书系想象了很多的广告语。无奈，我们这些河南人都过于朴实，也不好意思说些太过花哨与夺人眼球实际上却早已失去了事情原本面庞的“豪华”字眼儿。最终，我们只是就这样掩去自己太过激动的内心，带着满怀的诚挚与真情，道一声：四百多名河南老乡，邀您共赴一场关于中原地区传统文化的饕餮盛宴，您约不约？

写这篇编委序时，恰是2016年的立夏。此刻，“大中原文化读本”全套八本书的内容已全部定稿，责任编辑也为它们申请了书号，它们正大光明的、合法的“身份证”也即日将由国家新闻出版总署发放到位，我们的内心又该如何不激动呢？回想一下这套书的成书历程，我们又该如何不感慨良多呢？从2014年年底，到2016年的立夏日，这个中的曲折、努力、激动、欢喜、欣慰……又怎是一个“好事多磨”能解释得了呢？

从一开始，“大中原文化读本”的策划方向，即是为河南省、中原地区优秀传统文化立传立言，发动所有能够以文字代言、表达真实内心的河南老乡，无论是作家还是文友，无论是“术业有专攻”的专家、学者，还是名不见经传的普通乡民，用文字来一场关于中原传统文化的“集体回忆”。让为生计而远离中原故土家园的河南老乡们，有这样的一套书以解乡愁；让对河南人有误解的外乡人，通过这样的一套书来深刻认识中原地区优秀、灿烂的文明，以及河南人至情至善的人格内核。

因着这样的大志向，2015年年初，征稿伊始，“大中原文化读本”便引起了河南文化界的极大关注。有知名作家把自己正在整理、打算出版的整部书稿都直接发给我们，让我们随便选用，从始至终连稿费多少都未曾问过。普通文友也是热情高涨，有文友大笑着说“作为一个土生土长的河南人，中原文化的盛事又怎么能少了我呢”，继而一篇接一篇地把稿子投给我们。征稿六个月，我们共收到来稿七千多篇，至于其中有多少河南老乡甚至省外作家、文友参与进来，我们无法做出精准的统计。虽然，因为图书版面有限，编委会从这海量的来稿里优中选优，敲定了八本书的全部内容，最终仅选用了四百多篇，但是，我们依然可以任性地说：这套书至少是河南老乡共同创作的，我们实现了“河南老乡集体回忆”的初衷。

截稿之后的2015年下半年，我们开始既紧张又欢欣的选稿阶段。之所以紧张，是因为投了稿子的作者们急切地想要知道自己的作品是否被录用而每每催问；是因为关注“大中原文化读本”的老乡们一直在催问什么时候见书；是因为我们自己怕漏过每一篇佳作，怕一丝一毫的不负责任就无法做到把中原文化的最美面貌呈现出来，毕竟，正像翘首以盼的读者所说的那样：“这套书势必会成为河南文化的一张名片，甚至是脸面。”我们又怎敢掉以轻心？

之所以欢欣，是因为我们这些人虽然冠以“文化人”的名号，到底是不敢妄言什么都懂什么都明了的，而恰恰是在边读边选稿件的过程中，对中原文化知识进行了恶补。能学习到新的文化知识，让人如何不欢欣？另外，还是因为在选稿读文时，我们往往会发出“当年我也经历过”的感叹，那似曾相识，那有着共同的中原文化背景的乡愁情结，在文字间得到了共鸣，获得了纾解。能亲切到彼此像共同成长、一起生活的伙伴一般，让人如何不欢欣？

《美食中原》——我们流着口水，回忆着母亲做的咸菜疙瘩和蒸卤面的香甜在看；《民俗中原》——我们回忆着很多习俗尚且还在时日子艰难却家庭温馨、乡邻和睦的童年往事在看；《戏曲中原》——我们伸长了耳朵，听着马金凤威武的“辕门外，三声炮”，听着唐喜成嘹亮的“风萧萧马声嘶鸣”，听着任宏恩让人忍俊不禁的“月光下，我把她仔细相看”，于乡情乡音乡戏的沉醉中在看；《故都中原》——我们忍着被文字撩拨得几乎要夺门而出，来一场说走就走的故都之旅的冲动在看；《寻根中原》——我们带着对自己的祖上的追根问底，带着对老宅旧屋的浓得化不开的乡愁在看；《问宗中原》——我们沐浴着深山佛寺的清净之味、函谷关道家的自由之风在看；《古镇中原》——我们是看几篇文章就被文字吸引了，带着非要去那些散布在中原地区的文化名镇、传统村落里走走看看的回归感在看；《非遗中原》——我们带着对很多先辈留给我们的民间文化精粹几乎今已不见了踪影的遗憾，以及部分得到了重视、发掘且被继续传承的欣慰在看……

而当您来赴这场关于中原文化的饕餮盛宴，把这“八大件”的套餐拿在手中的时候，您又会如何看呢？

辛苦不再赘言。感谢所有曾给予“大中原文化读本”支持与帮助的人们。感谢上苍，让我们有这样一个共同赴“宴”的机会，约不约？等您，不见不散。

《大中原文化读本》丛书编委会

目　录

民俗中原：
唢呐吹奏
一阕归乡词

渐行渐远的老行当

一年到头都是节假日

混的就是这个人情世故

说的比唱的都好听

散落在平原上的文化符号

1
/
28

时光如流水，带走许多东西，记忆里很多符号，大多已消失在光阴里，这些伴随着一代又一代人成长的老行当就是其中之一。爆糙米、画糖画、磨剪刀……这些行业伴随着我们度过了漫长的岁月，可不知不觉中，它们开始在我们的视野中渐行渐远，最后仅留在了人们的记忆里。

父亲的木匠生涯

骆淑景丨文

【作者简介】

骆淑景，曾用网名“黑梅”“春江花月夜”等，河南卢氏人。现居河南省三门峡市。中师毕业，当过教师、县委宣传部通讯员、副乡长之类，现在一个清水衙门当副职，可有可无。

在改革开放以前的漫长岁月里，木匠在社会生活中占据着非常重要的地位。从耕作用的犁耧锄耙，到盖房子用的房梁木架、门窗户扇，日常生活所用的桌椅板凳、茶几箱柜，厨房所用的锅盖、风箱，一直到交通上的车、船，还有水磨轮子、轧花车子，量粮食用的升、斗，烧砖瓦用的瓦札子、砖斗子，以及织布机子、纺花车子、小孩坐的坐车子，还有人死后用的棺材，等等，都离不开木匠。

在陶瓷业不发达、塑料产品还没有出现以前，人们用的桶、盆、缸，也都是木匠用木头箍的。还有许多工艺品，亭台楼阁，雕梁画栋，飞檐翘角，也都少不了木工。

据说，20世纪30年代以前，豫西一带没有木匠，盖房子做家具都是请洛阳木匠。因为洛阳是九朝古都，古建筑多，催生了一大批能工巧匠。洛阳匠人来这里干活，从年头干到年尾，最后挣一把钱回去。洛阳木匠称自己“我们是河南府的”，本地人也称他们“河南府的匠人”。后来本地人开始跟上洛阳木匠学手艺，用的木匠家伙，斧啦、锯啦、刨啦，都是从洛阳人手里买来的。那时洛阳一带缺吃的，来干活的徒弟娃子，初来乍到都是面黄肌瘦，跟上师傅干上一段，都吃得胖乎乎了。

我父亲小时候喜欢舞刨弄锯，家里请木匠干活，他就跟在人家屁股后面嘁嘁喳喳。帮忙凿个眼啦，拉个大锯啦，乐此不疲。17岁那年，父亲跟上一位姓陈的师傅，学会了木匠手艺，一生靠这个养家糊口生存下来，并成为这一带有名的木匠。

作家周同宾说，学木匠要“三年斧子五年锛，十年刨子学不真”，我父亲说，没有那么难。他只跟上陈师傅学了一年半，就出师了。所谓三年徒弟，不是三年才学会，而是学会了要报答师父，给他白干一段，这是规矩。最初学木匠的人都是目不识丁，若稍微有点文化知识，都好学了。你只要知道圆周率是3.14就行，甚至只知道个3就中。他还说，只要基本功扎实，会推磨就会捣碾。他跟上师父只做过斗、棺材，以后就什么都会了。父亲擅长打风箱、打水磨轮子、穿瓦札子，最拿手的是做棺材，我们这里叫“板”。方圆附近的老人都希望用上“骆师”做的“板”，他会在“板”上面挑祥云、仙鹤，还有牡丹花子，还有“寿”字等图案。

小时候，家里到处是木工用具，墨斗、方尺、锯子、刨子、斧子、锛子、凿子……还有木工用的扁铅笔，到处都是。那时做木匠活儿，没有电锯、电刨，一切都是人工。没有一身好力气，是吃不了这碗饭的。做家具都是从解“木石轱辘”开始，常常是母亲给父亲打下手，父亲拉上锯，母亲拉下锯。把木头捆在大树或木桩子上，搭起斜板，两人站在高高的斜板上，一脚前一脚后，“噌噌噌”你来我往，非常卖力。解到一半时，再把斜板放低，人站在低处拉锯。有时母亲顾不上，父亲就用一面镜子照住木头对面的墨线，一个人拉。诗人流沙河被打成右派后，当过六年“解匠”，就是拉大锯的。他说过一个顺口溜，很形象地表明拉大锯是个出力活儿：“解锵解，解锵解，裤裆那个东西两边甩。”而每当父母拉大锯时，我们在一边唱的是：“拉大锯，扯大锯，姥姥家唱大戏。大大去，妈妈去，就是不叫小娃去。”母亲还帮父亲吊墨斗，捻棕绳。吊墨斗就是给木头打线，一人按住这头，另一人按住那头，然后用手把墨线弹起，“嘭，嘭”，笔直的墨线就出来了。捻棕绳是穿瓦札子用。母亲说，那时哥哥小，才会爬。她和父亲干活时，就把哥哥抱到很远的地方，然后他俩开始捻绳。但不一会儿哥哥就爬到跟前了，再抱再爬，非常辛苦。那时干木匠活儿，都是夜里加班，白天要给生产队干，夜里才能偷着干“体己活儿”。

父亲说，他经常熬夜给人做瓦札子。一副瓦札子20块，在那时可是一笔不小的收入。但哥哥体弱多病，经常要打针吃药。父亲只要加班做一对瓦札子，哥哥第二天一准儿要打青霉素。一支20万单位的青霉素要十块钱，父亲熬通宵挣的钱，刚好够给他打两针。父亲说，有一次他一连熬了三天三夭，累得张嘴打哈欠。夜里听到母亲和哥哥一大一小香甜的呼噜声，心想，能饱饱睡一觉该多好啊。可是他不能睡，人家第二天一早要来取货。

父亲虽然是木匠，但家里却缺椅少凳的，桌子箱子都很简陋。母亲就说：“当席匠溜光炕，大夫守个病婆娘，木匠住的是柯杈房。”我问啥叫柯杈房，她说就是用几根棍子撑起的简易房，形容会啥家里缺啥。

母亲还经常说："长木匠，短铁匠。"意思是木匠用料要长，长了可以截短，要是短了就没有办法了；而铁匠用料短了可以锻打变长。还有"木匠斧子一面砍"，意思是遇事只讲一面理。有时父亲做了什么错事，母亲就说："你木匠做枷，自作自受吧。"

父亲年轻时背上木匠家伙走四方，吃百家饭，经见过许多世事。虽然木匠干的也是出力活儿，社会地位也不高，但比起面朝黄土背朝天的农民，还是要好许多。他说当木匠有三大好处：一是可以吃得饱，还能省一口人粮食；二是相对干地里活，要轻省许多；三是可以挣些零花钱。比如，那时他一天挣一块八，给生产队交一块五，记十分，还可以落三毛钱。这样光景就比村里其他人家好过一点。方圆附近村子的人家，父亲都给他们做过活。大到盖房子做嫁妆，小到修猪圈栅栏门。有的人家大方，好吃好喝招呼你，而有的人家很小气，不但不让匠人吸烟，有时连开水都喝不上。

父亲干木工活儿，也有许多逸闻趣事。农村人给老人做棺材，很庄重，像盖房子一样——上梁这天，亲戚朋友都要来，喝酒哩，庆祝哩。有一次他给一户人家做棺材，主人很满意，活起时热情款待，几个人轮流给他端酒。父亲喝着喝着喝多了，最后晕晕乎乎不知怎么就睡到了棺材里。主人一家寻不着父亲，发动全村老少四处八下寻，把人都快急疯了。半夜时分父亲酒醒后，自己从棺材里爬了出来。

还有一次他给一户人家做风箱。这家人割肉包饺子，他们把肉丝藏起来，把肉皮子剁剁包饺子给匠人吃。父亲很生气，也没法说。把风箱做成后，他心生一计。一开始他们试用，呼呼生风很"过"。临走时，父亲用一张白绵纸把风箱口糊住，待到晚上这家人去做饭时，风箱怎么拉都不"过"。他们找着父亲，父亲说："这风箱得喝酒哩。"于是这家人准备了酒，请父亲给摆治。父亲喝了两口酒，朝着糊纸的地方，"噗噗"两口，纸湿后烂了，风箱一拉又"过"了。这家人说："你真神！"

还有一次他到灵宝干活，只背了斧子和刨子。这家老汉问："你只背这两件家伙出来咋做活儿？"父亲说："没有两把刷子就不敢出来。"那人说："哎哟，口气还怪大哩。那你先做两个凳子再说。"父亲两天做了两个凳子，圆角圆腿出线，算是细活儿。那家老汉把凳子拉过来拉过去，嘴里没说心里却很满意。后来又说："你再给咱做个条盘。"父亲一听，还是试手艺哩。条盘就是灵宝人用来放馍放菜的木盘子，四周镶嵌一圈木棱，连馍菜一起放在土炕上或饭桌上，用餐完毕再一起端走，很不好做。一般一个条盘两个工，父亲一天就做成了。老汉拿起条盘，翻过来调过去地看，里头还当当响。老汉问："这里边是啥消息儿？"父亲说："没啥窍门，挖个槽，装了两个小石头子儿。"老汉这时才说："我有几件活想做哩，当地木业社的人做活老粗，不想叫他做。我想给闺女美美做份嫁妆。"父亲说："你咋不早说，试了我三天。"后来老汉才把木头翻出来，父亲给他做了一对椅子、两个箱子、一个柜子。老汉很满意。

"文革"中，上边要求斗争某个政治人物，每个大队都得弄这个人的像，供批斗用。其他大队都是用稻草绑个草人，而我们大队却让父亲用木头做个人像。父亲就用刀子刻了个，漫画式的，很像。每天上工下工从木头人像跟前过，有人为了表示积极，就朝木头人像吐唾沫。

经常有人问父亲："一副板咋说是副好板？"父亲说："都是哄人哩，多磨砥几个工。再好的板最后都得沤到地里头。"

老木匠和小木匠

邓晓来｜文

我的父亲总有些梁山好汉的脾性，虽不及柴进、卢俊义等那般有着丰厚家底供他乐善好施，但确实也挡不住他积极地结交天下“各路英雄”。

因了父亲的这种豪然性格，在我关于童年及少年时期的记忆里，我们家里时常会住进一些走南闯北的“生意人”，比如说，小木匠、说书人、炸苞谷花的、咕噜锅钉锅的……有时候，甚至还有算命的。这些人在我家住的时间长短不一，有的借住一晚第二天一早就走了，有的则一次性能住上几个月。这是要看当时当地的生意境况如何了。

那时的我正热衷于读一些有关江湖的启蒙书。农家里，书并不多，难得能寻到的，也多是像《三侠五义》《岳飞传》《隋唐演义》之类。其中，我最喜欢的就是那本早已经被撕得没了开头与结尾的《七侠五义》。这样的书看多了，我再看那时节时常出现在我家里的那些个走南闯北的人，不自觉地把他们当作了“闯江湖”的“游侠儿”。在自己的脑海里，把他们演绎成了身怀绝技、仗剑走天涯的“英雄好汉”“世外高人”。因此，对他们便也多了几分敬畏。

老木匠是河南项城人。现在想想，那时候的老木匠其实并不老，定然不会超过40岁的样子。只是，他身边跟着个十四五的小木匠。为方便称呼，我和母亲、弟弟都称他们为“老木匠”“小木匠”。

可是，我的父亲不这样称呼他们，他称呼老木匠“老窦”，称小木匠“窦伢子”。好像他跟他们已经认识了很久似的。

那时候，四处游乡找活儿干的木匠虽然算不上很多，但一年之中，村子里总会出现那么三四拨儿。木匠们来了，就在村子里挨家挨户地游

【作者简介】

邓晓来，河南长葛人。北大中文系毕业，目前供职于安徽安庆教育部门。

走询问，家里有没有要做家具、农具的啊，或是做个小板凳、吃饭桌甚至小童车的啊。善良的乡人多是不忍一口回绝打发掉这些漂泊游乡的外来人的，认真地思考半天，也没想出要做什么新家具、农具之类的，最后索性放下手中的饭碗，跑进屋里去提出几个折了腿儿、缺了面儿的小木板凳，一脸抱歉地说：“你看看，家里头这阵子确实也没啥大活儿可以做。你要不嫌弃，这点子小零活儿你看看做不做？”木匠们多是不会拒绝的。说着话儿便扯开了摊子，取出了家伙什儿，不在那家人的院子里做活儿，偏偏要把摊子展开在院子门口的街边。都是小毛病，小半天工夫就能修复好的，他却坐在那里，一边磨磨蹭蹭地修，一边同主家闲唠，闲唠一些最近村子里有要嫁闺女娶媳妇的没有，有兄弟妯娌间打架闹分家的没有，诸如此类。活儿干完了，那木匠与主家也唠得热乎了。主家便一番好心好意地说：“你收拾了东西，跟我到村东头老志起家打听打听，老志起肯定知道谁家有木匠活儿。”

老志起，便是我的父亲。眼见着村里人又领了位外乡人来找他，倒好像别人有多看得起他似的，乐呵呵地接待。甚至跟那木匠像久别重逢的老友似的，上来就问人家，吃了没？木匠讪笑，不说吃过了也不说没吃。我的父亲便抬脚把坐在一旁小板凳上的我踹飞，让那木匠坐，一边又一连声地吩咐我的母亲盛饭过来。我的母亲大概是习惯了父亲这样的做派，倒也不气急，盛了饭递到那木匠的手中，站在一旁，和父亲一起，同那木匠热火朝天地唠了起来。

饭后，我的父亲跟那木匠说：“你甭急，我去问问，好像老倔头儿家的老生儿子定了亲，估计也快结婚了，我看他做不做家具。”我的母亲在一旁补充道：“前几天我去来秀家，听来秀说她家的饭橱子掉了半扇门，内里子还被老鼠咬了一个洞，说想做个新饭橱呢。你也去问问？”

大多时候是如此。村子大，终归是有这样那样的活儿可以做的。更何况有我父亲这样热心肠的人出面帮他们揽活儿。有了活儿要做，一时走不掉，便只能借宿。又是我的父亲，大手一挥，“住我家吧！”

老木匠老窦和小木匠窦伢子，就是这样住进我家的。他们来的时候生意好，暮春时节来的，一直在我家住到了整个夏天都要结束了才走。老窦一个人住西屋，就躺在我的那张我的父亲用砖头和木板支起来的床铺上。原本住西屋的我就被赶进了草料屋。草料屋是我家购进了四轮拖拉机之后，父亲借了我们正屋的西屋山临时搭建起来的，还算宽敞。一半地方垛了高高的冬天拿来喂牛的干草，另一半地方便留给了那辆崭新的拖拉机。被赶进草料屋的我就躺在高高的草料堆上，软软的，像席梦思，还透着浓浓的干草的气息。草料堆上头宽敞，小木匠便也跟我一起，住在了上面。

白天的时候，小木匠几乎是不开口说话的，只是默默地干活儿。活儿做得还算利索、干净，像是多年的老木匠一般。只有晚间，独剩下我和他时，他才会开口。其时，我只不过八九岁的样子，能听得懂什么。但他好像是急需一个听众似的，能跟我呱呱嗒嗒说上半宿，有时候，我感觉我自己都睡了过去又迷糊醒转过来，还能听到他在一旁自说自话。

小木匠是老木匠的儿子，亲儿子，不是老木匠所说的“只是徒弟”。老木匠20岁不到就一个人出来跑单帮了。有一年在湖北做活儿的时候，跟借住的那家的待嫁的女儿好上了。做活儿做了将近小半年，那家闺女的肚子都显了。那家老人后知后觉恼羞成怒，骂老木匠是个白眼儿狼，老木匠和那家女儿一起跪求，也无济于事。老木匠被赶了出去，那家女儿誓死要生下肚子里的孩子。那家人无奈，算了算日子，要求老木匠四个月后的某天回来接孩子，也只是接孩子。小木匠说，那个孩子就是他。他刚一出生就被自己的母亲“抛弃”了。老木匠带小木匠回到项城老家，三年没有外出做活儿。三年之后，迫于生计，带着已经三岁自己能走能说能吃能喝的小木匠，重新上路了。这一上路，就是十多年。

八九岁的我听了之后，一边同情小木匠从小没了娘，一边又嗤嗤地笑，笑老木匠没出息，勾引人家的黄花大闺女。十四五岁的小木匠却没笑，只是很老成地说，你还是个小屁孩儿，等你长大了，你就懂了。

我很羡慕小木匠的手艺。老木匠做大型家具，小木匠就单做一些小东西，比如说，小板凳。他们在我家院子里支了锅，添水，加柴，火烧得老旺。水开了，把榆木的或杨木的一些木条放进锅里，盖上锅盖继续烧。半天之后，把那木条取出来，原本坚硬生脆的木条，经过水煮之后，竟然软和了许多。小木匠左右开弓，把那软了的木条扳弯、定型，叭叭叭，上钉……几乎分分钟的事情，一个小板凳的骨架子就算做好了。

我私下里求小木匠，想让他教我。小木匠一口回绝，而且还一本正经地说：“你还是好好读书吧，上学可比我这四处跑着做木匠活儿的有出息得多。”

我问：“那你为啥不上学？”

小木匠突然就笑了，贼兮兮地说：“我不行了，大了，我这辈子就这样了，跟我爹一样，四处跑着做木匠活儿。再过几年，我也跟我爹一样，找个女的，跟她生个孩子……”说完，又嗤嗤地笑个不停。

老木匠和小木匠离开我们家的时候，我不知道。因为当时正值暑假，我去姑家走亲戚了。从此，再也没见过小木匠。这么多年过去了，也不知道小木匠找到那个愿意跟他生孩子的女的了没有。前些年，我买的新房子装修时，装修师傅正好是河南项城的。我猛然间就想起小木匠窦伢子来，向那师傅打听。那装修师傅说，没听说过。听了我认识的小木匠的故事后，那装修师傅劝我，不用担心，小木匠现在肯定过得不错。现在我们那里会木工手艺的，早已经不再像以前那样四处游乡揽活儿干了，办个家具厂，大型机器一上，再多的活儿也要不了多长的时间就搞定。哪里会跟以前的老木匠那样啊，干个活儿跟绣花似的。

村子里的剃头匠

沙河之子 | 文

【作者简介】

沙河之子，原名李振华，河南沈丘人。原驻军边防某部政治处主任，现为佳木斯市委政法委副处级干部，佳木斯市作协会员，《佳木斯日报》特约通讯员。发表散文、诗歌、通讯、报告文学三百余篇。

记事的时候，给社员剃头的叫子臣，大名李国亮，家住离我们村三四里路的李竹园村，但很少有人叫他大名的，大人小孩都叫他小名，在周围十里八村一提子臣没有不知道的。

子臣幼年丧母，老实巴交的父亲含辛茹苦地把他养大成人，他跟着临村剃头匠老王当了两年学徒，学会了剃头，吃百家饭长大的子臣，没有忘记众乡亲的养育之恩，他以学到的手艺来回报服务社员。他主动承包了附近五个村子的理发任务，每个月他都抢先干完地里的活，挑起剃头挑子逐村巡回理发，挑子中间是一条扁担，扁担两头一边是盆架、凳子，一边是冒着烟的剃头锅子，手里拎着一个柳条筐，里面装着推子、剪子、刮刀、批刀布、围布等，这就是他从业的全部家当。歇后语“剃头的挑子——一头热”，比喻两人处对象，其中一人不热不冷，无动于衷，估计就是从这里来的吧。

轮到我们村剃头的时候，他把挑子放在村子中间的大树下，冬天放在向阳的墙根，先是给炉子生着火，给水壶添上水，再到生产队长家对着大喇叭喊几声：“剃头的来了！都来剃头了！”大伙儿听到喊声后，都不约而同地向这里走来，排队等候。当时农村剃的头型也不多，年轻人愿留头发，老年人剃光葫芦头，小孩剃平头。有的独生子，比较娇惯，则在后脑勺儿或前脑门儿留一撮头发，当时称为“后尾巴”“茶壶盖”，听奶奶说“这样可以压灾避邪，下一辈就不再单传了”。子臣剃头时和大伙儿有说有笑，但从不耽误手中的推子干活，有时小孩子和他开玩笑他也不急眼，经常把邻村稀奇古怪的事儿讲给大伙儿听，当然也少不了一些乡间绯闻。

剃头这种行业，在当时比较传统的豫东地区很受歧视，和说书唱戏、修脚搓背、杂技耍猴一样都被视为下流行业。子臣为人忠厚，又太过老实，三十好几的人了，还是寡汉条子（光棍）。年轻时也有好心人给他说过媒，当对方一听说是个剃头匠，连面都不肯见了。

当时剃头的在农村实行轮流管饭制度，就是剃头匠挨家挨户轮流吃饭，轮过一遍了，再从头开始轮。每次子臣轮到我家吃饭的时候，母亲都会事先把屋里屋外打扫干净，蒸好白面馍，再炒两个菜，子臣都感动不已，大娘长大娘短地叫着。

每当麦罢和秋后农闲的时候，也是子臣一年中最忙的时候。这时候，他不再挑剃头挑子了，而是把剃头工具放到架子车上，趁剃完头的间隙挨家按人头收粮食，遇到年景不好的时候或比较困难的家庭，子臣宁可自己吃亏，坚持少收一些。

生产队解体后，乡供销社办起了理发店，安装了风扇、转椅，配备了电吹风、电推子等设备，农村小伙子为了赶时髦，都步行好几里路到那里剃头。再后来街面上理发店遍地皆是，这样一来子臣的活就少了，只有一些中老年人找他剃头、刮脸。子臣也尝试着在街上摆过剃头摊子，但剃头这种行业竞争激烈，有些店主为招揽顾客，招聘一些年轻漂亮的女理发员，也许异性相吸引的缘故吧，大人小孩都纷纷到那里剃头。这样一来子臣的剃头生意就更加萧条了，气得他干脆扔了剃头摊子，干起了修理部，不仅修理农机具，还加工水桶、压井之类的东西。由于他人缘好，诚实守信，生意很快火了起来，后来听说子臣和一个丧夫的中年妇女组建了家庭。

随着时代的发展、社会的进步，美容美发店如雨后春笋般涌现，剃头挑子早已成为历史，成为镌刻时代的记忆。

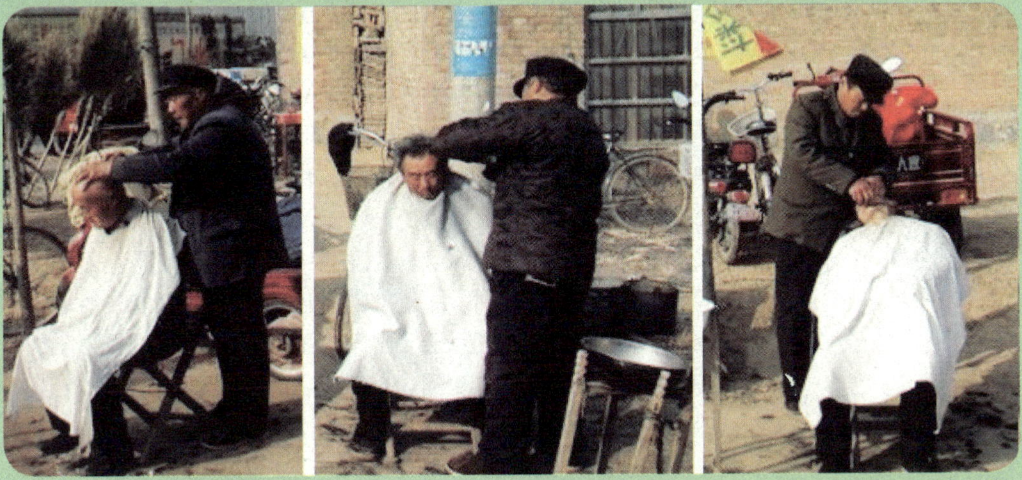

外婆的绣品

成 城 | 文

外婆那时还年轻，手上的绣品被十里八乡的女人们喜欢着，手里有做不完的刺绣活计。

外婆娘家是个大户，家境殷实。自小，她便像那时所有衣食无忧的大家闺秀一样，把女红揣摩到了极致。后来，闹“土改”，家底子被人瓜分了不说，就连家里那些大小男子都被揪起了尾巴。十三四岁的外婆便随了家里的一个女佣，投奔了女佣的娘家。靠着一手的刺绣本事，寄人篱下的生活过得倒也安稳。

在适嫁的年龄里，遇到我外公。外公是遗腹子，自己的爹早年被抓了壮丁，从此杳无音讯。外公的娘便带了外公，艰难度日。即便如此，当媒婆跟外公的娘提到我的外婆时，外公的娘依然是不大乐意。地主的后代啊！不中不中，成分太不好。媒婆便劝，就你这孤儿寡母、穷家冷灶的，能娶上这么一个长相标致又刺绣活计精通的媳妇，绝对是八辈子烧高香、祖坟上冒青烟了……

外婆便嫁了过来。没有嫁妆，只有手里紧握不舍的一对绣绷子。步行，一个人来了。

外公的娘去世前，外婆的日子过得艰难。婆母娘护犊情深，对媳妇却是挑三拣四。好在，外婆是大家闺秀出身，好歹受过些教育，而且寄人篱下那几年的生活，也教会了她如何看人眼色。她并不吵，大多时候，只是跟一些年轻媳妇们聚到一起，绣着手里的绣品。

我的母亲是外婆的第二个孩子。老大是个男娃，早夭了。婆母娘依旧骂，但年事已高，在我的母亲三四岁的时候，就去世了。紧接着是铺天盖地的灾荒，也就是从那时起，外婆才突然像变了个人似的，整个人

【作者简介】

成城，河南扶沟人。中学教师。

都风风火火起来。

每家每户都是没有吃食的，温饱都成了问题，谁还有心思去搞那些刺绣？

外公在生产队食堂里做伙夫，老实巴交的他从不敢在回家时给孩子们夹带些吃食；外婆便去，装作找外公有事儿的样子，趁人不注意，往高高卷起的裤管里塞玉米粒儿。回到家，趁天黑，煮了让儿女们吃。只是，这终非长久之计。

想到逃荒。生产队里却严把死守，就算饿死，也是不能出去逃荒、丢人现眼的。又是外婆想出了主意，她让外公和同村的另一个男子先走，趁夜里出逃。原计划是要去往新疆的，外婆让外公先朝相反的东南方向跑，什么东西都不带，只要能跑出去就行。往东南方向跑上十几二十几里，如果无人追赶、确认安全时，再兜大圈子朝西北下去。说好了大家集合的地点，许昌火车站吧。

然后，外婆和那一家的婆娘，各自带了自家年幼的儿女，把要带的家伙什儿都收拾停当，只在家里探听风声。如果两天之内，没见自家男人被追回来，就也趁夜里偷跑。

偷跑的那夜，接近年尾，寒风呼啸。大概也只有在这样冰冷的夜里，生产队的那些民兵们才会疏于防范吧。那一夜，外婆像个司令官，背着我年幼的二舅，手里提着叮叮当当的家伙什儿，以及铺盖卷儿；我其时六七岁的母亲，扯着不过四五岁的我的大舅，也背了个铺盖卷儿。另一家的女人，孩子更小，一岁不到，抱在怀里……月黑风高夜，就那样，徒步向许昌进发。

母亲给我讲起这些时，我的想象里，外婆就像一个坚强、聪颖的绣工，步步为营地绣着自己的绣品。绣这幅绣品的目的，不再是为了让大姑娘小媳妇们穿得更漂亮，只是为了一个更单纯的目的：活命。如果没有外婆的这番谋划与奔袭，留在原地，未来如何，恐怕绝对是另一个结局。

母亲说，当时带的盘缠，到了甘肃兰州就所剩无几了。无奈下了火车，寄居在了火车站附近的难民区里。男人们出去找活儿挣盘缠钱。

外婆本想着弄些刺绣换些钱，无奈只有绣绷子，彩线与绣布，都无钱去购置。外婆便让那家女人守着孩子们，自己去市区里，一家挨一家地找刺绣的活儿干。

那一年的春节就是在兰州过的。外公给人扛包卸货，被骗了，钱没挣到，还差点挨打。好在，外婆找了些刺绣的活儿，挣了为数不多的活命钱。母亲带着大舅，就去附近的菜市场捡一些烂菜叶子，好歹也算过了个年。

那年春节，另一家的那个不满周岁的女儿，连饿带冻又病，最终死在了兰州火车站。她的母亲抱着她，眼睁睁地看着她，渐渐地没了气息……

过了年，在兰州认识了几个河南老乡。有一家已在兰州安家很多年，叙了叙情缘，倒也算得上是远门亲戚。那亲戚见这两家子人过得恓惶，七拼八凑到底凑了点路费，让他们继续西行了。

这一去便是五年。落脚在新疆的哈密。

在哈密，就租住在一家人的柴房里，四下透风。哈密的风沙大，第二天起床，被子上能落厚厚的一层沙。

有了落脚处，外婆便又开始展示她非凡的能量。好说歹说，把在兰州打工受了刺激的我的外公赶出了家门，外婆说，不用你挣多少钱，只要你能养活住你自己就成；我跟孩子们，我自己想办法！

因离哈密市“东方红”电影院比较近，外婆便把我当时8岁的母亲也赶了出去，向房东借了点钱，购置一些零碎的小东西以及香烟，在电影院的门口兜售。母亲没上过学，不会算账，外婆便自己教，反复教，学不会，就打。没多久，母亲算起账来，便张嘴就来。

外婆呢，就开始大张旗鼓地做起了她的绣品活计。绣些鞋垫子，让我母亲拿到街上去卖。因那绣工精湛，而且那连枝的梅与荷的绣品风格，又是哈密当地人很少见的，鞋垫子倒也十分热销起来。见有了市场，外婆更是日夜不停地绣，肚子里怀着我的三舅，也没丝毫的停歇。后来，索性又把卖鞋垫挣得的钱用来买了更多华美的彩线，以及绣布，开始绣鞋面；还托房东在四邻好友里宣传，接到了些绣被面甚至嫁衣的活儿。凭着外婆这双灵巧的手及那秀美绝伦的绣品，不出一年的光景，一家人逃荒在外的日子过得倒也活泛起来。

很多年之后，当外婆老眼昏花，手工绣品渐渐被时代淘汰时，偶尔，外婆还是会绣一些东西。我去看她时，她便让我给她画一些花花草草，然后她拿了绣针在我画的那些拙劣得不成样子的花草上，沿着纹路，不紧不慢，细致地绣。

母亲说，其实，外婆年轻时，压根儿就不用像别的做刺绣的人那样，总要先在绣布上画底图才能起针。那些精美的花草梅荷，都早已烙印在了外婆的心里。每听母亲如此说，我都心生羡慕，一个心底里遍植了仙草美花的人，该是多么幸福啊。

外婆一家在哈密的第五个年头，中苏闹僵，传说苏联要把哈密的铁路挑断，外公便执意要在铁路被挑前回归河南老家。外婆不大愿意，在哈密的生活好不容易好起来，真怕回到那饿殍遍野的河南。但男人执意要回，外婆倒最终没有坚持，她知道，好歹，河南都是这中原男人的根儿。

回到河南之后，日子慢慢也好了起来；大多数时间，外婆依旧绣着自己的绣品，然后被十里八村的女人们争相取走。不要钱，只是来的时候，手里握着个鸡蛋，或是一碗粮食，甚至是送些绣布……

儿女们渐渐长大，嫁的嫁了，娶媳妇的娶了，分出去另过。大舅的亲事是外婆一手促成的，大舅妈的父母知道外婆的手艺，欢喜得不得了，并想着自家女儿嫁过去，有这样手巧的婆子在，穿衣打扮上自然不会见不得人；外婆想着大舅妈娘家家境殷实，大舅妈就像当年的她那样大小姐出身，绣功定然也是不凡的。可惜，媳妇进了门，外婆才惊觉，大舅妈在绣工上其实是一窍不通的，甚至在其他女红上也一样。外婆年轻，便想着培养大舅妈像个她想象中的女人一样，为大舅这个家把心都操碎了。无奈，大舅妈大小姐出身，什么都不会，大小姐脾气倒遗留了下来，懒惰还在。

二舅娶亲的事儿，外婆便不再那么积极。等二舅妈进了门，外婆发现，又是一个对传统女红一窍不通的主儿，便不大稀罕起来。结果，搞得接下来很多年，二舅妈都不大喜欢跟我的外婆亲近。

三舅娶亲时，已是20世纪80年代初。商品经济迅猛发展起来，在大地方，生产线上生产出来的刺绣工业品铺天盖地而来；更何况，年轻人越来越不稀罕那些大红大紫的刺绣品，而是追随起简易轻便的时髦装束来。在农村，虽还不至于，但手工绣品被追崇的年代着实渐行渐远了。

好在，三舅妈是个双手极灵巧的人。绣功虽不及外婆，但也是被大姑娘小媳妇们称赞不已的。只是外婆看了，却只说，嗯，还行，不过比起我年轻那会儿绣的，可就有些差劲了。

但凡有些本事的人，大都是有些脾气的。三舅妈像极了我年轻时的外婆，处世风风火火、八面玲珑。如今听了自家婆子私下里说自己的绣品一般般，心下便像较起了劲儿似的，发誓要把我的外婆比下去。外婆虽已年高，但似乎是在这个家里说一不二惯了，见自己的三媳妇要强，明里暗里地跟她比，心下欢喜，却并不说出口，只是手下的绣品更是出神入化起来。

如此说来，外婆与自己的三个儿媳关系终是不大好的。外婆前些年去世时，大舅一家已跟了自家儿子扎根儿在城市里，直到外婆去世，大舅才只身回来奔丧；大舅妈和我外婆一手带大的她的大孙子都借口工作忙没有回来。二舅妈人实诚，虽与自家婆子关系不好了大半辈子，我外婆去世前，她和二舅两口子却是端茶送水地精心照顾了许久。三舅妈早已不再做绣品了，在外婆的坟前，就数她哭得最厉害。直到那时，她才跟众姊妹说，其实，这辈子我最佩服的人就是咱妈。

在我幼年的时候，时常能够从外婆那里得到她亲手绣制的虎头帽、虎头鞋以及布老虎，甚至上了小学，外婆还绣制了花布书包送我，艳羡得成群的孩子跟在我屁股后看……转眼多年，如今已是极难再寻见外婆当年的绣品了。偶尔回老家，会看到挂在我少年时居住的房间窗台上的一个端午香囊，外婆送我的，落满了经年的灰尘，已看不出颜色来；母亲从泛着浓重湿潮气息的红漆老衣柜里翻出几件老式的斜襟夹袄，袄是青黑色，但那上面，外婆亲手绣下的荷、梅，却始终鲜艳异常、光彩夺目，透着掩不住的昂然生命力。

外婆用她灵巧的双手，绣出了好日子；用她的一生，绣出了她那一代人的悲欢离合。

那远去的织布声

李俊科 | 文

“哐嘭——咚！哐嘭——咚！”看到民俗博物馆里的那台织布机，我仿佛看到母亲那弯腰织布的身影，听到了织布机发出的熟悉的声音。

母亲一辈子，生育了十一个孩子，由于生活条件艰苦，最后只有我们弟兄五个活了下来。在养育我们的过程中，母亲真的是含辛茹苦，倾尽了全力，不说田间地头的农活，单就家里的针线活，就压得她喘不过气来。我们的穿戴鞋袜，每一样都浸满了她的汗水。

那个时候，买衣服要用布票。我们人多，洋布洋线买不起，就靠种植棉花，自己纺线织布，自己纳鞋织袜。那台老式的织布机实在是不能用了，父亲就找木匠来修理。织布机能运转了，母亲就把浆好的棉线合在机头上，利用一个晴朗的上午，由二婶帮忙，才让众多的棉线穿山越岭，飞过综线，从杼子里钻出来，卷在轮轴上，“哐嘭——咚”的声音就在空闲的时候，从堂屋里响起来了，老远就能听到。

为了等待这一天的到来，母亲整整一个冬天都没有睡过一个安稳觉。摘下的棉花经过母亲多次的晾晒，终于晒干了，父亲用被单子包好，到下河洼的作坊里轧花、弹花，然后背回来。母亲用梃子搓捻子。我在旁边看，也学会了。如果大人忙了，我也能派上用场。我从大包的棉套里扯出四指宽的棉带，放在小桌上，左手执梃子，右手拿木板，把梃子按在棉带上，平板的上沿压在虚起的棉带上边儿，稍稍用力，轻轻地一挡一揉，放平木板，上下一个来回，棉带合着梃子转动几下，捻子就形成了。如果手不困，我连着能搓七八十根呢。

捻子堆满了桌子，接下来的纺线就累坏了母亲。每天晚上吃了饭，刷了锅，母亲就点上小小的煤油灯，坐在小木椅子上，“嗡嗡嗡”地纺

【作者简介】

李俊科，河南西峡人。中学教师，副校长，县模范教师，县优秀教育工作者。出版有多部教育论著，以及文学作品集《恩情重于山》《赵洼，曾经的地方》等。

起线来。天气越冷，她纺得越起劲儿。她知道，冷天时时在袭击着我们，如果不快点儿把线纺好，明年冬天，我们就得多受冻。她右手轻快地摇动着纺车的手柄，木轮飞转，细细的拉线缠绕在明亮而油腻的锭子上，锭子急速地转动，锭子的尖头咬着棉线，拼命地跳动着。棉线从母亲左手的捻子里吐出来，连续不断地吐出来，长长的，直到在锭子上结出一个中间粗、两头尖的线穗子。母亲一天要完成一个穗子，有时候忙起来，两天才能完成，只好夜里加工，有时候直到油灯耗尽了煤油。那时，我早早地睡了，半夜醒来，还看到堂屋里亮着昏暗的灯光，听着纺车在欢快地歌唱着。冬天过去了，母亲的包袱里全是线穗子，她有事没事总是打开来数数，看着不断增多的穗子，她的心里就充满了希望。

开了春，父亲忙着春耕，母亲也开始零星地拐线，不停地把线穗子缠绕在小拐子上。小拐子是一个“工”字形的、长约一尺半的木架。母亲把线穗子用竹扦子穿好，插在自己的鞋子里，左手的拐子，犹如上足了发条的螺旋桨，上下地翻动，发出“嗡嗡”的声响。右手捋着棉线，线穗子上的棉线就缠绕在拐子上了，等拐子上的棉线约有黄瓜粗细了，母亲就把它卸下来，绾成“8”字形，形成一盘，放进包袱里，希望就装进去了。上工干活了，母亲带着针线活儿篮子，利用休息的时候，拿出来拐上几拐，既不误干活儿，又能加快进度。

随着盘线的增多，就可以浆线了。入夏的时候，天气热起来了，父亲在两棵杨树之间绑上横杠，把木盆搬出来放在大坑边儿，母亲把少量的面粉搅好，放进锅里煮，稀稀的，淡淡的麦香就飘出来。稀面汁凉凉了，父亲把它舀出来，倒进木盆里。母亲把成盘的棉线放进去浸湿，捞出来绕在横杠上，然后双手抱紧棉线用力地扭动着，把水分拧出来，再摊开晾晒，“吱扭——嘭——嘭”的声音从横杠里发出来，响在院子里。横杠上晾满了，就足够织十码布了。

掠线和经线是母亲最高兴的事情，因为只要掠了线，织布的程序就进行了一半。经了线，就离希望更近了。经线的时候，那些小竹筒在母亲的牵动下，和着竹板，发出“哗哗”的响声，那样欢快，那样动听，母亲的心情就也兴奋多了。小竹筒在轻快地转动着，母亲的手牵动着长长的棉线，似乎看见了自己的儿子穿着新布衣服，也在欢快地跑着跳着。

现在，生活条件好了，织布机早已没有了踪影，母亲也早已去世。但母亲织布时那稍微驼背的身影，还时时出现在我的眼前；那早已远去的织布声，还时时回响在我的耳畔，挥之不去。

手工布鞋

骆淑景｜文

我初中毕业后，开始帮母亲做针线活儿。那时，一年到头一家老少从头到脚的穿戴都靠母亲两只手。白天，她要参加生产队劳动，挣工分，下工回来还要忙着做饭，刷锅洗碗，扫地喂猪。晚上，收拾完毕，在昏黄的煤油灯下，母亲才能抽出空儿来做针线活儿。常常是，我一觉醒来，看见她还在灯下，不是“嗡嗡嗡”纺棉花，就是“刺啦刺啦”纳鞋底。

那时，一到冬天，母亲的手就开始裂口子，手背、指头上，都有一道道裂纹。特别是指甲缝儿裂的口子，疼得钻心。母亲常说：“你看我这手，裂得像娃子嘴。”用胶布粘、用“海巴油”抹、用楝枣豆水洗，都不顶用。由于长年累月操劳，母亲的手骨节变形、肿大，疼痛难忍。

这一年，15岁的我，放学回来，开始帮母亲做针线活儿。小孩子耍心大，像缝制棉衣啊、纳鞋口啊，这些细密活儿，我都耐不住性子学，我能做的就是纳鞋底。因为纳鞋底单纯，不用操心。那时候人们穿鞋，都是手工做，根本没有买鞋这一说。

做鞋，首先从打袼褙开始。天气晴朗的日子，母亲把一扇门板卸下，一层糨子一层碎布，抹成袼褙。那时什么都缺，打袼褙用的碎布也缺。好在，姨姨是个裁缝，我们过一段时间到姨姨家，都能搜寻到许多裁衣服剩下的碎布片片。还有家里的烂衣服、破被子，都要拆洗干净，一绺一绺捋平整了，用来打袼褙。有些人家缺碎布片，打袼褙时就在中间夹些苞谷棒子皮。这样做出来的鞋当然不结实了。

等袼褙干了，再照着鞋样子裁成鞋底，一层一层缝住，再在浮面上用一层白布蒙上，然后用麻绳一针一线纳成。如果打袼褙用的是纯白

【作者简介】

骆淑景，曾用网名“黑梅”“春江花月夜”等，河南卢氏人。现居河南省三门峡市。中师毕业，当过教师、县委宣传部通讯员、副乡长之类，现在一个清水衙门当副职，可有可无。

布，那么鞋底边沿就不需要用白布包裹，那就是天然的白毛边、千层底了，做出的鞋也是上好的了。如果是杂色布袼褙，自然做不成白毛边。

麻绳也是自家捻的。每当逢集的时候，母亲到集上买些麻，夜里一家人一边说闲话，一边帮她拼麻绺子，然后再用一种叫作“脖吊”的工具，把麻绺子拧股，最后合股成麻绳。老听大人说，灵宝以及山西那边纳鞋底用的是线绳，因为他们那里是白绵土，走路不费鞋。而我们这豫西山区，都是料姜石、红胶泥路，特别费鞋，所以要用麻绳纳。

鞋帮也是用袼褙裁成的，只是做鞋帮的袼褙要薄些。鞋面布，一般都是黑色的，最早是自家织的粗布，后来是斜纹布，再后来有了“灯草绒”。那时谁要是穿一双“灯草绒”鞋，大家都羡慕得不得了。男式鞋比较简单，无外乎圆口的、方口的，而女式鞋就复杂一些，还有带襻儿的，还有扎气眼儿的。鞋面布也各式各样，绿色的、红色的、素气的、花花的。后来又时兴松紧鞋，男鞋女鞋都能做成松紧鞋。

母亲的手越来越疼，纳鞋底的重任就落在我身上。她把鞋底裁好，把四周围纳住，再给我起两行头，我就开始纳鞋底了。

纳鞋底需要的工具除针、线、顶针外，还有锥子、小钳子，另外右手上还要戴一个露出指头的硬布做的半截手套，类似于过去担挑子人肩上的垫肩，否则麻绳会把手勒疼、勒烂。一开始我不愿戴手套，嫌麻烦，嫌绊绊磕磕，就那么用空手勒，也不愿用小钳子，而是用牙咬针。结果一段时间后，我的右手背上就勒出一块硬硬的膙子，并且用牙咬针也很危险。每当这时，母亲就嚷道：“死女子，可不敢这式，老怕怕，扎住嘴咋办？”我就听从母亲的教诲，用小钳子、戴手套。

鞋底纳的是菱形的针脚，一针套一针，密密实实。纳到脚心部分，可以丢三落四针脚粗疏一些，因为走路脚心不出力。还有麻绳那么粗，如何穿到针眼儿里呢？这里

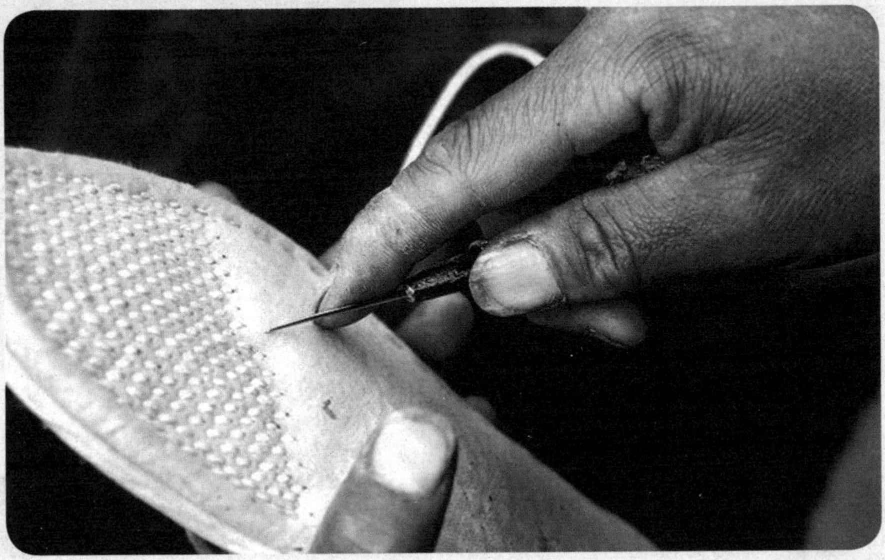

就要用“纫线”，就是用细线做一个“纫头”，把麻绳劈开，抽细，再一点一点纫到细线上。这样才能穿过针眼儿，穿过鞋底。我纳鞋底，麻绳总是弄很长，有时就绾疙瘩。母亲就说：“懒人使长线，绾疙瘩一溜儿串。”不过，我纳鞋底倒是很快的，母亲给我裁好一双，我不长时间就纳成了。这样箱子里大大小小就攒下了很多鞋底。等需要时，母亲弄好鞋帮，一绱就可以了。

纳鞋底不但费手还费嘴。你要拼纫头，要用牙扯麻绳啊。成年后，我的右手骨节粗大，歪歪扭扭，和小时候纳鞋底、常做粗活，很有关系。很羡慕别的女人的“纤纤玉手”，如果不是十分必要，从来不愿伸出右手和别人握。而纳鞋帮是个细致活儿，鞋口子要缉一圈。我缉鞋口时，手捏不紧，缉出来是“蔫蔫皮儿”，母亲就不让我干这个。

母亲是个巧手，她会剪鞋样子，村里的大姑娘小媳妇老来我家寻鞋样子。记得我的一本小学课本里，就夹满了鞋样子，压在床底下。最初村人做的鞋都是“两顺”，就是没有反正，左脚右脚不分。后来看到母亲做“一顺”鞋，她们都跟着学。还有，鞋帮和鞋底不配套，鞋绱不上，她们也来寻。母亲就手把手教她们：鞋帮小时，明绱；鞋帮大时，暗绱。有时候鞋帮小很多，母亲就咬着牙，弓着腿，把鞋底弄弯，硬帮她绱上。鞋帮大太多时，母亲就教她把前面“凑住”一点，捏过绱上。新做的鞋子不好穿，帮硬，顶脚，母亲就用鞋楦子，塞啊塞，敲敲打打，把鞋撑圆了，再让我们穿。

记得每年的腊月三十，等我们都吃饱喝好，进入甜蜜的梦乡了，拾掇妥当，母亲才坐在灯下，开始绱一家老小的鞋。这些鞋底鞋帮都是平时抽空纳好的，只有这时她才能坐下来，绱鞋、楦鞋。初一早上，我们穿上新鞋高兴地东蹿西跑，却不知道是母亲熬了个通宵才赶出来的。

一双成年人的鞋，好做家，也得两天两夜，别说捎捎带带了。而一双鞋，要男孩子穿，两三个月就穿烂了。常常看到村里的男孩子，不是露脚指头就是露脚后跟。母亲就说：“唉，娃们多，妈手顾不上啊。”作为女孩子的我，也不省事，每每穿着新鞋，就在场里跳方格、踢毽子、跳绳，不知珍惜。母亲就嚷道：“跳，跳，新新哩鞋，都让你踢烂了。”这时，我就把鞋脱掉，搁一边，赤巴脚跳。村里还有的孩子，上树时把鞋脱掉，把脚都蹭烂了。大人见了就说：“是肉值钱，还是鞋值钱啊？”

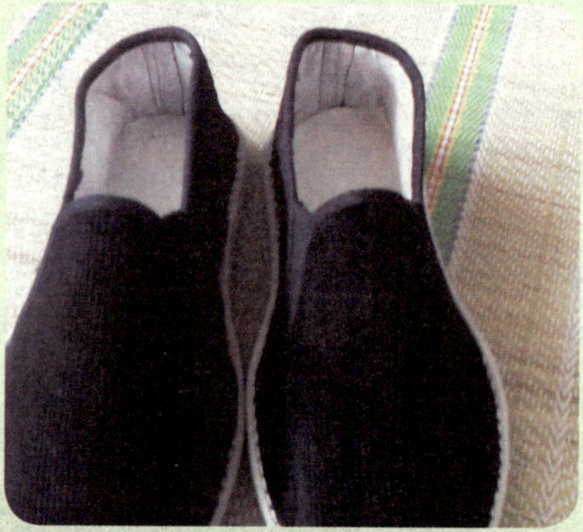

母亲的媒婆生涯

张充波 | 文

用母亲的话说，她做闺女时就开始说媒。那是1955年初夏，她15岁，闺中密友秋苗暗恋上刚从部队复员回村的英俊小伙儿钢蛋，不好意思开口，央求她挑明。当时还没有处对象的母亲，义不容辞担当重任，竟然一说两响，一来二去，秋苗钢蛋两人心心相印。起初，母亲厮跟秋苗一块相见，没话找话，打破两人害羞尴尬的局面，当后来一对小情人愈来愈亲密时，母亲不愿当电灯泡，就适时退出。

这是母亲撮合的第一对天仙配，晚年幸福依旧。

后来，母亲也是通过媒人介绍和父亲相识，明媒正娶嫁到重王村的。而媒人就是父亲的表叔、我的增厚爷。董家村增厚爷两口子说媒远近闻名。我的四叔、五叔也是增厚爷给找的媳妇。用他的话说："重王村我表哥家穷，我不能眼睁睁看着几个外甥娃子打光棍！"四妈每每遇到不顺心事，就放声号哭，声嘶力竭地咒骂："都是增厚婆娘把我扔到火坑的，啊，啊，啊，将来准不得好死！"增厚爷增厚奶先后无疾而终，下葬那天去了很多人。除亲戚外，多是经老两口儿说媒成婚的男男女女。有的祖孙三代都是增厚老两口儿撮合的。吊丧的队伍中也有四叔四妈，只是如今平和了许多。

母亲后来学增厚爷正式做起媒婆来。先是把南曲沃村大姨家的邻家女孩淑芳，说给我家对门儿邻居槐斌，几经周折，终成定局。槐斌妈感激不尽，逢人便讲我母亲能干，是人尖尖。母亲首战告捷，从此一发不可收拾，在乡间媒婆路上越走越远。

有女百家提。谁家姑娘长到十七八岁，出落得大大方方，母亲就登门了。见到闺女她妈，一挨炕沿儿就开门见山："咋样，有头儿没

【作者简介】

张充波，河南灵宝人。毕业于河南农业大学。现供职于中国农业银行三门峡崤山支行。近年来致力于民俗文化写作，有多篇文章见诸报刊、网络。

头儿？没头儿的话，给咱闺女找个婆家？”其实，媒婆是有备而来的。她通常依据这家闺女模样俊丑、文化高低、家庭成分好坏、家境贫富，在心中掂量，把手头掌握的几个小伙子反复比较，对象对象就是“对着相”嘛。母亲是一幅活地图，对方圆十里八村的少男少女了如指掌。谁家小伙子一表人才，但弟兄们多家庭困难，条件要求就低一点。有的女孩她妈，仗着自家闺女模样好，“你可要给我闺女找个好家呀！”母亲就在心中盘算，邻村大队支书的儿子中不中，父亲在城里干事的娃子行不行。闺女漂亮出众的，常常好几个媒婆同时提头儿，你前脚出，她后脚进，门槛都快被踏断了。

若答应下来，先“见面”再说吧。20世纪70年代的乡间，男方要给女方准备现金，一般是18元、28元、38元不等。女方回赠男方的是日记本和钢笔。

见面后没几天，母亲就主动上门来，一进院子，一阵寒暄后，就单刀直入：“闺女，小伙子咋样？”闺女脸一红，扭头撇下一句话：“你问我妈！”就钻进另一间屋里。母亲哈哈一笑：“这女子，还害羞呢，中，比有些疯疯张张的强！”赶紧跟上闺女妈回里屋说悄悄话。若是满意，闺女妈会说：“人家男方没意见的话，我也就应承下来。”若不满意，闺女妈会说：“我女子还小，不急不急。”母亲心领神会，笑容还是挂在脸上，“没事儿没事儿，有合适茬口咱再说。”成与不成，都要招呼媒婆吃顿好饭，先是一碗鸡蛋茶奉上，接着架起灶火，烙油馍，炒菜，下挂面，一顿好吃好喝。乡下人都知道，把媒婆招待好，豆腐渣也能说成一朵花。

有的时候，母亲先到男方家去。这家人光景比女方好，略占上风，主动权在男方。用媒婆的话说：“人家娃子眼窝头高。”用邻里的话说：“看谁巴结谁。”

母亲如此这般两头一撺掇，信息就沟通了。双方都愿意往下走，下一个节目就是定亲“走头回”。

一年半载，经过定亲、行礼、下请帖、送彩礼，到大婚大娶，媒人都要两头说合。用母亲的话说：“哄哄送送到屋就算了。”随后一对新人来谢承媒人，一瓶酒、两盒烟、一吊二斤大肉，就算丰足有余了。母亲说媒不在乎钱财，主要是成人之美，精神愉悦，间或有一种成就感。

母亲比增厚爷更聪明，她把存仙姨、亚芳姨、表姐改兰、表妹黑转的婆家全都说到我村里，嫡系嫡亲队伍不断壮大。逢年过节，平常串门，我家非常热闹，农忙时节大小事情帮忙人、出力人格外多。

20世纪70年代大集体，白天生产队挣工分，母亲说媒多在晚上，双腿地奔，不亦乐乎。同龄人羡慕道：“你看人家波他妈，腿上安了轱辘一样，多利索！”80年代土地下放，分田到户，母亲说媒消消停停，这时念紧箍咒的是父亲。父亲嫌母亲说媒耽搁农活。母亲只有农活紧趁点，利用下雨天、赶集日说媒，针线活儿放到黑夜做。父亲笑话母亲是“白天游门摆四方，夜里灯下补裤裆”。如今，母亲年过七旬，一天跑下来，腰酸腿疼，晚上躺在床上直哼哼。

让母亲感到失落的不是体力的不济，而是世道的变换。二三十年前，农村妙龄男女被禁锢在黄土地上，日出而作，日落而息，婚姻大事，媒妁之言，父母包办。而如今，外出打工，电视网络，信息高速。谈情说爱，已不仅仅是都市年轻人的奢侈品，就连定情物也与时俱进，从前是一条手绢、一支钢笔、一本日记本；而今，一部手机、一挂金项链、一台笔记本，令人眼花缭乱。

母亲也不甘寂寞，及时实行战略转移，开始关注边缘人的婚事。比如瞎男、聋女，瘸腿、憨傻、呆痴，鳏夫、寡妇，姻缘撮合，一片爱心，一腔激情，同样受到乡里乡亲的追捧。她把沟沿子翠仙姨的腿疾小姑子介绍给耳聋的娘家侄子，把半憨子的远方侄女说给本村略显腿瘸的龙龙。不指望他们的回报，有时打这些人家门前过，母亲连一句完整囫囵的感激话都听不到。

如今，传统媒婆日渐式微，母亲近年逐步转向给孤寡老人说媒，双方老者的心事，双方儿女的意见，对上眼光的很少，成功率极低，劳心费神，有时还出力不讨好。但母亲乐此不疲，成人之美是她的最大收获。给寡妇说媒帮寡妇成婚，道数繁杂，按当地风俗，寡妇出嫁前夜不能在前夫家住，母亲半夜先领寡妇在村外河滩或崖畔烧分路纸，还念念有词唱——穿上罗衣，各奔东西，你走你的路，我吃我的鱼。从前大集体经济拮据，就在野外干坐到后半夜，一直到东方地平线露出鱼肚白，才往新夫家赶去。这一夜，可谓餐风露宿，生冷不忌。而如今，就在镇上旅社开一间房，由母亲陪着寡妇住一晚上，第二天一早被新夫家用小车接走。

把远近亲戚的子女介绍来介绍去，事成后，母亲也和他们的婆家或娘家成了亲戚。有时去说事儿，把自家种的菜呀苹果呀也捎了过去。当父亲发现自己辛辛苦苦得来的劳动成果被母亲行人情时，便发火大骂：“我的东西，都跑到日本鬼子那里去了。”父亲骂归骂，母亲该送还送。每逢端午节、中秋节、春节，掂着礼物的新人络绎不绝来我家；每逢收种农忙时节，帮忙的小伙子你没走他就来，能吃苦，又不讲价钱，父亲看在眼里乐在心里。父亲一辈子在村里从来没借过四邻五舍的应急东西，都是母亲出面，一说两响，都缘于她乡村媒婆的声望。

母亲说媒，地里活耽搁了，自己也饥一顿饱一顿，有时一下子提上几个头绪，一段时间母亲就明显消瘦了。做儿女的都很心疼，劝又劝不下，只好任她去了。人到老年，只要快活就行。用母亲的话说：“一辈子跑前跑后，一下子刹车也刹不住。”年前，小妹给母亲买了一部新手机，母亲非常高兴：“这下子说媒不用跑来跑去了，坐在院子里就能呼风唤雨！”

国家大事日新月异，普罗大众世事沧桑，乡村媒婆日渐式微，但晚年的母亲似乎愈来愈有劲儿，愈来愈幸福。

魂兮，归来

成 城 | 文

我的母亲会召魂儿。

这好像并不是什么值得大肆宣扬的事儿。只是，我想，如果母亲不在了，这大抵在民间流传了许久的“本事”，定然也就此消逝了，至少在我这里。所以，此文只为纪念罢了。

我定然是不会主动去向母亲学习并传承这项本事的，妻自然更不会。我们更多的，只是站在那里无声地看着。看母亲找了有阳光照射的地方，在地上虚画了一个圆圈儿，然后让兴许吓丢了魂儿的孩子或蹲或站在圈儿中间。母亲先是牵了孩子的一只手，望着太阳，口中开始念念有词，最后从地上拈了土屑儿，在孩子的头顶抹了抹，并出声说着“魂儿来了，来家吧”；随后，换孩子的另一只手，重复以上，再说“魂儿来了，来家吧”。

儿时的我不敢说不信，如今人到中年的我却是不愿亦不想说不信这些。儿时，是觉得神秘未知；如今，是觉得这世上到底存在着太多未知的东西，是需要我们真心去敬畏的。人一旦失去了最起码的敬畏之心，便也丧失了对这世界的悲悯。这是与迷信无关的。

在我们豫东老家，乡人们称这项本事为“叫魂”。在我儿时的记忆里，不断地会有村人带了自家的孩子来找我的母亲，母亲每每是有求必应——这的确也不是什么费时费力的事儿，举手之劳嘛。儿时的我，身体弱，连带着，似乎性情都弱了起来。偏偏我年轻的父亲那时脾气又是极大的，大吼大叫甚至摔板凳砸桌子，都是常有的事儿。我怕父亲，极怕的那种，每每他冷不丁儿地吼叫，我便总会被吓飞了魂魄，接连几天都有些精神恍惚。所以，我被母亲牵了手，蹲进圈圈儿里“叫魂”，也

【作者简介】
成城，河南扶沟人。中学教师。

是常有的事儿了。每每这时，我就那么很安静地蹲着，很安静地听母亲的念念有词，心下有些怯怯的，甚至大气都不敢出，怕自己哪怕一个闪失，那飘乎乎被召唤回来的丝丝缕缕的魂魄，便一下子又消散无踪。

很难想象，母亲的这项本事，竟是得传于我的父亲。

是舅姥爷教给我的父亲的。父亲没结婚之前就已得了“真传”，却极不当真，年轻气盛、血气方刚的年纪里，谁会信这古董式的玩意儿呢？他几乎是从来没有在谁家孩子的身上施展过这本事的，多是不屑去做吧。一直到他自己结婚成家，有了我这个不争气、身体弱、动辄会被吓飞了魂魄的儿子之后，他大抵也是不得不把这本事教给了我的母亲，让我的母亲时常地给我召唤魂魄。

说起我的舅姥爷，倒也真是个人物。名副其实的算卦先生一个。在我儿时的记忆里，他是有些鹤发童颜的模样的，倒真真有几分仙气。他是走江湖的人，习惯了走南闯北，吃住在外。偶尔也会住到我家里来。每每这时，我都是极欢喜的。因为他有一只鸟笼，鸟笼里住着一只极聪明的鸟，颜色鲜艳，身形敏捷。更重要的是，那鸟儿会随了我舅姥爷的吩咐从他的手里叼一些占卦用的细长的小木条。舅姥爷看了那木条，沉思半晌，让人紧张得快要受不了的时候，他才幽幽吐口，说一些关于你前世今生以及未来的事儿。

母亲说，舅姥爷是极喜欢我这个孙儿的。即便如此，他也是极不愿我去碰他的那只漂亮的鸟儿。有一次，我趁他没注意，好不容易逮到了那只鸟，攥在手里，还没来得及细细观赏，就听舅姥爷越来越近的变了腔的呼叫：“哎呀，我的乖乖啊，那可是舅爷我的吃饭家伙什儿，你可不敢给我玩完了啊。”

我自是不怕一向和蔼的舅姥爷，依旧攥着小鸟嘻嘻地笑；但一抬眼，看到不远处的我的父亲霍然站起，提了鞋底子，嘴里骂骂咧咧着“你个兔孙，两天不打，上房揭瓦”作势向我冲了过来，我便立即像被针刺了

一般，手忙脚乱地要把手中的小鸟往笼子里塞，越急越塞不进去，索性丢开手，鸟儿扑棱棱地飞了，我把手背到身后，惊得挪不动半步，直到父亲手起鞋落劈头盖脸而来，我不知道也不敢躲。舅姥爷便护住了我，骂我的父亲。我的父亲十一二岁便没了父母，吃百家饭长大，老天爷老大，他就是老二，自是谁也不怕的；偏偏对这个他唯一的老舅却遵从有加，任由他骂了。一切消停，舅姥爷抬手，口里发出口哨声，那一直悬飞在我们头顶不曾远去的鸟儿，便立即飞回到他的指尖。一旁的我看得敬佩不已，被父亲吓飞的魂儿好像也随着那鸟儿飞了回来。

舅姥爷去世的时候，我正在外地读高中。偶尔回家，听母亲念叨起两句。我也不惊心，倒像是去了一个无关紧要的人似的。听母亲说舅姥爷是客死异乡时，十六七岁的我甚至还佩服起他这样的江湖人能一生生死于江湖中，倒真真是造化。

十六七岁的我正是壮怀激烈、一心要飞离父母的圈囿向远方独闯一片天地的年龄，自然是不屑什么“叶落归根”的。那时节，我对父亲的怕意渐渐淡了，多转化成了恨。偶尔，还敢跟他吵；否则，就是冷战，他说什么我只当没听见。父亲脾气依旧极盛，依旧骂人，但再没有动手打过我。对生命、对父命都失去了敬畏的少年，对于母亲“叫魂”的这项本事儿，自然也更是不屑起来了。再见母亲给人家孩子召唤魂儿归来的时候，我极度嫌弃地立马转身走开，或是就站在旁边，冷冷地看着，等人家带了孩子千谢万谢地走了之后，我会很直白地对母亲说，这都是迷信，骗子，有病去看医生吃药打针啊，搞这些玩意儿有啥用！每每这时，母亲便沉默走开。就像她夹在我与父亲的战争之中，刚开始还试图劝我，最终只能叹息一声，默默走开。

如今，我已人到中年，也有了自己的儿女，偶尔气极了的时候，我也忍不住向我的孩子大吼。妻时常说，等你老了，指不定还不如咱爸呢。人到中年的我便叹息，大抵是明白了许多，也多了些许无奈。无奈，有些人与人之间，就是这样，他们共同沿着同一条脉路而来，无论你如何挣扎，你大抵都是逃不开这种宿命的；你可以走出一条异样的路来，但无论你的魂灵飘飞多远，你始终要么其实就站在他的肩膀上，要么，就立在他的目光深处。

如今再忆及自己十几二十几岁、年轻气盛的那些年里，与父亲的战争，对母亲召魂儿及其他种种的看不过眼，感觉那时的自己倒真真像是失了魂灵的风筝，无所畏无所惧无所感恩无所柔软，挣扎着，挣脱着，肆意着自己所谓的青春飞扬，不屑思索，不屑沉淀，不屑所有有所忌惮的保守模样……

如今，大抵是真的老了，才会说这样的话吧。

母亲跟我离了乡村来到城市已十多年，没了知根知底的乡邻，在这里几乎是没有人知道母亲会召魂儿的；即便，偶尔有混熟了的人得知，带了自家的孩儿来，母亲也多是推辞。私下里，母亲念叨说：“心里不是真的相信，也用不着让他们像看耍猴的似的看了。”但是，只要我的孩子、她的孙儿有丁点儿的精神不振，她便总会在我还没来得及带他去医院、诊所之前，就急急地牵了孩子的手，蹲在了阳光下、圆圈内，一声紧似一声地念：“魂儿来了，来家吧。”

我温和地看着，心底全是柔软。能够宽和地对待我爱和爱我的人，甚至这个我并不曾完全读得懂、全部拥有得了的世界，我觉得，我曾经飘飞无定踪的魂儿也总算归来了吧。

是啊，魂兮，归来。来家吧。

儿子的大玩偶

华 民 | 文

他是我父亲的表哥。舅表。他们都叫他“瓦斗哥”。我叫他“瓦斗大爷”。他这一生，我不敢妄加评说是“幸”或“不幸”；我想，他至少是自由的吧。

他的母亲生他时，难产，他落地，他母亲就没了气息。他的父亲，也就是我奶奶的弟弟，在他十六七岁的时候，也病逝了。

最开始，他还会到自家田里忙活忙活，夏忙和秋收的时候好歹有点收成。只是，到底还是太年轻，没有爹娘的束缚管教，没几年过去，他便再不愿去田里半步，最后竟将自家那几亩地转租给了别人。不种田的他便不务正业地四处闲逛。正值被人说媒相亲的年龄，人家见他和他的那个家实在不像话，渐渐竟对他“敬而远之”了。后来，连我的父亲——他的表弟都结婚了，他还是孤家寡人一个，大概是眼见着在老家混得不如意，他索性便锁了门离了家，跟人家说，他要出去挣大钱了。

几年之后，我和小妹相继出生，都撒丫子满地跑了。他回来了。显然，他没有挣到什么大钱，出去了几年，学会了一项本事：游乡卖货。

那天，他骑了辆破自行车突然就出现在了我家门口。自行车后座两边挂着两个看上去有了些年头的木箱，带盖，打开盖子，里面的小东小西可真算得上琳琅满目，大都是女人做女红用的东西，还有女孩儿扎头发用的各样样式漂亮、色彩鲜艳的头花、卡子，以及男孩儿爱玩的弹珠、弹弓等小玩具。更吸引孩子们的，无疑是其中一格那五彩缤纷的糖豆儿，以及另一格我们几乎说不上名字来的小零食了。前头的车把上，拴系着一群摇头晃脑着的气球，颜色鲜艳，招眼异常。如今想来，他那时展现在我们面前的，无疑是一个会移动的小商品批发城！

【作者简介】

华民，河南兰考人。现居西安，从事基础教育工作。

而他自己呢，头戴着一顶马戏团小丑戴的帽子，帽子顶端的缨带飘得长长的，时常有孩子追着他的自行车，在后面揪拽那几根蛇一样飘飞的缨带。他的鼻子上挂着一枚火红的大大的假鼻子，而且会随了他的吹气而突然“哇”的一声尖叫着变长。胆小的孩子被吓得白了小脸，继而“哇”的一声跟着哭了；胆大的孩子则随着这一声尖叫也尖厉着嗓子笑得喘不过气来。

他就这样的一副样子，第一次，突然间就出现在了我家门口。我当时还不知道他是谁，和其他孩子一样，两眼痴痴地看着穿着奇装异服的他，看着他车把上飘飞的气球，看着他车后座那两个木箱里琳琅满目的精彩小玩意儿。

让我万分惊奇的是，这样一个大玩偶最后竟然推着他的“小商品批发城”走进了我家的院门。

我的父母也有些愕然，但最后热情地接待了他。追进院子的小朋友们被赶了出去，恋恋不舍地站在我家院子门口，隔了院墙伸长了脖子向里张望。我和小妹还不知道他是谁，围了他停放在我家院里的“批发城”看了又看，不敢私自靠近，又不愿离开。

母亲唤我和妹过去，向我们介绍，这是你瓦斗大爷，快，叫大爷。

啊，是亲戚啊！真是太好了！我有了一个当“小商品批发城”老板的亲戚！他的名字叫“瓦斗大爷”。

瓦斗大爷其时是四十多岁的样子，依旧孤身一人，没有娶妻成家，更不用说有自己的孩子了。乍一见我和小妹，他立即有些手足无措起来，伸手拉我和小妹的手。小妹两三岁，童言无忌，尖叫着闪开了，“脏！脏！”我其时已经四五岁了，被他拉了手，与他近在咫尺，他身上弥漫着几乎让人窒息的脑油味儿。但他自己显然已经习惯了这些，他几乎对我小妹的尖叫没有一丝的尴尬，或许，他当时只顾着看我，只顾着牵了我的手急急地奔向他的“批发城”，从那木箱里捧出一大捧的糖果，硬往我手里塞，往我小妹的口袋里塞。小妹没有丝毫迟疑地接了，没有哪个孩子能够经受得住糖果的诱惑，更何况，如此的一大把，颜色鲜亮、品种丰富，有水果糖，有螺丝糖，有芝麻糖，有滚圆如精灵的小糖豆儿……那天他临走时，我已经对他特别依依不舍起来。我的母亲追出院子，把我父亲的一些衣物给了他，并嘱咐他说，自己顾不着洗，下次再来的时候，把脏衣服还有脏被子都给我带来，我给你洗。

从那以后，瓦斗大爷每隔十天半月就会来我家一次，每次都像算好了似的，他给我的那些糖果，在被母亲严把死守、三令五申要少吃的情况下，到底还是马上要清底儿的时候，他刚刚好地就来了。

他不像其他卖货郎那样用拨浪鼓招徕顾客。他就用他的那个假鼻子，“哇，哇”，长一声短一声，尖叫着就来了。

那时，在农忙时节，我的父母总会把无人照料的我和妹妹反锁在屋子里。大概是从来没有因为经常被锁而习以为常过，每次被

锁时都是哭。幸好，那样的时节，瓦斗大爷来我们这村里售货的频率明显高出了许多。他“哇哇”尖叫着来了，车子推进院子来，隔了窗户同我和妹说话，拿糖果给我们吃，拿新式的小玩具给我们玩。我和妹便不再哭，欢快地同他玩，揪他那会哇哇大叫的红鼻子。不知不觉中，难挨的“囚禁”时光就过去了。

后来，凡是农忙时节，他便自告奋勇地来照顾我和妹。所以，从那时起，他便经常地住在我家里，特别是在麦忙天，几乎能前后住上半个多月。有他陪着我和妹，我们快乐得不得了。

偶尔，他也会让妹坐在他自行车前面的大梁上，让我坐在车后座的两个木箱之上。他艰难地跨上车，一辆除了铃铛不响全身都会响的破自行车，承载了我们三个人以及整座“小商品批发城”的重量，吱吱扭扭、歪歪斜斜地上路。只能到附近的几个村子里转转，并不敢跑得太远，因为我的母亲好像并不喜欢看到瓦斗大爷这样带着我和妹四处游乡。

妹的胆子比我大，坐在车前大梁上，尖厉着嗓子喊：“水果糖！螺丝糖！都来买啊！”五六岁的我已有些知羞了，但是，我喜欢这样的时光。喜欢瓦斗大爷每一次的到来与出现，喜欢他像个大玩偶似的陪我和妹玩，喜欢他带我们四处游乡时看成群的和我们差不多大的孩子眼睛里充满着艳羡、嘴里头欢呼着，像迎接和欢送国王似的，追着我们的货车跑……

我7岁入了小学。未入学的小妹也有姑家那个因为头脑有些憨痴早早退了学的表姐来照顾了。瓦斗大爷便渐渐来得少了。偶尔，他竟骑着他的“批发城”突然就出现在了我们学校的门口。孩子们依旧会拥上去。同村

的知道我和他关系的孩子会跑到我的班上来叫我，当着全班同学的面喊，你家那个卖货郎来了！在学校门口，找你呢。

我磨磨蹭蹭地到了学校门口。他欣喜地唤我的乳名，抓了好大一把糖给我，“赶紧接住，这是新式的椰子糖，回班里分你同学尝尝，跟你同学搞好关系……”我背着手，往后躲，也不告诉他“老师说了，吃糖多了会蛀牙”，只是不说话也不接，面孔上大概还带了几分淡淡的忧愁吧。他的手就那么尴尬地悬在半空，良久。后来，他便再也没有在我们学校门口出现过。

我听他曾跟我父母说，孩子大了，知道羞了，他不该跑学校去给孩子丢人的。我母亲后来逮着机会，好好把我训了一通，骂我是个忘恩负义的小东西，骂我不理解瓦斗大爷的一片心——“他自己没儿没女，把你都当成他亲儿子待了，你这没良心的小东西，竟然这么寒他的心。”

那次学校事件之后，没出一年，他便停了他卖货郎的营生，去了县郊一所中学做起了门卫。从此，便一直在那里，许久许久，好像一直到我读高中时。这中间，我随同父母去看过他一次，印象中，也就一次。他依旧会来我们家，经常性地。他坐在那里同我的父母说话，而眼睛总是追着我和小妹的身影。我知道他想同我和小妹说说话，可我们好像故意跟他作对似的，在他眼前晃过来晃过去，就是不往他跟前坐。每次，他走之后，我的母亲就会骂我们一顿，搞得我们几乎都有些厌烦在这个家里看到他了。

后来，我进了初中、高中，一直住校，只能极少数次地在寒暑假期里偶遇他一两次。转眼，又远离家乡读了大学。毕业后，落户在外，从此，再是没有见过他了。直到最后，听到他早已去世的消息。

母亲没有再骂我是个“没良心的”，只是感叹：“在这个世上，谁活着都不容易。无论干什么行当，只要是靠自己的双手挣钱，不管挣多挣少，一辈子心里头踏踏实实，就行了。”

依农历来算，中原大地上，一年到头都是节日不断，从正月十五的点鳌山万岁灯、放孔明灯，到二月二龙抬头，一直到腊八、祭灶、年下来到……只是，如今的年轻人大多数时间漂泊在外，对老家的这些个节日越来越少经历与关注。很多个节日就这样渐行渐远，模糊在了记忆深处。

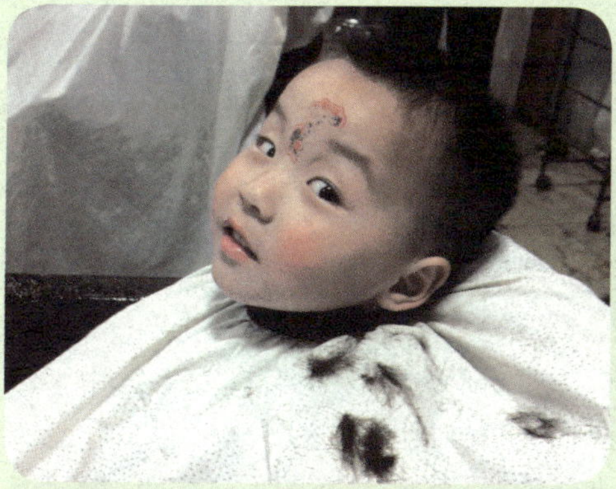

龙 抬 头

马德芳｜文

去年春天，我因公出差回到老家邓州，顺便就在老家住了一晚。老家、老院、知根知底的老人，总能给人最踏实、舒心的感觉，我一夜无梦，一直睡到第二天早上母亲像我在儿时那样喊着我的乳名来唤我。窗外，早已是阳光灿烂。

睡眼惺忪地踱出屋，我顿时被眼前的景象吸引：扫得干干净净的院子地面上，画着三个偌大的灰褐色的圆圈。只是片刻的愣神儿，我的脑海里便闪镜头一般地捕捉到了关于眼前景象的信息：原来，这是用草木灰画的，麦囤粮仓。小时候，生长在故乡的年份里，每年都会有那么一个日子，由父亲在自家院子里画上这些大粮仓。不仅我们家，家家户户都要画。

只是，我已忘记，具体是哪个日子了。

母亲在一旁适时地提醒，今天是二月二啊。

“二月二，龙抬头；大仓满，小仓流。”又是片刻之间，我便记起了这句在儿时熟悉无比的民谣来。

原本以为，皆已忘记；其实，有些东西俨然已刻骨铭心。

母亲说，如今的日子好了，已经很少有人再画这个了，估计也就你爹还坚持着，每年的二月二都画。从来没忘过。

农历的二月初二，相传为龙上天的日子，俗称“龙抬头”。从这天开始，休息了整整一个冬天的龙也要上天开始工作，准备施播春雨了。二月二前后是“惊蛰”节气，冬去春来，万物复苏。听说，有些地方的人们在这一天会把草木灰撒遍屋角墙根，言可避毒虫之害。在我们豫南，这一天只是取了草木灰在院落里画麦囤，谓之“打麦囤”，祈求上

【作者简介】

马德芳，河南邓州人。中央财经大学管理学博士。注册会计师。从事财务会计类专业教学与科研工作。

苍保佑今年的麦子能有个好收成。

打囤的时间要早，必须在太阳出来之前打好，并且关好家鸡。

一切准备就绪，父亲就从烧柴火的锅灶下掏出一大簸箕的草木灰，在院子的中央，撒出一个大圆圈。那个时候，可真是羡慕父亲，转身之间，就能够画出如此规整的圆来，几乎比我后来用圆规画的都要圆都要好看。

一个、两个、三个……大人说，一个圆就是一个麦囤，越多就是期盼今年收成越好，最后还要画上爬麦囤的梯子。仅此还不够邪乎，还要在每个麦囤的中间用小铲子挖一小坑，放几粒五谷，埋好。上面压上青砖，砖上点燃面灯，撷取“五谷丰登”之意。

太阳出来了，打囤仪式也完毕，我们便打开鸡窝，公鸡和母鸡叽叽嘎嘎地直奔粮囤，美餐一顿。如果那些盖着的五谷被鸡啄吃干净了就是吉兆，预示着今年定会风调雨顺、五谷丰登。这也算是古人传下来的最朴素的占卜术吧！

小时候，我最感兴趣的就是这鸡扒食了，埋在坑里、盖在青砖下面的粮食它咋就能找到呢？大人不是常骂笨小孩是鸡脑子吗？而且每次看画麦囤，我都有种非常的神秘感，看着院子里的草木灰圈，总有种外星人留下怪符号的感觉。

那年二月二邻居家打麦囤，院子里有大大小小的草木灰圆圈，我们小孩子在院子里又新画了方格子来做游戏，被邻家老太太看见了，老太太站在门台上训斥轰赶我们。现在想来应该是破坏了圆圈就是破坏了粮囤，大不吉利，所以才被老太太骂的。

为什么打麦囤要用草木灰呢？因为草木灰和香灰一样可以止血；另外民间传说草木灰有驱灾辟邪之功效。甚至夭折了孩子的人家，在把孩子送出去之后，会在家门口撒上草木灰，以免孩子的灵魂回转过来搅扰门庭。

关于农历的二月二，除了这画麦囤的记忆，给我印象最深的就是“二月二，剃龙

头”了。

二月二，在我们那里，男孩子是必须要剃头的。从春节前腊月二十八开始，一直到春节后的整个正月，都是不能够再剃头的。好不容易出了正月，来到二月二，这头发再不理，可就成草了。况且，“二月二，龙抬头”，多吉利。我们男孩子都是龙的传人，龙子啊，当然也要在这大好春光里，好好“抬头”，轻松“抬头”，做一个干净清爽、精神头儿十足的小小男子汉嘛。

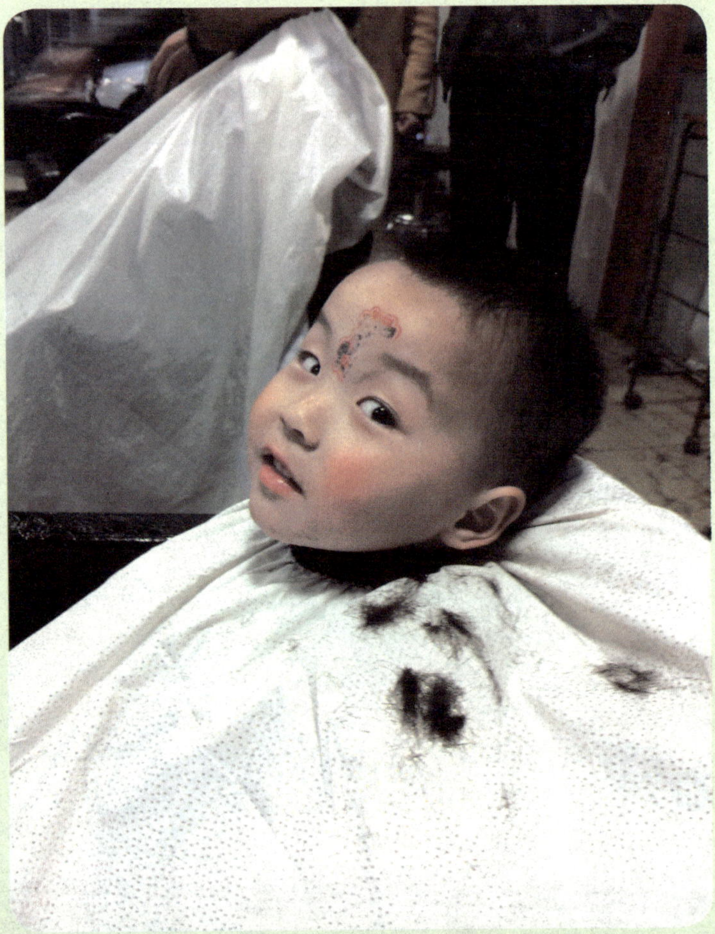

可偏偏我就不喜欢，怕剃头，到最后连本家的那个剃头的瘸腿子二哥都害怕起来了。

据父亲说，这瘸腿子二哥的爷爷和我的爷爷，是一母同胞的亲兄弟。二哥天生腿瘸。那时候，他还年轻，就用一辆破自行车带着副剃头挑子到处游乡、赶集给人剃头，挣些家用。因是本家，我们这一族二十几号男子的剃头大事自然都要找二哥了。那时候，理发店、美容美发厅并没有像现在一样，满大街都是；剃头理发的，大都像二哥一样骑个破自行车，带着剃头用的家伙什儿四处游乡。如此，不仅我本家，甚至全村乃至邻村的，剃头理发时，都会来找瘸腿二哥。我又哪里能逃得了？那些年，我一看到二哥就腿软；更可恨的是，二哥每每见我，都乐呵呵地问，小德小德，要不要理发啊？恼死他了！

二月二，龙抬头。这天天灰蒙蒙的尚未大亮，二哥就在自家院子门口的空地上支起火盆架子，开始烧水了。等天大亮，哭得眼泪一把鼻涕一把的我被押到二哥的剃头摊子前的时候，只看见黑压压的人头——等着剃头的人排起了长队，我都看不到二哥了。每每此时，我都窃喜不止，这么多人，最好一整天都剃不完，要么，直接把二哥累趴下拉倒。可惜，我自私的小心愿从来没有实现过，因为，我总能够走走后门。二哥老远瞧见我就喊，小德小德，过来过来，你先剃！竟然，竟然也没有人表示反对？一群叔叔伯伯爷爷，甚至那些个跟我年龄差不多的男孩子们，站在队伍里，眼睁睁地看着我大模大样地插队，竟然不急不躁，没有一个人站出来表示反对，甚至，好像还个个都是一副等着看热闹的古怪表情！

我眼角挂着泪，被父亲摁坐到椅子上。待我坐定，父亲往旁边一站，黑铁塔似的。我抽着鼻涕哼唧一声，他在旁边就声音比我粗重了许多地也哼一声，于是，我就不敢再轻易哼出声来，低着头，兀自无声地哽咽。

二哥把围裙给我围上。看不出什么颜色，油腻无比，透着让人窒息的脑油味儿。二哥从火盆架子上取下黑黢黢的水壶，向洗头盆子里倒些早就烧得滋滋响的热水，再兑点冷水，给我洗头。二哥的手很暖，但他每往我头上撩一次水，我就觉得脖颈骤凉一下，离死越来越近了啊！怎么办啊？逃不了了吗？剃子推子的咔嚓声有节奏地响起，在我听来，就像大戏开唱之前紧锣密鼓的打头场的声音，声声催人命；待到二哥拿着那柄雪亮的刮刀在洗头盆架一角吊挂的牛皮子上噌噌抹上两下，冲着我的后脑勺而来时，我的整个身体都立时紧绷，好像全身的汗毛都直直地竖了起来……还好，每一次都恰恰是在我马上就要坚持不住，几乎要撒丫子蹿出去之前，二哥拿起干毛巾在我脖子上甩两下，言说，行，好了！终于，终于完事儿了！

或许因为关于剃头，都是这些与“二月二，龙抬头”以及二哥相关的，不大美好甚至恐惧的记忆，所以，直到现在，我依旧不是特别喜欢去理发。总是被家人催来催去地催上好多遍，我自己看那头发都看不过眼的时候，才随便寻了家理发店去。年轻的美发师问我，剪个什么发型？我说，随便。然后坐下去，闭紧了双眼去想自己的心思，等理发师说理好了，我几乎是连从镜子里看一眼都不带看的，起身、付钱、走人。

听说，如今的二月二，就算是在大城市里，理发店的生意也都会骤然火爆异常起来，说到底，依旧是因了这“二月二，龙抬头”的老习俗。

只希望，不管是不是二月二，我们的每个男孩以及女孩，都能够生龙活虎、朝气蓬勃，脚踏实地地行事，抬头挺胸地做人。

走！逛庙会去

何继云 | 文

混在高中那三年，每年的三月三我都会去逛雾烟山的庙一百会。

准确来说，我的高中三年生活是在远离家乡项城100多公里之外的鄢陵县城的高中度过的。父母依旧工作生活在项城，我等于是在外婆的县城里混日子。少了父母的唠叨与管教，高中三年我过得倒也轻松。

首先，结识了几个志同道合的兄弟，这些兄弟当中，有一个老家在与鄢陵县搭界儿的扶沟县韭园镇。而传说中久负盛名的雾烟山，就在韭园镇。架不住这个兄弟的蛊惑，高一那年的三月三，我们在头一天的黄昏时分，就骑了单车飞奔到了雾烟山脚下。

距离并不远，只有二十来里路。

其实，真的不能称作“山”的。充其量，那雾烟山只是一架南北走向不足两千米、东西平均宽不足百米的土岗而已。只不过，在我们这些见惯了一马平川大平原的少年人眼里，它就像突然鼓起来的包，透着份稀奇；而登山之后，看到巍峨矗立在山顶之上的那十多座各样庙殿

【作者简介】

何继云，河南项城人。郑州某知名文化传播有限公司企划总监、董事长特别助理，互联网行销专家。

之前，成片跪着的那些顶礼膜拜的香客们，更让这雾烟山在我们眼里，透着不可解的神秘。

那个黄昏，我们从山下骑车经过时，山下的杨树林里已经挤满了各色各样的帐篷。兄弟不无自豪地指着那个最大的帐篷说，这里面可是有歌舞表演的，几乎从二月二开始，就在这里安营扎寨进行演出了。继而，又不怀好意地哧哧笑问，明天要不要进去看演出啊？旁边已经有猴急的兄弟一脚踹过来，吼道，还等啥明天啊，等会儿在你家吃过饭，咱就过来看演出！

这个建议好，得到兄弟们一致的赞同！

那兄弟的家就在雾烟山向北不远的一个村子里。吃过晚饭，我们几个十六七岁的少年像极了电影里的不良少年一般，折了根树枝，剔着“金黄”的大板牙，懒懒散散就向雾烟山晃去。

虽然明天才是三月三，但此刻的雾烟山已经有些人满为患的感觉了。兄弟说，这雾烟山可真格儿是远近闻名的。不仅附近几个县，听说远至开封、商丘，都有香客慕名而来。家在附近的香客，三月三当天才会上山来；家比较远的，提前好些天就赶来了，或住亲戚朋友家，或直接就住在山上的庙堂大殿里。

那时少年气盛，不懂人世的疾苦，以及人心经历这人世的千灾百难之后，对一份能够慰藉这份悲苦心的所在的渴求；只是一味地笑言这些香客痴了，甚或傻了。带我们来的那兄弟，或许因了从小就生长在山下，这次并没有附和我们，只是一个劲儿地说，千万不要乱说话，你可以不信，但最好还是尊重别人的那份不伤害其他人的执着信仰。

直到许多年之后，我才明白，其实就在那个时候，我的那个兄弟就已经长大，知道了胸怀的宽阔与包容。而那时候的我们，却还只是傻乐和的无畏少年。

傻乐和的无畏少年千方百计地躲过了看门人的视线，从帐篷的一角钻到了歌舞表演

的现场。

很暴露，画面太“美”，青春的孩子看得目瞪口呆却依然要装出一副久经沙场的成熟稳重模样。

很潦草，还没有等到某个兄弟看得鼻孔蹿血，我们就被原本守在帐篷门口售票的壮汉发现了，眼看几个壮汉一起向这边包抄过来，口袋里基本上没有半毛钱的我们只能匆匆溜之大吉。

往山上走，夜风渐起，有些凉。对售票壮汉骂骂咧咧了半天的兄弟们，被夜风一吹，渐渐安静了下来。夜色里，看夜幕下或庙或殿的飞檐翘角，听从室内隐隐传出来借宿在神像脚下席地而卧的香客们的说话声……毕竟，明天才是三月三，就像黎明前的黑暗一样，此刻的雾烟山，守着最后的一份安静，等待着第二天的全民狂欢。

当年，我以及那家住在山下的兄弟都不是很清楚，这雾烟山的庙会到底是为了纪念谁，我们像大多数逛庙会的游客一样，只是图个欢聚的热闹与新鲜；直到许多年之后，偶尔忆起曾经的那些个兄弟以及曾经热衷的雾烟山时，才上网查找了一番关于这庙会的前世今生。原来，道家的鼻祖老子走出老家鹿邑向全世界宣讲道法，雾烟山是他一路向西的第一站。是为纪念。

雾烟山庙会远不是我逛的第一个庙会。在我还没有正式入小学的童年时期，几乎每一年的二月二到三月三之间，我都会被二姐接到她淮阳的夫家。有时，陪我一起去的还有我当时还健在的奶奶；有时，奶奶和母亲走不开，即便是我一个人，也会提前好些天被二姐接到淮阳去，把淮阳的庙会逛了个前前后后、左左右右。

对于二姐对我的这份好，我一直铭记在心里，感激得不得了。没承想，几年前，兄弟姊妹们在母亲生日时难得地坐在一起闲聊，我提起小时候二姐接我逛淮阳庙会的事并感叹那时候二姐对我这个弟弟可真好时，正在和母亲一起收拾着一片狼藉的饭桌的二姐突然一脸嫌弃地说，你是兄弟姊妹之中最小的，那个时候，你还小，身边离不了人，三月三前后，又是田间地头最忙的时候，我是怕你给咱妈添乱，所以，才每年都把你接走的。

难怪，虽说年年逛，我现在对那时候的淮阳庙会，愣是没有太深印象来着；也难怪，那时太年幼，竟连那份应有的庙会的热闹记忆都留存不多了。唯一的深刻记忆，还是二姐的公公，带我去庙会，购了泥泥狗，还购了一个被染得五颜六色的竹编小篮子。

我跟二姐提起这事儿，感激人家老公公对我的那份好。没承想，二姐又一语惊人：你只记得泥泥狗、花竹篮了，你就不记得，为了买那个花竹篮，我那老公公差点儿跟人打起来了？就因为几分钱啊；到最后，要不是遇上同村的老乡，因为吵架，会不会把你在庙会上弄丢，都不一定呢！

前年，二姐的儿子小壮结婚，我这当舅舅的欢天喜地而去。你瞧瞧，这淮阳人挑的成亲日子，竟然也是三月三！很多年之后，我再次很意外地与淮阳庙会来了一场青梅竹马一般的重逢。

直到那时，我才真正了解，淮阳的庙会，是为纪念另一个人，这个人叫伏羲，是人祖。

三月三，逛新郑庙会，只是几年前的事。只不过，肯定不是三月三当天去的，受不了拜祖大典的那份热气腾腾。

地球人大概都知道了，“三月三，拜轩辕”。这也多亏了咱河南新郑市这些年的宣传攻关，生生把原本小范围内、普通老百姓逛庙会的地方，搞成了世界华人认祖归宗的聚集地。三月三，拜祖大典，简直成了新郑人甚至郑州人的集体大狂欢，街头巷尾都是与之相关的大幅宣传字画，《大河报》《东方今报》“腾讯•大豫网”等媒体更是连篇累牍地宣传报道。最后，搞得我作为一个河南人，又混在距新郑咫尺之遥的郑州，不去凑凑这份热闹，参与一下，简直是有些太不捧场、太不知趣了。

其实，真是高看自己了。人家才不稀罕咱这小老百姓凑不凑这份热闹呢。索性，避开三月三当天的热闹与拥挤，在三月三之后，在满眼黄围巾、黑脑袋瓜子，林立的大炷香火，都只是像仅存在媒体报道中的昨夜一场盛世繁华的春梦一般之后，一场清冷的春雨润物无声地浇熄了所有的欢腾，我被已四处逛庙会、烧香信神了许多年的二姐再三催促，终于，于那年的那个周末，带着年迈的父母晃向新郑。二姐跟着，不知道已经逛了多少次新郑庙会的二姐，俨然像个导游。

当年的拜祖大典已经尘埃落定一星期，游人并不如织，展眼四望，清一色的，几乎都是像我们这样的，步伐极慢、目光极其涣散的中年夫妇。带了自家年迈的父母，慰父母虔诚拜祖祭神的一片热望之心；带了自家弱嫩的娇儿，让他们看看热闹，顺便体会一下什么叫祖上什么叫根，对血脉对传承多一些感知多几分敬畏；带了自己为工作、生活所累的心，只为在这样的慢步与散淡之中，让心放松，把自己放空，再无其他。

那棵金黄的祈福树还在拜祖大典广场的正中央摆放着，雨不大，不足以冲刷掉落在上面的经日的烟尘，灰尘聚在叶片的尖端，使得片片黄叶低垂，整棵树都显得萎靡不振起来。

黄帝像很高大，迈入广场，远远地，就看到了。孩子们急着要冲过去抚摸他。父母寸步难移地正在考虑是不是再买几炷高香，黄帝像下也要烧一烧。之所以犹豫，是因了刚刚在前面的几座大殿里都有烧，而且，景区的这些个售卖高香的人直言不讳地说，三月三期间，高香就是这么贵。看你依旧犹豫，人家就更加任性地补充道，拜祖先呢，你们拿出点诚意，好不好？给自己的祖先多花两个钱，没见过这么犹豫不定的！

话实在难听，怎么听怎么不对味儿。我待要发飙，二姐在一旁挤眉弄眼，向我低吼，在这样的神灵之地，绝对不能高声说话的，切莫冲撞了神灵。

没办法，就这样高价购香一路烧到了黄帝像的跟前。在没有决定要不要在黄帝像前再烧一把之前，我们选择暂时在拜祖广场边上的长廊下休息。刚一坐下，俺爹俺娘终于受不了了，言道，这辈子也就烧这一回了。这腔调立马引来二姐的抢白，可不能说这种话，心不诚，怎么行？俺娘唠叨，埋怨俺爹，早说了不要凑这热闹不要凑这热闹，不听，这热闹也是能瞎胡凑的？俺爹也憋屈，嘟哝道，我不也是想着孩子孙子一天天大了，想拜拜祖，让祖上多保佑咱们平平安安？忽然又面向二姐，剑眉倒竖，低吼道，咋啦，我今年烧了明年不烧，他还粘住我了不成？二姐本想反驳，但抬头一看爹的那副神情，话没出口就咽了下去，最后，像个赌气的小姑娘似的，嘟囔道，早知道不带你们来了！

我在一旁听得欢乐。几乎从一进这庙会现场，爹啊娘啊二姐啊，都一再嘱咐我，少说话。好像我出口即会“伤神”似的。此刻，听他们争得如此热闹，我只装着做一个听话的孩子，不开口，不表态。

其实，那天在拜祖广场黄帝像下的香还是烧了。香是我买的，超级无敌的大炷。我趁父母还在犹豫，没留意我的时候，购买的。当我抱着两根硕大的高香交给爹娘时，俺娘那脸色，好像当场就要把我撕吃了，连珠炮似的问，多少钱多少钱？说不让来烧非要来烧，这下可舒坦了！俺爹竟是突然乐了，欢乐无比，好像早就在等待这一刻一样，顺手接过了香，步伐轻快地向香炉走去。倒是俺那二姐，双眼都有些发绿了，目送俺爹俺娘走向香炉，冷不丁儿又狠狠剜我一眼，咬牙切齿地问，这么大个儿，多少钱一个？你傻啊你？你有钱烧得慌啊你？……我慌忙使眼色，警告二姐，这可是神灵之地，某些个话可是不能乱说的。可叹那二姐，简直疯了一般，恨不得当场就揪住我劈头盖脸一通胖揍！

香烧完了。接下来就是少儿节目。景区外的广场上，有大片的儿童游乐设施，孩子们进充气的“欢乐城堡”里闹腾去了。不远处，搭建着一个戏台，听说最后一天演出了；唱的当然是豫剧，俺爹俺娘喜欢了一辈子的，当然要去听一阵子。余下我和二姐，坐在戏台子和儿童游乐园之间的长椅上，一会儿看看孩子们，一会儿看看爹娘，有一搭没一搭地闲聊，闲聊起那些年逛过的那些个庙会……

寂寞清明

小西Eric | 文

曾是清明。

关于清明，我的记忆并不丰盛，而且，亦不悲苦，甚至，还能连带出几分欢乐的色调来。

那时，并不记得清明前一天有什么寒食节的。大抵，在我们豫东，有许多个在别的地方无比看重、过得无比热闹的节日，在我们那里都不值一提一般。比如，端午；再比如，重阳。

只记得，那时候清明的前一天的黄昏，家家户户的大门以及正屋的门楣两角处，都是要插上吐出鹅黄色嫩芽、飘逸着的柳枝的。二三十年过去，如今，莫说寒食，竟是清明当天连柳枝都不再插的了。

那时节，每逢清明，一大早，母亲便会摊上两个金黄金黄的鸡蛋皮儿（即鸡蛋饼）。其时，像这样的美食是极其难得一见的。一大长年之中，家里的老母鸡拼了老命下的那些个鸡蛋，被母亲数日子一般地细数着，小心翼翼地放进橱柜深处的那个黑色陶罐中。攒了这些鸡蛋，一来是为了哪天急用钱要拿这些鸡蛋换几个钱，二来是为了到麦收的季节里每天煮一个鸡蛋给要出大力干活的我的父亲吃了补充营养。也只有清明，才会有这两个例外的鸡蛋皮儿。

印象中，那时候的母亲是从来不去我爷爷奶奶的坟上去的。甚至，父亲也极少去。清明那天，都是我带了妹妹去上坟。母亲在厨屋摊鸡蛋皮儿时，我就蹲在院子里，把昨天甚或几天前就已经买好备用的烧纸取出来摊在面前，三张一份、角角要相互错开地分好、叠好。等母亲把鸡蛋皮儿摊好，盛放在盘里，妹妹突然之间就不知道从哪里蹿了出来，双眼放着绿光一般，喜滋滋地接过盘子。母亲对我说，去吧，带妹妹去给

【作者简介】
小西Eric，河南扶沟人。编辑，好文字，出版有散文集《红楼梦中少年事》。

爷爷奶奶烧纸送钱去吧。

我怀抱了烧纸、手心攥了火柴在前边走，随时都要回头注意在后面磨磨蹭蹭向前挪的妹妹。“不许掐着偷吃！爷爷奶奶还没吃呢！”我反复警告她。无奈，每每到坟地的时候，鸡蛋皮儿的四周都会像齿轮一般精彩。

母亲后来回忆说，有一年的清明，她让我带了妹妹去给爷爷奶奶“送钱”去，我那时候还太小，带了妹妹，直接来到我家屋后的邻居家里，那家有一个身子骨还硬朗而且平日里对我极好的被我称作“奶奶”的老太太。我怀揣着烧纸，推开这“奶奶”的屋门，她正巧在，我欢乐无比地说：“奶奶，俺妈让我和妹妹给你送钱来了。”

老太太先是一愣，继而一句“我的乖乖儿”，紧接着又大笑，一边笑一边冲着前面我家的院子喊我母亲的名字，“快来吧，你这个傻妞是咋给我这俩乖乖儿交代的啊？”

大抵是因了这一出，那以后每年的清明，我都能够带着妹妹在坟头密密麻麻的坟场里，准确无比地找到我爷爷奶奶的坟头。

我先是找了根树枝或烂砖头块，对着坟头画了个向上开口的圆，把两张鸡蛋皮儿放在圆圈最上方的开口处，然后把金黄的烧纸放进圆圈底。点火。然后，嘴里学着大人那样，嘟嘟哝哝地对坟里头躺着的人说些话。比如，“孙子孙女给你们送钱来了，要舍得花啊”；比如，“这是俺妈给你们做的鸡蛋皮儿，吃点吧，可香了”。不过，好像也仅此而已，确确实实说不出太多。爷爷奶奶在我的父亲10岁之前就先后不在了，爷爷、奶奶，在年幼的我和妹妹这里，仅仅就是一个符号而已，被父母教育、暗示了：要对这个符号心存敬畏。至于感情，那是需要长大之后自己再去慢慢体悟、培养的吧。

纸燃着的时候，我例行公事一般地嘟哝着，蹲在坟前，没跪过。妹蹲也没蹲过，就站在旁边看，看被热浪掀起的燃成了灰屑的纸花，在她眼里，那些翻飞着飘远的纸灰或许更像蝴蝶，像一个小女孩子最简单欢乐对远方的向往。

纸燃尽，鸡蛋皮儿上已经落了薄薄的一层纸灰；因太靠近燃烧的纸堆，鸡蛋皮儿都能够嗅出一缕烧焦的味道。只是，我和妹再顾不得这些，像经历了千辛万苦，终于摘到了胜利的果实一般，心安理得地开始享用起这一年当中兴许是唯一的一次与鸡蛋的“亲密接触”。

我想，爷爷奶奶如果真的有知，看到我和妹在他们坟前，就不顾形象地分享这两张鸡蛋皮儿的贪婪样子，是不是会会心一笑呢？

已是清明。

转眼，我已近“不惑”。记忆里，在我人生的前30年，基本上算是没有经历过至亲骨肉的死亡的。虽傻大胆地跑去围观过一下子死了十几人的车祸现场，见识了血流成河的恐怖场景；虽年少无畏地在参加一个已经出了五服的族人的葬礼时，偷偷掀开躺在灵床上的死人脸上的黄纸，只为看一下死人的脸色是怎样的……但还算幸运的是，我至爱的那些亲人们倒都平安无事地给了我一个与死亡无关的30年。

我曾经以为，我们都不会死，永远就这么或快乐或吵吵闹闹地，在一起。

只是，最近十年。准确来说，从十年前的那年除夕开始，死亡已经开始在一步步侵蚀着我至爱的亲人们。

十年前的那年除夕，恰恰是我三姑父出殡的日子。我们两家相距将近四百里，又是风雪又是严寒又是过年，最终，那年不足三十岁的我，第一次作为娘家人的代表，一个人“千里走单骑”地奔赴了那场葬礼。第二天，大年初一的凌晨4点多，我站在三姑家附近的公路上等回城的长途车。风很大，夜很黑。陪我等车的表哥不知道从哪里搞来了一堆柴草，点燃，火光亮处，终于看清有大片大片如扯絮般的雪花在凛冽的空气里飘飞……那一天，我人生第一次体验到了什么叫真正的寒冷。

也就是从那一年开始，每年冬天气温太过低寒时，我都会咳个不停；也就是从那一年开始，以后每年除夕这样举家欢庆的日子里，我都会想到死亡与离别，以及那一场葬礼。

紧接着，8年前的2008年，从正月开始，接二连三，先是我的外公，23天之后，是我的外婆。参加完外婆的葬礼，回到我混着的这座城，我寻了个小旅馆租了个房间，一个人躲在里面，没有泪水，只是一个劲儿地昏睡……良久。

继而，是那一年的寒食节当天，我的二姑父，心梗，就两个人晚饭后散步上楼马上要走到三楼自家门口的当口。当晚10点多，二姑哽咽着打来了电话。可以想象，被二姑父疼爱了一生的我的二姑，在突然失去了这个男人的疼爱之后，未来不可期的苍老余年会变得如何荒凉。那晚，是全家出动。还平生第一次租了车，夜奔。凌晨两三点的时候，我们已在六百多里之外的二姑家，陪她难过，尽自己的心与力安慰她。

五年前，大伯家的我那唯一的堂哥，也是我们这个大家族里我们这一辈除我之外的第二个男子，酗酒，车祸，被撞身亡。尚未成婚，身后无子嗣。

今年清明，我难得地在离清明还有将近一个月的时候，就回到了故乡，回到了埋有我的爷爷奶奶以及大伯、堂哥的故乡。陪在我身边的，是我的儿子。参加工作十多年，第一次有了这么长的假期，可以在老家的这片干净、宁静的乡土之中，挖挖田间地头的野菜，捉捉杨树林间的苍虫子，尝尝许多年都没再吃过的榆钱；甚或在自家多年已不曾住人的老院子里，开出一畦菜地，撒上一些菜籽，安安心心地等待它们的出芽。这一切在正鏖战于工作一线上的同事及同龄人们看来，像是“超级福利”的长假，彻彻底底仅仅是因为一场大病，一场进了重症监护室、有医生第一次谈及我的死亡的大病。

第一次，我感觉到了死亡的可怕。第一次，我深味了清明的悲凉。

从来，人只有在亲身经受了一场与死亡密切相关的劫，他才会真正懂得，懂得清明。真正懂得清明的时候，他已是一个年近不惑的男人，他沉稳内敛，很多话很多悲苦沧桑无奈甚至欢喜，都不大愿意与人道了。这种内心的一个人的清明，无疑是寂寞的。

又是清明。

我仰头看鹅黄色的柳枝，告诉儿子，它曾在清明的日子里被我们插在门楣之上。

我带着儿子去给我的爷爷奶奶上坟，他看到坟头上盛开着一朵金黄色的蒲公英，手脚并用开始向上攀，想去摘取。我像他这么年幼的时候，我从未曾谋面的爷爷奶奶，仅仅是个符号，我又怎能奢望年幼的他懂得这深厚的血缘关系？我也是直到不惑之年，才终于懂得，对这个符号，我应该给予的，除了敬畏，还应该有感情，因为他们是我这条脉路上我所能知道，或许也是目前我身边尚还活着的前辈们所能知道的，传承的起点。从坟上回来，我在心底告诉自己，我一定要找一找我们的家谱，查一下我父亲的爷爷，甚或是我爷爷的爷爷，然后记载下来，留给儿子，等哪天我不在了，我要让他知道，他来自何方。

清明尚未到来时，我和儿子陪着七十多岁的二伯在坟场里放羊，因为这里有铺天盖地的羊儿们爱吃的蒲公英。我和二伯一边看着羊一边闲聊。看着爷奶的坟，旁边挨挤着大伯的、堂哥的，再然后就几乎没有了地方，四周围挨挨挤挤的，几乎都是这个家族里尚不出五服的前辈先人们的坟。二伯说，等他走了，肯定是没办法像大伯那样紧挨着爷奶的坟了。我听后笑说，那更轮不到我了；没事儿，无论到时候你躺哪儿，到我那个时候，我都从远方回来陪着你。

无论走多远，无论离开故土有多久，就算我的儿子如今的身份证号都不再是故乡的了，到我的那个时候，我都会义无反顾地回来；我都会非常郑重地告诉我的儿女们——清明，记得回家，莫让曾经那么深爱过我们的人，寂寞。

麦梢儿黄了

李沁芳｜文

“布谷叫，麦梢儿黄。麦梢儿黄了瞧她娘。”在我们豫东的乡村，至今流传着出嫁女在麦梢儿黄了的时节走娘家的风俗。

端午前后的麦田里，抽穗的麦子如同青春少女一样一个劲儿地疯长，齐刷刷的麦穗抬着头、挺着胸，充满了那种近乎成熟的蓬勃姿态。才过中旬，麦穗上面的麦粒已经饱满起来，微呈喜人的黄色。布谷鸟的叫声一声紧似一声：“各家各户，各家各户。”声声催得人恨不得一下子就把丰收在望的麦子颗粒归仓，声声催得乡下的老汉拿着烟袋咂巴着嘴一趟接一趟地到田间巡视，声声催得庄稼汉把尘封了一年的镰刀在青石上嚯嚯地磨得雪亮，声声催得女人们再也坐不住，紧锣密鼓地张罗着，回娘家。

娘家今年的麦长势如何？麦收的工作准备得咋样啦？缺不缺啥物件？这麦季可是最劳累的，弟弟妹妹们年龄又小，爹娘的身体吃得消吗？得回娘家去问问爹娘的身体近况，听听亲人夏收的安排，要不要到时候过去帮忙……于是，布谷声声中，出嫁的女儿坐在自家男人的车后座上，怀里抱着带给爹娘的礼物，自行车前面大梁上坐着欢快无比的娇儿，在金色的麦浪夹拥的田间小道上，往娘家飞奔。

脚下的这条路，女人已走过百遍千遍，却愈走愈亲切，愈走愈爱走，一边走还一边在心里头悄悄呼唤：娘啊娘啊，我回来了！

只是后来，等女人们的儿女们长大了，长得至少可以自己携得动篮子、迷不了路地去到自家外婆家时，大多数的女人们就派儿女作为代表在麦梢儿黄了的时节“瞧她娘”了。毕竟，自家的小日子刚起步没几年，自家男人或许还不像老公公那样老练与沉稳，对一个家有着充分的

【作者简介】

李沁芳，河南夏邑人，河南大学在校大学生。

责任感——这是需要女人像侍弄麦田一样调教出一个像样的男人来。嫁了出去的女人的心越来越多地被拴系在夫家，越来越把夫家当成了真正的自己的家。于是，似乎是从我记事时，每年麦梢儿黄了的季节，去外婆家“瞧她娘”的，都是哥和我。

哥长我三岁，我记事又比较晚，所以，我能记起的最早的我们兄妹俩一起“走姥家”，也已经是哥七八岁我四五岁的时候的事了。印象中，还有一条大黄狗，我家养的，很通人性。听喜欢这条狗胜过喜欢我的哥回忆说，这条被他唤作“阿黄”的狗比我都聪明，不用人带，自己都能够从我家一路跑到四里开外的我的外婆家去。那时候，哥和我一起在麦梢儿黄的季节“走姥家”时，阿黄就充当了保镖兼带路人的角色。阿黄一路走在哥和我的前面，因了阿黄陪在身边，沿途村庄的坏小孩儿们、谁家养的四处乱蹿的恶狗，都不敢靠近。可惜没过几年，有一年的冬天，许久没有去我外婆家了，估计阿黄也像我一样想念我那慈祥的外婆了，又像往常一样，自己跑去了外婆家。只是，那一去就再也没有回来。听母亲说，那时正是冬闲，又有薄雪，田野里极少有人，阿黄肯定是在路上被一些吃货给灭了。印象很深，因为阿黄的死，我哥哭了整整一天，眼都哭肿了；在那之后，哥也试图养过几条狗，奇怪的是，竟然再没有一条养大过，不是老早病死，就是自己跑丢了。

哥和我，有阿黄陪伴着在麦梢儿黄的时节去外婆家，是我童年时光里最快乐的记忆。

麦梢儿黄了，田野里是大片大片的黄的色块。天是蓝的，那么纯，在蓝莹莹的天幕背景之下，布满麦田的大地显得更黄了。丰收在望，金黄的麦浪像燃烧的火苗，父母面对即将到来的丰收的那份喜悦也感染着我们这些孩子。麦梢儿黄的季节，极少有风，整个金黄的麦田就如同一个已经蒸好了馒头马上要起锅的蒸笼，我们被热气腾腾的丰收景象撩拨得晕晕乎乎的，几乎忘了此刻身在何处，以为自己嗅到的是外婆亲手做的美食的芳香。

麦梢儿黄了，杏儿熟了，又是一年的麦收时节。

如今，布谷鸟的叫声少了。麦收季节里，农人的心也不紧张以及激动了。不紧张，是因为如今的麦收已经不是农人一年劳作之中的大事了，他们只需花上几个钱，请来一部“康麦因”，开进自家麦田里，这头到那头，麦子已颗粒归袋，收购麦子的商户甚至就在地头等着。往年里需要十天半个月忙活才能收割归仓的几亩麦子，如今只需半天工夫，就换成了农人手里厚厚的钞票。不激动，是因为如今的农人有其他太多的副业，或者外出打工，一家人的收入再也不仅仅靠着那几亩地这一季的小麦产出了。

没有了丰收的紧张与激动，“麦梢儿黄，瞧她娘”似乎也失去了它最本初的意义，如今这麦梢儿黄的时节女人们去娘家走亲戚的也少了许多；或许，“麦梢儿黄，瞧她娘”的传统习俗，正在与我们渐行渐远。无论是否是在麦梢儿黄的季节，出了嫁的女儿都要时常回娘家看一看自己日渐年迈的爹娘，这才是老人们最喜欢的人生的“丰收”。

那时冬至还有雪

成　城｜文

那时，冬至还有雪。或厚或薄，总还是有的。

那时的雪，多是从临近冬至，已开始落下。第一场、第二场、第三场……冬至过了，似乎是转眼工夫，便到了腊八、祭灶，接着便是年下，又是初一拜年、初二走姥家、初三……直至十五挑灯笼，一场连接了一场，扎着堆儿热闹而来；甚至有些年，到了红杏已闹枝头时，那雪还不觉得尽兴，再冷不丁儿地来一场，与你缠绵、流连，让你念念不忘。

那时，冬至还有雪。在冬至的前一天，母亲便反复讲明，明天要吃饺子了，不吃饺子，是会被冻掉耳朵的。我们这些孩子们便雀跃。倒不是因为怕被冻掉了耳朵，而是那时节能吃到饺子的日子并不多，特别是带了荤腥儿的肉饺子，更是难得。

父亲与母亲很郑重地商议后，由父亲很郑重地到集上去，割了差不多有大人两只拳头那么大的一块肉回来。接下来，便需要我上场了。

那时，家家都是有地窖的，豫东地区称作“红薯窖”。红薯窖挖得深深的，用来储备秋收时收下来的蔬菜及红薯，以免漫长而寒冷的冬季里没有丁点儿的菜可以吃。我家的地窖特别深。母亲说，这里原本是眼深井，后来，队里按上头的宣传要求大搞沼气池，父亲把这经年已没了水的深井加以改造，填土、加宽，四壁还涂了水泥——只是，沼气大业没搞多久，便不了了之；父亲便索性把原来那眼充其量只能算地坑的红薯窖废弃，直接把这沼气池清理干净，当作我家超级豪华版的地窖了。

在我的记忆里，冬至前一天，我都要下到这眼红薯窖里去。铲去窖口附近薄薄的落雪，掀开盖在窖口上的玉米秸秆，年幼的我就被母亲放

【作者简介】

成城，河南扶沟人。中学教师。

进荆条编织的篮子里，双臂紧紧抱着篮子提手。提手上系了绳子，由母亲站在窖口，提了绳子一下一下把篮子和篮里的我，放进地窖里去。

窖底很暗，借着那小小的窖口投射下来的微弱亮光，我倒也能够轻车熟路地“工作”。只是，窖底潮湿、阴冷，还有种让人喘不上气来的浓重的腐败气息。母亲趴在窖口，一连声地催促——进这样的深窖，其实也是蛮危险的，村里曾出现过有人在窖内待得时间过长，窒息昏迷过去的事。

窖底的我却并不着急。白菜好取。没用土掩，只是挨挨挤挤在一处，表层叶片已透枯萎，甚至伸手去取时，还会抓到一手冻烂成了泥水的“叶片”——那时的冬天实在太冷，即使在地窖里，这菜叶也是会被冻成水的。轻松取了白菜，五六棵，放进篮里，由母亲提上去。接下来，便是找萝卜——这是我最喜欢的。

萝卜不像白菜，是要被土掩盖起来的。母亲说，天太冷，即便在地窖里，也是要加盖上土以保暖，同时也是给萝卜补充些地气，让它们不至于断了“营养”，否则，等不到我们去吃，那萝卜的心儿都要被冻糠了，吃起来失了水灵，几乎像嚼棉花一般了。

蹲在窖底，我几乎就像寻找宝藏似的，扒开那松软的、厚厚盖在萝卜上的虚土，萝卜那白花花的肚皮便显露出来，像一堆儿正熟睡的娃娃。我恶作剧似的，把熟睡中的它们提起来，一个个放进篮里去，十来个吧，又被母亲提上去。最后，意犹未尽的我，也在母亲的催促声里，又坐进篮子里，被提出窖来。

并不会有什么奖励，便又被母亲催促着，去压水。地下水，有土制的压井，带了压杆儿，我个头儿尚矮，气力也小，几乎是要蹦起来，整个儿身体趴伏在了压杆儿上，死命地往下压。很少用引水，紧促促地压上那么几下，便立即会有清清的地下水哗啦啦地从压井的出水口里流出来，带着热气腾腾的新鲜气息，落进母亲专门从邻家借来的褐色塑料大盆里。母亲把刚取出来的萝卜扑扑腾腾地倒进盆子里，给萝卜们洗澡澡。白菜去掉败叶，也要洗澡。

洗完了澡，萝卜们更加白生生、圆滚滚

的了。母亲把它们一个接一个请上案板，切成萝卜片儿。

母亲切萝卜片儿时，我就要开始往锅里添水，做好生火的准备。切好的萝卜片被放进锅内水中，灶膛里的火点上。母亲终于开口说，好了，你去玩吧。看看你妹在哪儿，做什么呢，不要欺负她啊。而母亲一个人，是要把萝卜片儿煮熟，然后趁热把它们放进棉布里，裹紧，使劲儿地挤压……接着，几乎已是黄昏，母亲又要抓紧时间为“游手好闲”的我们这几位做晚饭了。

为过冬至，母亲几乎从头一天的中午就要这样忙碌起来。父亲自然是从不过问的。

晚饭后，大戏就要上演了。嘣嘣嘣，几乎家家户户都能传出了这样的铁刀剁在案板上的声响。家家都在剁饺子馅儿。母亲也展开架势。先把父亲割回来的那块肉剁了，嘣嘣嘣，剁得震天价地响，像比赛谁家剁得声音大似的。肉剁好了，盛在父亲的搪瓷大碗里，尚不及碗沿儿。然后就开始剁下午煮好、压碎的萝卜，满案板都是萝卜。如果也用父亲的搪瓷碗盛起来，估计七八碗都盛不完。萝卜剁好，剁好的肉就被放在萝卜上，混合在一起，再剁。那一坨原本还鲜红诱人的肉，过不了多久，就恐怖地消失在了萝卜泥里，再难得见。

嘣嘣嘣，嘣嘣嘣，我和妹妹躺在被窝里，差不多都要昏昏欲睡了，耳边好像仍旧有嘣嘣嘣的声音在回响。

偶尔，父亲也会在这一番工作临近结束时，帮母亲剁上那么一会儿。主要也是因为，到了要往馅儿里放调料的关口。父亲向来埋怨母亲每年做的饺子馅儿不好吃，不是咸就是淡。最后，连母亲自己都被埋怨得没了丁点儿自信，就算父亲不主动出手，母亲在馅儿调味儿的紧要关口，也要隆重地请父亲出马。

第二天，冬至。雪映窗。

不知母亲什么时候便已起了床，和了面，自己擀皮儿，自己包，自己烧水，自己下饺子……等饺子雀跃着跳出了水面、沉入了水底，她才会叫醒我们。母亲先盛了几碗，自家不吃，趁热儿给本家里那几位年长的爷爷奶奶端去；然后，方才自家开吃，只有吃了饺子，才能去上学，去忙各自的活儿。

母亲说，唯独有一年的冬至，她才不得不把我早早叫起，给她帮忙包饺子。那年我大概四五岁，家里打算推倒那经年的老屋，翻盖新房。趁了冬闲，父亲组织了村里的几个男人，自己动手和泥、打砖坯、晾晒，冬至那天，砖坯正在砖窑里如火如荼地烧制着，是要人整夜地盯守在窑洞里的。恰是冬至，自然要请那些帮忙的乡人们，好好吃上一顿饺子。

高，极难购上许多；萝卜白菜却是自家地里种，不要钱，便狠命地加。到最后，饺子吃到嘴里，已是完完全全的菜饺子。但依然觉得，那时的饺子最香。

那时冬至，有雪。除了雪，还有很多东西，是如今的冬至里已经没有的了。如今，吃饺子，馅儿几乎清一色是肉；如今，吃饺子，什么时候想吃随时都可以包起来，不想包还有速冻饺子呢；如今，在这城里过冬至，也只余下吃饺子了。但大清早的，急着上班、上学，喝点豆浆或牛奶就匆匆跑了；说好中午要全家聚到一起包饺子过冬至的，却总有那么几位因为临时开会加班，到不了场。

那时，我们的老师从来不留“查找资料，了解有关冬至的知识”的作业，但冬至在我们的记忆里依旧生了根发了芽。如今，孩子的老师让孩子查资料，还要图片。孩子们问我“什么是冬至”的时候，我要么一脸专家嘴脸地说，冬至啊，就是太阳到了南回归线，离赤道最远，咱北半球的白天时长最短……要么，就一副极传统学究的样子说，古时候，冬至也叫贺冬。吃饺子、捏冻耳朵，是因有一个叫张仲景的老医生拯救老百姓的故事……前言不搭后语，到底，我知道的也甚了了。即便查上千万言的资料，我知道，孩子们长大之后，也不会对他小时候这样的冬至有太过深刻的记忆。

如今的冬至，几乎再无雪落下，饺子也越来越没有了记忆里的美味。

如今，冬至也只是二十四节气中的一个而已了。

饺子馅儿弄了满满一盆，肉超多，都能够从白白的萝卜里看出腥红的色彩来了。头一天，母亲已和邻家一位较能干的女人说好，第二天要早起过来帮忙擀皮儿包饺子的。

大概天太冷雪太亮，那时大多数人家里都没有钟表，邻家女人大概估错了时辰，迟迟未到。母亲一个人，真心怕耽误了烧窑的那些男人们吃上这口冬至饺子，凉了大伙儿的心。思前想后，狠狠心，还是把四五岁的我叫了起来，临时教我，如何擀饺子皮儿。天太冷，被早早叫起的我，几乎是没有惺忪片刻，脚下踩了小板凳，伏在案板前，笨拙地拿着小擀杖，死命地挤压那小小的面疙瘩，企图把那菱形面块变成圆圆的、中间厚边儿薄的饺子皮儿。好在，没多久，便熟能生巧。被母亲夸奖着，竟越发擀得得意无比起来。

也就是那年冬至，我学会了擀饺子皮。到如今，已是擀得极快。冬至包饺子，一大家子人凑到一起，几个人都赶着包，我一个人擀，也是绰绰有余。

那时，无论冬至还是过年，吃的饺子，说是肉饺子，却是极难吃出肉味儿来。肉价

腊月来了

晨之风 | 文

陈州地的腊月来了，手里掂着一把刀，一把利刃，寒气逼人。这里的腊月似乎一直是冷面的，他迈着大步一跨进冬的门槛，很守时的大雪便会不经意间飘下来，充满生机的大地霎时凝固了一年的笑容。一个乡下人很瞩目的重大的节日——春节正在快步向小村人走来，就连身居小城的我也很快闻到了老家新年的气息。

在我的记忆里，老家腊月是一幅民间风俗画，到处都充溢着新年的素材，而这些素材糅在一起构成了新年最大的写意。有些时候老家的新年又是一坛超越千年的陈年佳酿，腊月把个古老喜庆的民风节俗酝酿得醇香甜美，沉淀一年的收获，这个时候该拿出来享受一下了。沿着里弄深巷一路走去，年味儿飘出满脸的舒心，别致的大红灯笼挂出一年的欢庆，大红对联透着春天的希望，芬芳的家酿乌珠米酒醉透阖家团圆的情意，这个时候一切烦心事可以不提，一切顺心的事可以夸张地描述，因为腊月是个喜气冲天的月份，是忌讳不祥的。

记不清多少年了，从背起铺盖卷儿离开老家起，每到这个时候，我都会放飞干渴的思绪，循着记忆的隧道回溯，回到让我心灵得到归宿的老家，尤其是老家新年的美妙时光。尽管现在我到城里了，可老家的新年总会痒痒地勾起我沉积的渴望，老家新年的乡土味儿和着白蒸馍、造型奇特的枣花子、油炸萝卜丸子的醉人香气一阵阵袭来，让我的梦醉倒在老家的大门口。

老家向来古朴而又多姿。土地厚重，民风自然淳朴，而土里长出来的民俗也分外原汁原味。春节作为中国人的传统节日，属于陈州地的老家人在腊月里更将民俗表现得淋漓尽致，成了一个典范。在老家，一

【作者简介】

晨之风，本名李涛，河南淮阳人。中学教师。河南省作协会员，淮阳县作协秘书长。出版有散文集《从小村上路》《情漫陈州》《我在旅途读风景》等。

在艰难中日子终究是一天天好了起来。难忘小时候身处故乡，我每年都是在对新年的盼望中度过的，因为唯有新年到了才可以吃上几顿好面馍。80年代的我见证了故乡由贫穷到富足的变化，还是孩子的我是最盼望过年的，因为新年是孩子们的节日：不仅会长大一岁，还能得到新衣服、新鞋子、新书包和压岁钱，更能疯玩好一阵子，还不会挨大人的打。那时的我会唱着童谣：“腊八祭灶，年下来到，闺女要花，小子要炮，老头儿要件大皮袄。”在歌声中新年一步三摇地来到每个人身边。

进腊月，即为新年，从腊八到年后二月二，新年的气氛浓重而厚实。经过晨昏起作春种秋收，小村人早已闲了下来，外出打工的也回来了，挣回了大把的钞票，难得一闲的小村人开始全天守着火炉打牌聊天，只盼老天爷慷慨地多来几场密实厚重的大雪，带来明年的好收成。这一段日子是老家人最惬意的时光，家家户户开始置办年货，过城里人过的生活，杀用自己土地上生产的粮食养的年猪，用自己地里长出来的豆子磨豆腐生豆芽，过了祭灶计算好日子蒸年糕、炸丸子、请各路神仙……

就这样辛苦一年换来的丰收在小村人脸上写着，在迎接新年的腊月里浸润着、蔓延着、喜庆着、飘荡着。到了大年三十除夕，小村人以丰美的酒食，对过去的一年做一次畅快的总结，把一年的幸福指数推向最高。在过去饥馑的年代里小村人无非是找一个美丽的理由，给常年不沾荤腥的嘴巴、肚肠来一次安慰。那个时候穷人年难过，也怕过年，过年就是过关。只有在过年那一天，憨厚无争的小村人才会心理失衡，对自己的生活质量感到不满。为了取悦自己的孩子，自嘲往往成为小村人一种自我安慰式的豁达和大度。

童谣唱得起劲儿时，年猪开始惨烈地号叫，终未躲过一刀，在大锅的开水里被烫剐得雪白，开膛破肚挂起来。孩子们叫着喊着在猪尿脬里塞了一两粒黄豆，吹得鼓胀如球，笑闹着争来抢去，当皮球踢。各村的大碾盘也转动起来，白嫩滑腻的水豆腐也一箩箩地搬出磨坊，漂在水缸里。躲过八月十五的公鸡也在“小鸡小鸡你别怪，你是农家一刀菜，今年早早去，明年早早来”的唱词声中被宰了。富足的人家还会买几条大鲤鱼，或是门头上多出一挂腊食，各家的灶火里开始冒出袅袅的不按饭时的炊烟。小村人还会呼朋引伴地赶集去，一万头的响鞭带回来，孩子们疯跑着拥上去，招来大人并无恼意的呵斥声。这几年政策对头，政府取消了“皇粮国税”，娃子们上学免了学杂费，看病还有补贴，小村人打心底里高兴，腊月一来迎新年显得格外舒心、畅快。

办完一切年事后就到了腊月底，春节终于清晰地浮出来。鞭炮声炸响了夜空，噼里啪啦，噼里啪啦。小村人伸一下懒腰，抖起精气神儿挺起腰杆儿拥抱到来的春天，一个新天地正在小村人面前展开……

年事两则

孙 兴 | 文

二十三，请祖先

那时，爹还健在，老是把过年整得神秘兮兮的。

腊月二十三这天，他会早早起来，准备好五个盘子，分别装上肉方、油炸豆腐、萝卜条、菠菜、白菜荤素五样，规规矩矩摆在柳条篮子里，再装上馒头、烧纸和爆竹。

收拾停当，爹伏在床头，将手伸进我的被窝儿。“小熥壶、小熥壶，快起床喽……”他惬意地享受着我被窝里的温暖。顷刻，爹抽出手，为我烘暖衣服。

清晨，天地间白茫茫一片，我踩着爹的脚窝儿，“咯吱、咯吱”行进在空旷的雪野上。

爹嘴里、鼻子里“呼呼”地冒着哈气，像沸腾的茶壶。哈气凝结在他胡子上、帽子上，爹变成了一个陌生人。爹摇摇晃晃地走，篮子里的盘子们不甘寂寞，“叮叮当当”地说着闲话儿。走有三四里路，我们在村西南一片高地上驻足。高地上瑟缩着几个长满灌木与杂草的土包，土包向阳处的积雪已经融化，露出了湿漉漉的黄土，土包的背阴处则雪白依旧。

爹指着土包告诉我：这是高祖爷、曾祖爷、大爷、二爷……爹走到最北端一座大土包前，用脚“咔嚓、咔嚓”踩实地上的积雪，放下胳膊上的篮子，取出盘子在地上一字儿排开，馒头五个一摞，整整齐齐码放在铺地的黄纸上。

“儿子，去放三声炮。叫醒太爷太奶爷爷奶奶们……”爹一脸的庄严。

【作者简介】

孙兴，自号“晨露斋主”，曾用笔名“黄痴人”“白汀”等，河南封丘人。河南省作协会员，中国散文学会会员，河南戏曲学会会员。出版有散文集《蓦然回首》《文化感悟》，长篇小说《天光云影》，杂记《陈桥兵变史话》，豫剧伶人传记《封丘艺苑撷英》等。

听了爹的吩咐，我心里惴惴的，怕三声炮响，这些躺在地下不知多少年的先人，真的会一个个被惊醒破土而出。天冷加上害怕，火柴在我手里颤抖，怎么也划不着，还是爹走过来帮我燃响了爆竹。

“啪——啪——”，平日在街巷庭院里张扬恣肆的爆竹，到了空旷落寞无遮无拦的雪野，响声是那样纤弱、沉闷、孤单。

“过来，跪下磕头，‘人三鬼四’，愿意太爷太奶爷爷奶奶们回家过年！”爹说。

我口讷，说了但没出声。最后只学着爹的样子，朝土包们磕了四个头。

“太爷太奶爷爷奶奶爹妈还有我的两个兄弟你们都有了！”爹站在众坟头儿间，居高临下，大声吆喝着，像在小学校操场给他的学生们训话。

“俺爷儿俩请你们回家过年来啦！”爹的喊声在荒凉的坟头间回荡，荡得我心惊肉跳汗毛倒竖。再说，就我娘准备的那点儿年货，我们几口吃还不够呢，你管得起这么多爷爷奶奶们吗?

吆喝完，爹遂将供飨一件件小心翼翼地放回篮子，我发现，盘子里的供飨毫发未损，大概先人们懒得动筷儿。对此爹并不介意，遂牵上我的手，“咯吱、咯吱”踏着雪，原路返回。

“要学会请祖先哪！过几年，我走不动了，就得你自己来。”爹说。我点点头，心里怦怦直跳。离开坟场老远，我还忍不住频频回头，看身后是否有先人们尾随。

一年后，“文革”开始，上边号召破除迷信，过革命化春节。腊月二十三这天，爹破例地起得很晚，且只字未提请先人们回家过年的事儿。

二十八，贴花花

门对儿是年的标签，吃好食才是过年的内容。

除夕是大尽三十小尽二十九。老家人一般都在除夕那天上午贴门对儿。但也有腊月二十八贴门对儿的，叫“二十八，贴花花”。如果有谁家二十六打发闺女娶媳妇，贴门对儿会更早些。

据说贴门对儿有两种作用：一是告诉人们，过年的东西已准备停当，单等除夕的到来；二是贴了门对儿，等于拱手婉拒了登门讨债者。中国乃礼仪之邦，债主见欠债人家贴上了门对儿，一般都会知趣地叹口气原路返回，为的是让欠债人过个消停年。

家乡人最忌讳的是过不好年。如果两家闹了矛盾，说得最狠的一句话就是：中，小子，你别打算过好年。于是，对方就收敛了许多。

爹一生没旁的本事儿，也就识两笔字。他这种人在农村，平时一般无人问津，只有到了年关，人们才突然想起了他。打从进入腊月，几乎每天都有人，胳肢窝儿里夹张红纸，哈拉着鼻涕来找他写门对儿。求写门对儿的人走后，娘每每抱怨爹：没见你识那仨半字儿，年年赔功夫不算，还赔墨水钱。爹说：人家看得起咱才叫咱写哪！再说不走的路，还要走三匝，咱不就这点儿人用得着的地方嘛。

于是，爹依旧俯下身子，“刺刺啦啦”割纸，一字字一副副，笔走龙蛇晾在地上。

“一个堂屋双扇门儿、一个厨屋单扇门儿、当院栅栏门儿、牲口棚……”来人扳着指头数家珍。别看是自己的家，不是写门对儿，有多少门儿还真是说不清。

“两张红纸不够。”爹说。

“这东西不当吃不当喝的，没啥多少。不够了，拼凑拼凑。再不行，纸割得窄点儿。过年哪，就那么回事儿，红红的就行。过了年，一场风，啥都刮没了。”赖瓜说。

这是门头儿，叫“富贵满堂”。别看爹枯瘦如柴，一身排骨，字倒写得粗体大膀，一派福相。

老三婆的家我去过。堂屋正当门儿，孤零零地摆放着一张年事已高的瘸腿桌底子。一架破烂纺车，白天塞在瘸桌子下，夜晚拉出来“嘤嘤嗡嗡”。早上老三婆将纺的纱线拿到街上叫卖，换来点灯纸火柴米油盐。“富贵满堂”是她渺茫的向往……

“这是门心儿。右边贴‘福如东海长流水’，左边贴‘寿比南山不老松。错不得的’。”

老宋家现下有一老三少四条男子汉，日子过得相当紧巴，一年四季有三季吃救济粮。你说他老宋的“福”又在哪里？“寿”又在何方？说老宋“瘦比生产队里老草驴”还差不离。

“这是门对儿。上联是‘虎行雪地梅花五’，下联是‘鹤立霜田竹叶三’。”

“辰爷，我说这门对儿您写错了。今年一冬天就没落下一滴雪雨，地旱得着火了一样。别说没老虎了，就是有老虎，它也无雪地可走哇……”

孬货文化程度不高，但他是村里有名的抬杠精。别人说张三，他非说李四；别人说秃，他要对瞎；人说太阳东出西落，他说那不一定，指不定哪一天西出东落哪！

“再说咱老辈少辈谁见过鹤是啥模样儿？光见过大雁，站在咱麦田里啄麦苗吃。谁种过霜田？种的都是高粱田、玉米田、红薯田……还竹叶三，竹叶五呢？”

孬货一边帮我“咔嚓咔嚓”擦刮门框上的陈年浆渣纸屑，一边对我爹书写的门对儿品头论足，还时不时哈哈冻僵的双手。

“过年，过年……”

农村春节蒸馍习俗

赵倡文丨文

在农村，无论过去，还是现在，蒸馍都是过春节的头等大事，家家户户都十分重视。这一来是农村人辛辛苦苦劳作了一年，过春节了终于可以歇歇了，整个春节期间自家吃饭或招待亲戚朋友都以白面馍为主，蒸的馍要够吃到填仓节，这期间就不再蒸馍，所以春节前蒸馍一定得蒸好；二来是春节期间祭祀祖先和信奉的神仙也用的是白面馍，更应该蒸好；另外，白面馍是走亲戚的礼物之一，尤其是在商品经济不发达的年代，没有牛奶、饮料这些现成的礼品，白面馍更是农村春节走亲戚的主要礼物，蒸的馍一定得又白又胖、造型美观，显示出主人的心灵手巧。

蒸馍的时间一般选择在腊月二十八。二十六这天，就要把“馇头”，也就是上次蒸馍留下的起面，用温水化开，拌上面粉，搅成稀水，老百姓的话讲叫“打面水”，然后，把搅好的“打面水”放在煤火台上靠近煤火口的地方，等着发酵。这是春节蒸馍的前奏。

一般腊月二十七晚上和起面。白天，根据家里人多少、走亲戚花销的多少，找个大缸，洗涮干净，准备放起面。一般的人家一口大缸就足够，家里人口多、亲戚多的也有准备两三口

【作者简介】

赵倡文，河南泌阳人。《读者》签约作者。现任泌阳市民兵训练基地主任。已发表各类文字二百余万字。

大缸的。和起面要用上等白面，没有面粉厂时，在腊月二十前，家家户户就自己推磨磨面，筛出最白的面粉留作春节蒸馍用；有了面粉厂后，蒸馍前取的面粉一定是精粉。

到了掌灯时分，就开始和起面了。家里的壮劳力负责和面，家里有蒸馍经验的年长女性负责掌握每次和面放面的多少和放“打面水”的多少。和面是重体力活，不一会儿就会让人腰酸背痛，如果是性子急的后生，此时往往会问：“怎么还不完？”或说：“完了吧？”而和面、蒸馍最忌讳说话带“完”字，因此，此前家里年长的人就会特意交代，和面做蒸馍时，不能说“和完了”“蒸完了”，要说“和齐了”“蒸齐了”，取“起”的谐音，以图吉利。

也有的年轻人一时疏忽，干活干得着急了顺口说出“和完了”“蒸完了”这样的话，家里年长的人就会马上“呸、呸”往地上吐唾沫，以示驱除晦气。

面和好，放到准备好的大缸里，上面蒙上湿布，放到煤火台上，下一步就是“看面”了。“看面”就是不时地在煤火台上移动大缸，使缸体受热均匀，面发得均匀，不然第二天早上面不起，或起得不均匀，都影响蒸馍的质量。“看面”一般由家里的老年男性负责，原因很简单，人年纪大了瞌睡少。

腊月二十八早上，早早吃过早饭，就开始试碱蒸馍了。蒸馍需要的人手多，如果家里人少，还会两三家在一起合伙蒸馍，今天蒸你家的，明天蒸他家的。蒸馍试碱、做花形一般是家里女性干的活，男性负责干一些粗活，如烧火、装馍、揭馍。

春节蒸的馍样式丰富，并且每种样式都有一定的讲究。

第一锅会蒸小馍，小馍也叫“小糕”。既是试试面发得怎么样，碱试得怎么样，也取“小高”之意。

接着蒸长条馍，长条馍也叫“大糕”，因其状如布袋又叫“布袋馍”。布袋馍做工简单，把面搓成长条，七八寸长短一个，切好后再在两头的边上用刀轻轻压一个印，就好比布袋扎住了口。大部分家庭还会在小糕和大糕馍的正中点上红点，就像白娃娃的额头一样。

大馍，每个要有碗那么大小，形状好比碗倒扣过来。有的大馍上把擀得薄薄的面片切成四片“叶子”放在正上方，然后再摁个枣，如成熟的桃子；有的则在大馍的顶端包上红糖，再用剪刀剪成四瓣，蒸熟时面瓣裂开，里面的红糖显露出来，形如裂开口子的石榴，有白有红，又香又甜，煞是喜人。大馍也叫“人口馍”，家里有几口人就蒸几个，并且只在一个大馍里边包上子钱。大馍等到大年初一祭祀过后才能食用，谁吃到包有子钱的大馍，预示着一年大吉大利。

大馍蒸齐后，就开始蒸其他样式的馍。

刺猬馍：把馍做得像面包一样，然后用剪刀在上面一剪一剪，剪成刺猬的模样，再在前面用绿豆或黑豆装上两个眼睛，寓意像刺猬一样能“扎”到钱。

鱼馍：一般是双头鱼，把面搓成中间细两头粗的形状，然后折过来交叉起来，用黄豆在两个鱼头处安上鱼眼，一条双头鱼就活灵活现做成了。鱼馍取“年年有余”之意。

小燕馍：把面搓成长条，一头用刀切开，形如燕尾，一头摁上个红枣。

这三种馍都是春节期间放在大门口祭祀门神用的，刺猬馍和鱼馍与财富有关，小燕馍则是寓意着燕子飞入家中，来年喜事多多。

枣花馍：把面搓成细长条，然后两头卷，中间也卷，卷成五个花盘的形状，再在五个花盘的正中都摁上枣。

还有就是豆馅馍、菜包馍、糖馍，豆馅馍用蒸熟的豌豆和着红糖做馅，菜包馍用大肉、白菜、粉条做馅；糖馍的馅只有红糖。

蒸馍最后蒸的是财神盘。财神盘的底座是用将近两寸厚的面做的，直径有将近一尺那么大，财神盘边沿的上面用手捏出花纹。财神盘上盘着两条龙，两条龙龙嘴里衔着子钱，龙头相对；两条盘龙的正中是用面团成

的元宝和金条，取“金丝缠元宝”之意，元宝和金条要高高地高出龙身，呈麦堆状。这个财神盘的意思是家里的挣钱人，辛辛苦苦挣了一年钱满载而归，过年了，可以安安心心守着财富过个安稳年。

馍蒸齐了，还会给关系不错的街坊送上一两个，让人家尝尝鲜，也顺便让人家看看自己的蒸馍手艺怎么样，给自己指导指导。

从除夕夜开始就用馍上供，堂屋里正中的八仙桌或条几案上，摆上蒸的财神盘、大馍、枣花馍，点上香，边作揖，边给逝去的先人及家里供奉的神仙说：“满家全神，祖爷、祖奶，老爷、老奶，爷、奶，今天过年了，回家吃供飨吧。”除夕夜上罢供，供品摆在那儿，从初一到初五的每天早上都要上香祈愿。

过罢初一就开始走亲戚。初二是回娘家，小媳妇会领着女婿和孩子，打扮得整整齐齐、干干净净，用斗篮装着自己蒸的馍，上面盖上花巾回娘家。路上遇见熟人，还会打上个招呼，掀开花巾，对对方蒸的馍品头论足一番。中午饭一般是熬菜配馍。下午闺女要回婆家，这时当娘的要取篮，也就是要把女儿瞧自己拿的馍取下一部分，一定不能取完，否则就有贪财之嫌。取罢篮，当娘的要把自己蒸的枣花馍和其他礼物放到女儿的斗篮里，这叫作“回篮”。

过罢初二，走其他亲戚，根据关系远近拿的馍也不一样，但也都有取篮和回篮的讲究。

虽说春节前蒸罢馍就不再蒸馍了，但正月十五蒸财神盘是个例外。这天蒸的财神盘大致与春节前蒸的相仿，不同的是两条龙已从相向而卧，变成了龙头衔龙尾，好似你追我赶的模样。意思是春节过结束了，家里挣钱人要出门辛苦挣钱去了。这天蒸的财神盘也要上供，一般供到填仓节。

在农村有句俗话，叫作“能穷一年，不穷一节”。一般家庭春节蒸的馍不仅能吃到填仓节，而且还有好多家庭到了填仓节也吃不完。这时，天气已经回暖，柳树已经发芽，吃不完的馍也大多放坏了。不过不用担心，这些放坏的馍还有用处，等夏天来了，这些长了霉醭的蒸馍就会被做成了豆酱，变成别有风味的小吃。

到了填仓节，家家户户还要蒸布袋馍，象征着要上天取粮食，来年五谷丰登。至此，春节蒸馍才真正告一段落。

乡村年下

高顺喜 | 文

乡村的年下是从腊月二十三晚饭前的炮仗声中开始的。

乡村的年下有两个，小年下和大年下。小年下就是腊月二十三，大年下开始于除夕之夜，结束于正月十六夜里。小年下为什么是腊月二十三？几千年流传下来的习俗："腊月二十三，烙发面火烧。"这一天，家家户户为什么烙发面火烧？因为被尊称为"一家之主"的灶王爷爷、灶王奶奶"二十三日走，初一五更回"。原来，人们放鞭炮、烙发面火烧是为"一家之主"送行的，是为了祈求灶王爷爷、灶王奶奶到了天上，向玉皇大帝汇报这一家人的善行或恶行时，多说一些好话，以保来年全家老小平安吉祥的。

乡村年下时最快乐的群体当属那些孩子们。从他们大声诵唱的歌谣中就可以感受到："过年下，穿嘎嘎，吃好的，不做啥。""嘎嘎"是什么？就是新衣裳、好衣裳。当然，还有比这更美的事儿："腊八祭灶，年下来到，闺女要花儿要炮，老婆要个暄棉袄，老头要个新毡帽。"对孩子们来说，放鞭炮，拾炮筒，那是多么有趣的事儿呀！也难怪孩子们"三十晚上熬一宿，初一初二满街走"。他们聚到一块儿的时候，要比谁捡的炮筒多。谁捡的炮筒多，当然谁就最有

【作者简介】

高顺喜，河南嵩县人。中学教师，洛阳市作协会员。出版有散文集《乡村岁月》《山里故事》《乡村风景》等。

本事啦！更何况，“大初一儿，撅着屁股乱作揖儿”。小孩儿们在长辈面前磕个头儿、作个揖儿，或者问个好儿，甚至见个面儿，就能挣到许多压岁钱。你说孩子们能不快乐吗？

乡村年下时最忙碌的是父母了。民谣说：“二十三，祭灶官；二十四，扫房子；二十五，磨豆腐；二十六，装香炉；二十七，砍柏枝；二十八，把面发；二十九，贴门头；三十儿，煺猪蹄。”从打扫庭院的卫生到筹备年货、添置新衣等等许许多多事儿，岂是他们赶三五趟集市就能置办齐全的？难怪人们说：“过个大年，忙乱半年。”这话说得虽有点夸张，但年下准备工作的忙碌也由此可见一斑。

乡村年下时最幸福的人是那些新婚的男女。乡村的风俗，新婚的男女要在他们一起度过的第一个春节期间，抳上“肉篮”，到他们双方的伯家、叔家、姑家、舅家、姨家等串亲戚的。平常，人们串亲戚，抳的都是“馍篮”，独这一回，他们在每个篮子里都得放一块“礼”（即猪肉），就是所谓的“肉篮”了。当然，他们送出了一份厚礼，亲戚也报之以一笔可观的“礼金”。瞧，走亲戚中也蕴含着付出总有回报的道理呢。

乡村年下时最热闹的去处要数戏台子下、寺庙和教堂。大戏还没有开演，戏台下面就挤满了男的女的、老的少的看客，以及吹糖人的、卖气球的、卖水煎包的、卖甘蔗的……唱戏声、锣鼓声、观众的喧闹声、商贩的叫卖声，夹杂着鸡鸣狗吠以及零零星星的鞭炮声，此起彼伏，热闹至极！乡村的寺庙大都修建在山巅或岭上，那里视野开阔，风水又好，很多人并不是去烧香拜佛，而是

为了看风景、瞧热闹。乡村的教堂大都建在村外的幽静处，人们前去唱唱经文、唠唠闲嗑儿，既修了身心，又有情感交流，倒是一举两得的好事儿。

乡村年下时是有许多约定俗成的规矩和禁忌的。大年三十晚上要熬年，大年初一早饭前还要多吃一顿饭，称之为“喝头闹”。做“头闹”这顿饭时，切肉切菜不能用菜刀，烧火做饭不能拉风箱，小孩儿们起床后在这一段时间内不能叽叽喳喳地说话，总之是不能弄出一点响声的。为什么呢？因为，灶王爷爷、灶王奶奶这时候要从天上回来啦。初五早饭要喝“破疙瘩”，不吃这顿饭之前，馒头、油东西等是不能泡在稀饭里的，否则，来年出门可能会遭雨淋。还有，没喝“破疙瘩”前，庄稼人是不能下地做活的，只有喝了“破疙瘩”，过了“破五”这天，庄稼人才可下地做农活。理由是什么呢？老祖宗传下来的，恐怕没人能说得清。

乡村年下是一年里所有节日中最盛大、最隆重的一个节日！那丰盛的三餐，那簇新的衣服，那欢声笑语，那此起彼伏的鞭炮声以及鞭炮声响过之后升腾起的祥云一般的烟雾，无不让人感到人们对春节的看重。为什么呢？春节是一家人的团聚，春节是一种理想的生活，春节是辞旧迎新呀，有许许多多的梦想在乡村人的心里头呢。

老爹过年

雷松超｜文

【作者简介】

雷松超，河南登封人。河南省作协会员，河南省诗词学会会员。著有小小说集《大青骡子枣红马》，诗歌集《煤壁上盛开月季花》。

傍晚时分，老爹让老娘在我家厨屋灶王爷的牌位前，庄重地插上三炷燃着的黄香，然后摆上从负黍大集上买回来的芝麻糖。他自己则站在院子里，一只手掐着一只被红布条捆着翅膀和爪子的肥硕大红公鸡的头，一只手掂着磨得锃光发亮锋利无比的菜刀。七八岁的我则侧着半个脸，端着一个敞口的黄色大瓷碗蹲在地上，等候老爹一刀下去割开鸡的脖子时，赶忙接住流淌出来的鲜红发热的鸡血，搁到灶王爷的面前。这时，老娘双膝下跪两手摁地虔诚地磕下过年时的第一个头，祈求这位“上天言好事，下界保平安”的“一家之主”，在天上玉皇大帝那里，为我们一家老小多说些吉利的话。

这是我们家过年时，必定会进行的第一项重要祭祀活动。

打我记事起，每年过年，无论年景好坏，老爹都要杀鸡祭灶。

这是活着的人们，一种极为虔诚的对上苍对先祖对人生岁月的顶礼膜拜！

只要腊月二十三，杀了鸡祭完灶，老爹就开始忙碌了。

老爹过年另一项不可忽视的事情就是找人写过年的春联。

每年只要吃了老娘熬的腊八粥，老爹就趁白天自己空闲的时间，从集市上的文具商店里买回上好的红纸，夜晚，一个人、一把尺子，把家里的所有门框量好，剪下所需的春联纸张。

第二天，他就揣上盒“喜梅”或者“散花”，满脸和气地找到住在老家老院的，我的素有负黍镇“隶书之王”之雅号的伯父，完成他过年时的最大心愿。

老爹虽然没有上几天学，文化程度不高，可对过年门上要贴的春联

却极为讲究。院子大门处写的是“一声爆竹庆民康国泰，三杯春酒祝人寿年丰”，有思想气势；上房正屋处写的是“天增岁月人增寿，春满乾坤福满门”，庄重喜庆。印有秦琼、呼延庆的门画，一年又一年保佑着我们一家人平安美满。至于“吉星高照”被贴到上房的亮窗上，“出入平安”则贴在门口内外的山墙上，“满院春光”自然就要贴在朝着太阳的树干上了。

每年大年三十上午，老爹为这些过年的细微之处，不知疲倦地快乐地忙活着。

到了除夕之夜，我家的门里门外，灯火通明，洋溢着一派过年的气象。红红的春联，孙子孙女们的花衣笑脸，满地爆竹的碎屑与房檐上的冬雪相映争辉。厨房里飘来的是饺子的香味，堂屋条几中央祖父祖母的相框前摆放着缭绕着袅袅香烟的香炉和丰盛的水果供品。老爹在过年的喜庆中，追思着先祖父母的功德，享受着人生的欢乐！

每年的大年初一的凌晨，老爹总是第一个起床点燃过年的爆竹，听到“双响王”在寂静的天空中炸响，我才慌忙穿上衣服，跑到院子里看腾起的烟火。

夜幕在漫天的欢乐中褪去，新的一年崭新的岁月，在热热闹闹的欢庆中来临。

这一天，老爹要一家老小无论做什么，都必须轻手轻脚慢声细语，不许弄出响动，不准大声说话，不得扫地挑水，唯恐惊扰了

天上的各位神仙老祖。刚出锅的第一碗饺子，他必须先敬给作古的先祖们“尝尝”。

过年了，常年衣着随便、不大讲究的老爹，也郑重地穿上了我们为他买来的法国“老人头”名装。在节日的喜庆里，老爹的形象也高大风光起来。

吃罢过年的饺子，老爹就开始过年时最为重要的议程了。他打开自己的抽屉，把早已准备好的崭新的压岁钱，五块、十块、五十、一百地按照份数分开，依次摆放在桌子的边沿上，等待孙子孙女蹦蹦跳跳地到来，然后，老爹一个个递到他们手中，慈祥温和地说：“一年长一岁，好好学习，早点成才。”

此外，老爹过年有两大个人喜好：玩麻将；耍三节鞭。

早些年过年，老爹闲着没事儿，就让我和三弟叫来本家的两个堂伯和大队的老支书，在自家的堂屋里支张桌子，打竹节麻将，二五八出风听的那一套打法，一毛两毛五毛一块，输赢不计较，只图个过年的快乐。后来，正月里，村里成立了大鼓队，兴起了舞狮子耍猩猩怪玩社火，老爹就带头出场舞起了自己的三节鞭。老爹的三节鞭和村里“豆腐王七”的钩镰枪只要在老街旧巷的场子里对舞起来，看客们蜂拥云集，就像十月的中岳庙会一样热闹、有看头。

今年过年回家，看着老爹亲自下厨给我们兄弟姊妹七个，给他的孙子孙女，一大家子二十几口人，收拾出来的丰盛的饭菜，我体会到了老爹这辈子的可贵所在，心态、精神的快乐是人生最大的幸福。

老爹今年六十又九，精神头儿就像俺家大门上过年的大红灯笼一样，丰满红火！

点鳌山

项宏亮 | 文

从来，我都不知道，我童年时期亲眼所见的那一幅场景，竟然已有将近千年的历史。虽说，印象之中，在那年之后的这许多年都不曾再得遇那幅场景，但终觉这是极私人的记忆，不足为外人道；或许，自以为，大抵从那样年代走过来的人们的记忆里，定然都会有这样的流光溢彩，倒不足以拿出来炫耀了。

没想到，偶然间提及，四周竟然清一色的“不知道”“没听说过”“没见过”。网上查找相关信息，同样少之又少。只说：此事缘起于宋徽宗时期。再有，便是《皇明通纪》中载：“永乐十年正月元宵，上赐百官宴，听臣民赴午门外观鳌山三日，自是岁以为常。”紧接着便有今人的解说：“鳌山灯就是将万盏彩灯叠成山形，高十余层，形状似鳌，中间用五色，熠熠生辉，观之眼花缭乱。”除此，便是观者如云的热闹盛况了。

再查，便有河南濮阳治下一个叫“龙山集村”的村庄。其位于黄河湿地，湿地间有一隆起地带，状形似鳌，便被称为“鳌山”。自唐宋起，此处人烟日渐繁盛。自宋代起，每逢农历龙年，春节期间，人们用船桅杆托起众多木板，木板上置灯碗，碗中注香油，点燃之后，那灯火成线条组成诸如“关公撩袍”“姜子牙钓鱼”“状元祭塔”等图形，远观煞是壮观，即为鳌山灯会。2008年，此村挖出明清时鳌山灯碗近两千盏。于是，便有濮阳以鳌山灯会正宗传承地的身份，开始申请非物质文化遗产。

周围认识有不少濮阳的朋友，问及可知鳌山灯会，闻者全军覆没。我便笑曰，我这亲眼见过鳌山灯的人还没有申请非遗呢，你们这些连鳌

【作者简介】

项宏亮，河南伊川人。现居北京，摄影师。

山灯是啥玩意儿都不知道的人们，着急个什么劲啊？

玩笑话而已。说这话时，我是自豪的。真算得上是上天的眷顾了，我竟然能有幸亲见这千百年的传承，这可不是一般人能够亲眼目睹的啊！作为亲见亲历者，那我可得好好说道说道。

那一年是不是龙年，我倒说不准。上个世纪的80年代中期左右，应该是没错的；我的年龄定然也过不了10岁，也应该是没错的。大概，那年的正月十五元宵节，我是没灯笼挑的，充其量，估计也是个萝卜墩儿——萝卜腰眼子上插根棍儿，萝卜头上挖个坑，倒点儿油，扯根棉线点燃，用棍子一端挑着，忽闪闪忽闪闪地便晃出了家门。然后在年轻的叔叔们的热闹笑骂着的挑唆声里，拿燃着的萝卜墩儿去碰人家花钱买的纸灯笼。一碰准着火。这没啥可稀奇的，在我关于童年挑灯笼的记忆里，年年都是萝卜墩儿。

大概，得见鳌山灯的那一年，我是连萝卜墩儿都省了。正月十三，一直到正月十四，小朋友们陆陆续续都把灯笼挑出了家门的时候，俺爹还丝毫没给我挖萝卜墩儿的迹象。不是非要等他给我挖，我自己也会，早会了；可是，不敢挖啊，那萝卜多金贵啊。年前秋收时埋进红薯窖里的萝卜，在正月过半的时候，也已经被吃个七七八八的了。岭上的荠荠菜、茼蒿没长出新芽之前，全家的菜可全靠这些萝卜了。往年，就算俺爹亲自动手给俺做萝卜墩儿，也是挑那些心儿已经糠得嘭嘭响，或是失了水分皱得像老婆脸一般，再不能吃的萝卜来加工。那一年，连这个都省了。我一问，爹一吼："还没一百嘞，挑那玩意儿干啥？不当吃不当喝的。听话的话，十五晚上恁姥那村子里点鳌山，我带你去。"

"啥点鳌山？听都没听说过。"俺不服，小声嘟囔。

"你听说过的话，那还得了？那还有啥稀罕的了？我也是像你这么大的时候看过一次，这中间这么多年了，穷得饭都吃不饱，都没人再整这个事儿。这今年是咋回事儿？”俺爹一边给俺解释，一边回头问俺娘，“你知不知道，你村里是谁在外面发洋财了？犯神经着突然又搞起这老古董玩意儿来了。”

“你问我我问谁？正月初二去他姥家走亲戚，听娘说村里要点鳌山。结果，那天你就喝多了。你看看你那天发酒疯闹得那个样子，谁还来得及问那点鳌山具体是咋回事儿啊？”俺娘没好气地说，“有你看的不就行了，操那么多心！”

其实，那时候，提前几天就念叨鳌山灯这事儿的，可不止我们这一家。那几天，在俺家门口的饭场上，村子里的人说来说去，好像都是点鳌山这事儿，说得俺越来越充满期待，把萝卜墩儿的事儿早忘到九霄云外去了。

正月十五那天，一大早，俺那时候还待字闺中的小姨就骑着车子来了。一脸乌云，进门就冲着她的大姐俺的亲妈嚷嚷开了：“赶紧吧，咱妈让我来接孩子过去呢。去晚了，怕人多，站不到最前面，看不到点鳌山了。真是，疼她大外孙子，疼得没边没沿的！”

这么紧俏的活动？我还没起床呢，隔窗听小姨在外面这一番说辞，那叫一个鲤鱼打挺，转眼便一脸春光灿烂地出现在小姨跟前。“走吧走吧，赶紧走吧。”我一连声地催，最后小声警告小姨，“趁俺爹这会儿没在家，赶紧走！”

到了俺姥家，几乎就在俺姥家屋后，十字街口正中心，一座高高的大木头架子已经竖立在那里了。

有多高？最高处估计有十好几米？足够！只会比这多不会比这少。

有多宽？最宽处估计有二三十米？足够！只会比这宽不会比这窄。

啥样子？网上说形状像鳌。鳌是啥玩意儿？通俗来讲就是大乌龟、大老鳖。可我当年亲眼见的那玩意儿，是竖放着的，不是像乌龟一般趴在地上的啊！我所见者，准确来说，更像一个竖了起来的六边形。在六边形左右两边，还有两根环抱粗的高大树桩，根部深扎进地里去，把“六边形”像挂电影幕布一般地紧紧固定起来，以免被风刮倒。

啥材质？蜀黍秆儿编扎而成。在六边形里边，与六条边平行，每隔一米左右，捆扎固定一排紧紧束成一束的蜀黍秆儿。这样纵横交错，整个竖起来的鳌山就像由无数个小三角形组成的蜂窝横截面一般的高架子了。

三舅说："那些三角架子里，刚好可以放上一盏萝卜墩儿灯。"

大白天，鳌山脚下已密密麻麻都是人，大都是年轻小伙儿。三舅说："等会儿这些小伙子要手脚灵活地爬到鳌山上，把盛满了香油、放好了灯芯的萝卜墩儿，一个一个放到那三角灯座里了。"三舅说着，把我推到他家的墙头上，对我说，"晚上你跟你姥你小姨他们，就在这儿看灯，千万不要出去，人肯定多得要死。我这会儿不用放灯，晚上可要和其他小伙子一块儿再爬鳌山，把灯一个个点亮啊。"

那天没到天黑，我就不见了三舅。

我对那天晚上的印象，除了那架鳌山之上由萝卜墩儿里的香油燃烧出来的，一大片流光溢彩的灯光之外，印象最深的，便是那最初让我兴奋不已，而最后却因为太过拥挤而让人深深恐惧的、黑压压的人群。

好像是突然从地底下冒出来的似的。夕阳还未落尽，我和外婆一家还在院子里坐着吃饭，门外就已经站满了陌生的人。隔了墙头，有大姑娘小伙子时不时地往我们的饭桌上瞅两眼，然后哧哧地窃笑上一阵子。

草草地吃完饭，我被外公推上墙头。墙头上已经蹲着两三个十几岁的男孩了。外婆看了看，也没说啥；可转眼工夫，兴许是看这家的主人好说话，竟接二连三地又蹿上来三四个十几岁的男孩子。外婆这下急了，吆喝了起来："下去下去，这都谁家的臊狐蛋子，一个个都爬了上来，也不怕把俺家的墙给坐塌了！"

点鳌山了！外公说，这点鳌山不能太早，也不能太晚。太早了，萝卜墩儿里的香油不经烧，等不到大家伙儿看个够灯就灭了；太晚了，点灯的小伙儿爬到鳌山上看不清灯芯。所以，最好的时间点就是夕阳落尽夜幕初上的那一时片刻间。

于是，像赶时间一般，七八个小伙子，手里拿着短火把，精干打扮。好像是听得谁的一声令下，小伙子们便比赛似的，噌噌噌，向上爬去。离得有点儿远，灯尚未点亮，看不清哪个是三舅。最先爬到最高处的，一声欢呼。外公说，爬得最快的人，可以点龙头，是最吉利的。其他没点到龙头灯的，只能依次向下，由上而下，一排排地把所有的灯一盏盏地点亮。

鳌山在十字街口，四面的街道上都塞满了黑压压的人。那时候的农村，并不像现在用电用得肆无忌惮、灯火辉煌。村人们灭了自家的灯都出来看灯，四周围处仅有的光亮便来自鳌山之上，那一盏接一盏，正次第开放着的灯火。

所有的灯都被点亮时，一面墙，一面高大的墙，一面高大的正在燃烧的火墙，璀璨耀眼，金碧辉煌。没多久，整个空气里，便隐隐地有香油的暗香在浮动、游走。

因盛香油的是萝卜墩儿，并不像传说中所讲的是那些陶瓷海碗，所以，我所见的那场鳌山灯并没有璀璨太久，一个小时左右的光景，灯光便渐次微弱了下去。而因了鳌山群聚于此的人们却久久不愿离去，灯光隐去后显得更加暗沉的夜里，四处都可以听到说话声，欢欢乐乐的，一直陪我晃到梦中。

无疑，我那一年那一次那一眼的所见是宏大的。这中间，几十年都已经过去了，人人都在奔忙，然后似乎是人人都在追求所谓的精神沉淀，只是，这许多年，再不曾有人为我为我的那一方水土上的乡人，点燃起那样的一片灯火。甚至，更多的人都已经忘记，我们曾经还看到过那样的一片灯火，盛大而璀璨，我们站在那里，看得幸福，像千百年前的那些高贵的王。

放孔明灯

刘海蔚 | 文

爹脾气怪，孩子们是不大喜欢与他亲近的。甚至，有些被抱在怀里的婴儿，冷不丁儿地看到他，即便是看到他笑呵呵地伸出要抱那孩子的双手，那孩子也会突然大哭起来。

但是每年的正月十六这一天，俺爹却是孩子们甚至全村人最喜欢的人，孩子们几乎从十六的白天一直到晚上，都不离不弃地围追在俺爹的身前身后。

因为，俺爹会扎孔明灯。

许多年之后，我行走在异地他乡的城市，和自己的爱人在这城市开发的新区闲逛，因是新区，地皮像是不要钱似的，便有了大片大片的绿植甚至宽阔的湖。湖边，竟意外地见到出售孔明灯的，很精致小巧的样子，多是红色。年轻的小情侣们争着去购买，然后写了二人的名字以及对爱情的忠贞誓言，最后把灯燃亮放飞到空中去。此地虽宽阔些，但眼见它飞向不远处的楼群，真怕它会落进谁家的阳台甚至窗口……那心都要生疼起来，更不会自己也和爱人购了去燃放了。

那时候，俺爹扎的孔明灯，是白色的，硕大无比。

20世纪80年代中后期，农村的经济状况已经改善了不少。但做孔明灯所需的材料仍需村里人凑钱。一来是图个大家参与，大家都热闹；二来呢，依旧是因为俺爹脾气怪，村里人在正月十六这晚上想要看燃放孔明灯，就必须像哄怪脾气的小孩子似的，首先要让俺老爹开心，所以，自然不会让俺爹一个人拿这笔钱了。

钱凑齐了，有主事儿的人送过来，俺爹正在跟石头老哥下棋，见人家把钱递到他脸前头了，他还是头也没抬地说："其实，我也不是

【作者简介】

刘海蔚，河南唐河人。现居北京，演艺公司策划。

自己个儿拿不出这点儿钱，我就是想看看大家是不是真心想看放灯。如果不想看，每家出个几毛钱都不愿意出，我这灯还有啥扎头儿？……”送钱的人一脸笑说：“大人小孩儿可都是等着看放灯呢，这都好几年没看过了呢。”石头老哥乐呵呵地说：“赶紧扎去吧，你这双手早就痒了吧？就别装了，赶紧扎去吧。”石头老哥辈分是低了点儿，但年龄比俺爹还大，两人又是棋坛老友，对俺爹那点小脾气是知根知底的；好像也只有他，才敢如此，看透还敢说透。

其实，俺爹还真就是个顺毛驴的脾气。这下，挣足了面子的俺爹就像安了小马达。拿了钱，骑上俺家那辆小“飞鸽”，噌噌噌，跑去了县城。白纸，特别是扎孔明灯用的大张的、特质的白纸，在乡下集镇上可是购不到的，只有县城，县城新华书店正对面的书院街，老县衙门口有一家看上去像“百年老字号”一般的纸店，才能购到。然后就是竹子，要干竹。俺爹说，干竹水分少，轻便，更容易放飞。

东西购齐回到家中，俺爹便关了院门，好像怕谁来偷师学艺了一般，甚至把我也赶了出去，就他一个人在家里捣捣鼓鼓。可惜，过不了多久，为了看灯已经等得心急火燎的我们这些孩子们，还是探头探脑，最后甚至不顾生命危险地磨蹭到了俺爹跟前。

俺爹正热火朝天地忙活着，整个人都沉浸在扎孔明灯的快乐之中。或许是见我们这些孩子难得如此主动地凑到他的跟前来，并不吼我们出去。我们便更加大胆地往前凑，有些专心致志地看俺爹如何忙活，有些就不老实了，一会儿摸摸已经被俺爹削得薄薄的、长长的，而且用砂纸打磨得光洁无比的竹签子，一会儿又伸手想摸那张雪白的难得一见的大白纸。可不等那只手伸到白纸上，不用俺爹吼，我们其他大一点儿的孩子便伸

手，啪，一巴掌打在那只小脏手上，“不许碰！”我们都知道，那张纸，金贵。

其时，俺爹已经用削好的竹签子扎成了一个足有两米高、直径有一米五左右的圆柱形竹架子。接下来就要往灯上糊白纸了。把俺娘特制的小麦面糨糊，抹到竹骨架上，然后拿了白纸慢慢往骨架上贴。这可是个精细活儿，下手一定要准、稳、轻重适中。否则的话，白纸贴偏，或被糨糊浸烂，都会影响孔明灯的美观，甚至使得整张金贵的白纸都报废了。

俺爹扎孔明灯那么多年了，也不敢大意。甚至在县城购纸的时候，都要多购一张回来备用。只是，大多数时候，那张备用的白纸都派不上用场，最后留给了我。我自然不舍得用，叠得方方整整放进书箱子里，经年，业已泛黄。

不早不晚，临近黄昏的时候，孔明灯终

于扎好了。四周的邻居们，端了饭碗就过来了，“扎好没？扎好没？”问得急切。俺爹不理，我们这些孩子早已经鸟儿似的替他回答了。“哇！”看的人一声惊叹，塞满了馒头和菜的嘴巴半张着，愣怔在了那里；但转眼，便大声吆喝起来，像赶小鸡崽子似的，把我们这些小孩子往外赶，“出去出去，别离这么近，千万可不能碰坏了！出去出去。回家吃饭去，吃了饭赶紧来，等天黑了才会放灯呢。”

孩子们依依不舍地散去了。回到家，急急地往嘴里扒着饭，不时地看看天色，咋还不天黑呢？

夜色终于上来了，俺爹还在厨房里吃着饭，村里已吃过饭的人便陆陆续续地聚集在了我家的小院子里。俺爹嘴里塞着馒头，急喊：“别在这儿等啊，人多把灯挤坏了怎么办？都去村西头的打麦场那里等吧。我们马上过去。”说完，稀饭也来不及喝了，俺爹就喊了隔壁石头家的大儿子过来抬灯。石头家的大儿子比俺爹小不了两岁，估计也没吃完饭，手里攥着块馒头就跑了过来，“爷，你慌啥嘞？这天都没黑嘞。”俺爹没好气地答：“我慌啥嘞？我再不慌，一会儿大人小孩越聚越多，就这么个地方，再给我把灯挤坏了，可去鳖孙了！”

其实，大家伙儿谁都知道，在正月十六这样欢乐的日子里，所有的笑骂都是不必当真的。欢乐的因子从早到晚，不自觉地就在每个乡人的心头、脸上跳跃。晚饭后，夜幕降下来，舞台已经搭好，主角即将登场，快乐的潮水哗哗地流向村西头的打麦场。

那时候，村子里少有电视，几乎没有谁会在晚饭之后憋在自家屋子里，开着灯，费电。清一色，奔出来。孩子们为了热闹，在人群里追逐打闹，哭笑喊叫；大人们则家长里短、天南海北地胡吹乱侃。看放灯，其实是其次的；重要的是，又有理由聚在一起闲扯淡、话家长了。

俺爹和几个叔叔伯伯操作着孔明灯，成了唯一明亮着的中心。

要点灯了！除了俺爹，没有谁敢操作。谁都怕万一操作不好，灯歪倒在了火堆儿上，那可就玩儿完了！对不起全村的观众不说，估计接下来的一整年都要看俺爹的脸色过日子了。

俺爹亲自上阵，对面帮忙的是石头老哥。两人面对面，一人擎了孔明灯的一边，把手举起来。圆柱灯体的上边的顶面是用白纸糊死的，下边的底面是为糊纸的，只有十字交叉的两根铁丝，交叉点处挂好了已沁满了煤油的棉布。

旁边早已经燃放起了火堆。俺爹和石头哥站起身来，把灯慢慢地往火堆上方移，慢慢地。这一刻，全场人都屏住了呼吸。火堆上的火苗不能太大，以免太过上蹿的火苗会掠到灯纸。整个灯都移到了火堆上方，人即便站得远远的，都能够感觉到热浪的扑面而来；站得离火堆最近的俺爹和石头哥，早已是汗流满面。良久，灯里面大概充满了热气，灯下方铁丝上的棉布也燃着了；这时，俺爹示意石头哥试着放手。稳、慢……开始的时候，灯有些歪，有些想往下坠落；调整，再等；慢慢地，灯稳稳地了，火堆上向上升腾翻滚的热浪向上吹着纸灯。俺爹高声喊：预备！一，二，三，放手！充满一肚子热气的孔明灯似乎是“嗖”的一声，可就蹿了出去，向远处，向高处。

屏息静气的人群，立即沸腾了！再看时，每个人都仰脸看着灯，脚步开始随着人流朝灯飘飞而去的方向移动。

孔明灯越升越高，高处有风，趁了风势，灯飞的速度更快。于是，看灯的人们脚步移动的速度也加快。孩子们、年轻人，大都欢呼着跑起来。只顾抬着头看灯，脚下踩着了谁，或是身前撞到了谁，都来不及看一眼，只哈哈一笑便闪身又跑了。谁都不恼，谁的心头都因了这抬头仰望处的一盏飘飞而去的灯而欢快非常。

年长的，不追了。太小的孩子，也被大人拦住，不能再追。

追着灯而去的，都是十岁左右的调皮孩子，还有，便是十八九、二十出头的小伙子大姑娘。其时只是正月，田地的麦苗还在冬眠，矮矮地趴伏在地面上。抬头看灯，一看就是好几里。一马平川的平原，在那一天晚上，成了追灯的孩子们的跑马场。

最远的能够追出几里地。追灯回来的人给依旧零零散散坐在打麦场上烤着火闲聊的人们说，真遗憾啊，今年的灯没有掉谁家的麦秸垛上。

便有人问：“今年有没有只顾着抬头看灯，追到地头水井里或村口池塘里去的？”

“没有没有，自从那一年傻四儿追灯掉井里之后，现在不管大人小孩儿再追灯，都长好几个心眼儿了。好玩是好玩，谁也不玩命了。”

那些年，俺爹还年轻，有心劲儿，就算有点怪脾气，扎灯、放灯，然后让我们无比欢乐地追灯，都是经常的。后来，我长大离开了家乡；再后来，俺哥也把俺爹接离了家乡。再回故乡时，石头哥早已经去世。上了年纪的那些叔叔伯伯们都说，你爹跟你哥到城里享福走之后，正月十六的时候村子里便再也没有放过孔明灯。啥时候让你爹回来，跟俺们这些老兄弟聊聊，再一起放放灯啊。

我呵呵笑着对他们说，俺爹现在在城里混久了，都不说回来的事儿了；现在，倒是我们这些孩子动不动就想往老家蹿，住在老家不想走。

那些叔伯们说，唉，这倒像你爹，一辈子都怪怪的。

摇 烟 花

杨　帅 | 文

远处绚丽的烟花，五光十色，光怪陆离，惊艳地绽放着它的美丽！整个天空，霎时间，也被照亮了，红色、黄色、绿色，交错着洒满天空，五彩斑斓，迷人极了！

正月十五闹花灯，吃汤圆，是我们汉民族的古老传统。过去，每逢正月十五，大街小巷里，都是熙熙攘攘的人群和五颜六色的花灯。人们看花灯，猜灯谜，热热闹闹。如今，却被一片片绚丽的烟花取代了！

那绚丽的烟花，仿若一部时光机，让我的思绪飘飞，回到了二十多年前，那个元宵节的晚上。记忆中，我还只有三四岁。

那一天的晚上，大街小巷里到处都是人们的欢呼声、呐喊声。奶奶拉着我，在邻居家的门口看摇花。

奶奶拉着我出来的时候，我们已经错过了第一场摇花表演。那个年代的烟花，不是我们现在看到的五颜六色、犹如天女散花一般。在那个贫困的年代，烟花是一种很奢侈的东西。在豫中平原，很多地方的元宵节，都会用一种传统古老的方式——“摇花”，来庆祝节日。

所谓的摇花，顾名思义，当然是用来摇的。摇花的工具，是一根两三米长的木棍，一个长四五十公分、圆柱形、周身满是小孔的铁灯笼。那密密麻麻的小孔，仿佛是卷起来的筛子。使用时，要将带孔的铁灯笼，拴在木棍的一头，系牢。当这一切准备就绪后，就开始最关键的一步了——将烧得通红的木炭，塞进铁灯笼里。忙完这一切，花便做好了。接下来，便是摇花了。

摇花不仅是一件力气活，还是一项技术活。举着几米长的木棍，那十几斤的铁灯笼加上火红的木炭，不是随便一个人就能摇起来的。所

【作者简介】

杨帅，笔名“孤夜の魅影”，河南周口人。网易签约作者，恐怖悬疑写手，一个喜欢恐怖和离奇故事的怪人！主要悬疑作品有《冥婚》《死亡请柬》《一个货车司机的离奇经历》《每夜一个鬼故事》等。

以，这项技术活，一般都会是村子里比较壮实的后生来做。

街上的鞭炮响过之后，后生们便挑着通红的铁灯笼，各自从家里走出门来，聚集到繁华的大街上。他们呐喊着，欢呼着，摇着手中的木棍。霎时间漆黑的夜空，便被漫天的火星照亮了。那星星点点的火星子，漫天飞舞着，煞为壮观，恍若浩瀚的宇宙中的星星。人们看得如痴如醉，齐声呐喊着，欢呼着，在尽情享受着节日的快乐！

那漫天飞舞的火星，又仿佛是一场流星雨。大大小小的流星，画出一道道优美的弧线，疾驶而过，最后消失在人们的视线里。后生们一声呐喊，运用独特的技巧，使得铁灯笼忽上忽下，漫天的火星，便又如流星一般，从天空中扑面而至。人们的叫喊声，仿佛浪潮一般，此起彼伏。小孩子们在人群中钻来钻去，玩得不亦乐乎。

正当人们看得兴起，大声欢呼之时，后生们又是一声呐喊，火星便不见了，霎时间喧闹的夜空和热闹的街道，便都安静了下来。原来是木炭用完了。后生们便扛着摇花的工具回了家，街上的人们便眼巴巴地等待下一场摇花的开始。

当然了，摇花，要很多人一起，那才热闹、好看！

后生们都去准备了，方才安静的街道，随着小孩子的叫喊，伴随着忽明忽暗的火光，渐渐地又开始喧闹了起来。小孩子们的手里挑着一盏盏蹶子灯，一边大声叫喊着，一边兴奋地在玩撞灯。

那个时候，条件并不是很好。还没有现在这些个五花八门的电子灯笼。元宵节，小孩子们能玩的，便是那蹶子灯了。蹶子灯，是用白菜根或者白萝卜，将中间挖空，放上一团棉花，在棉花上倒些猪油等可以燃烧的油，最后再用一根荆条插在底部，一盏蹶子灯便做好了。玩的时候，只需要点燃棉花即可。由于荆条具有弹性，灯点着后，走起路来时，灯便会上上下下弹跳不止，灯火忽明忽暗。这便是蹶子灯、忽闪灯叫法的由来。

小孩子们玩蹶子灯，最有意思的便是撞灯了。

当后生们退出街道后，小孩子们便挑着蹶子灯在街上玩撞灯。撞灯，顾名思义，就是将蹶子灯在一起相互碰撞。由于荆条的弹性好，孩子们摇的弧度和力度又不同，两盏灯想要撞在一起，还是有些许难度的。而蹶子灯的观赏性，即在于此。当灯上上下下、忽明忽暗时，便会画出一条优美的火线。而两灯相撞时，火线一瞬间停止，火势猛然一大，小孩子们便会发出一声尖叫。

成群结队的孩子们，年龄稍大的便会挑着蹶子灯，在街上欢呼着，玩着撞灯。年龄稍小的，便会挑着一盏纸糊的小灯笼，在街上跑来跑去。

这场欢乐的盛宴，会一直持续到深夜才结束！

时间是记忆的橡皮擦，随着时光的流逝，过去的时光也一点点被擦去了！

也许，我们再也看不到了！

豫中平原，那古老的民俗，摇花！

揉刷子疙瘩

陈传龙 | 文

揉刷子疙瘩是故乡元宵节的独特风俗。没听说过其他地方有这种风俗。

故乡泌阳，处于南阳盆地东边缘，属浅山区，交通还算方便。清朝中叶以前，泌阳河通航，水运较为发达，南来北往的人们，使得这里形成了不少独特风俗，与周围县市迥然不同。

就说元宵节吧，全国不少地方都打灯笼、吃元宵，泌阳习俗，元宵节晚上不打灯笼，除夕晚上打灯笼，拾炮方便。元宵节也不吃元宵，吃扁食（饺子），十六晚上吃元宵，叫作“十五扁，十六圆”，和“十五的月亮十六圆”不谋而合。这种习俗恐怕是绝无仅有的。

揉刷子疙瘩的风俗更奇特。先说“揉”这个字，家乡语言中，手握绳子一端，另一端拴东西，抡起胳膊转圈，反复转，意同“抡”，谓之“rou”，比如“rou一圈”。怎么写？不知道。为了查这个字，我翻阅了《现代汉语词典》《新华词典》《康熙字典》等，都没有符合此意的字。比较来比较去，只好借用了意思、读音接近的“揉”字。记述家乡风俗的图书《泌阳民俗》，写到此风俗时，可能是苦于找不到合适字，改用了“绕”字，称作“绕刷子疙瘩”。“绕”，不能准确表达这个动作，我不赞成。

厨房里要用到刷子，有的地方叫“饮帚”，用高粱穗子扎成，扫面、扫菜叶、扫案板、扫锅台，很方便。刷子用久了，前半部分磨掉，光秃秃的，手握的刷子把仍然完好，称为“刷子疙瘩”。刷子疙瘩不能用，就扔到角落里，正月十五晚上拿来揉刷子疙瘩玩。

刷子疙瘩扎得紧密，点着火，不易燃烧起来，有红火头，无火苗。

【作者简介】

陈传龙，河南泌阳人。河南省作协会员。

把刷子疙瘩绑上绳子，握着绳子搽起来，搽一圈再搽一圈，大量空气进去，火苗骤然而起，呼呼乱蹿，搽得越快着得越旺。停止搽，火苗消失。再搽，火苗再起。这就是搽刷子疙瘩。

动物有向火性，人也不例外，本能，孩子们更喜欢玩火，所以，搽刷子疙瘩几乎由孩子们垄断。男孩子喜欢热闹，喜欢冒险，搽刷子疙瘩的艰巨任务多由男孩争抢承担，不用做工作，不用动员。

元宵节就是狂欢节。我们一面搽刷子疙瘩，一面转悠，从这家到那家，叫上这个，喊上那个，队伍像滚雪球，越滚越大。每人手里都搽着刷子疙瘩，每人面前都飞舞着火光，映红了质朴的脸庞，照亮了村子。村里的夜晚从来没有这么亮堂过。我们个个都是搽刷子疙瘩的高手，两边是草房，周围是人，在有限空间里搽，能灵巧地躲过人，躲过树，躲过草房，可谓是高手。

人聚集多了，开始到场院里比赛，玩各种花样，还有名堂，如“流星赶月”“苏秦背剑”“骑马观花”“桃花盛开”等，像杂技表演，精彩得很。

在村里玩腻了，就到村外玩。我们往高岗上走，四周漆黑一团，火苗画出火圈，圆圆的，好似在黑色画面上画出的红色画，好看，富有动感。上了高岗，我们站成一排，火圈排成一排，连成一片，颇为壮观。 远远望过来，火圈缩成了点，像是天上的星星，还眨眼。

忽然，前方出现一排星星，那是邻村的孩子们在搽刷子疙瘩，回应我们。扭过头看后面， 看左右，也出现了眨眼的星星，周围村庄的孩子都看见我们了，用火光招呼我们。彼此相距很远，看不见对方，却能相互配合，我们搽，他们停，我们停，他们搽，像对山歌，像打旗语，有问有答，富有节奏感。

月亮升高了，外村的孩子们回去了，我们意犹未尽，来到池塘边，继续搽。池塘有十几亩大，水面平静，我们站在水边搽刷子疙瘩，更好看，更精彩。火圈有了倒影，水上一个，水下一个，火光翻飞，上下同步，不差分毫。火光映红了池塘，平静的水面热闹起来，干枯的老柳树披上了红装。

夜深了，刷子疙瘩燃烧尽了，喧闹声停止了，我们回去睡觉。

请新媳妇新闺女

齐 心｜文

【作者简介】

齐心，河南周口人。河南省作协会员。河南哲思出版传媒文化公司副总经理，畅销杂志《哲思》主编。出版有个人作品集《时光的礼物》《人生再美，怎如初见》《不要问我为何如此眷恋》等，主编有“最悦读”青春系列畅销图书。

记忆力素来不好，少时的事本就记得不多，这一晃，很多年过去，好像我还是当年扎羊角辫的小丫头，隔着土砌的围墙，看到一披着长发的漂亮姑娘推着自行车远远走来，愣愣地看了许久，不识得她的面孔，又恍然觉得在哪里见过，看着，想着，她越来越近，直至她朝我笑了笑推车进了围墙外对门院落，才知道她是君叔未过门儿的媳妇。

不久后，她成了新嫁娘。她嫁来的当日，我中午放学后被喊到她家“吃桌”，看她穿着大红棉袄棉裤。也许是人逢喜事精神爽，她看起来越发地漂亮。我想坐在她身边，和她同一桌吃饭，可因为年纪小，入不了桌，这个愿望便作罢。

直到春节，妈掰着指头算请这个请那个做几个菜先请谁后请谁时，我才想起原来我们这里有个习俗——请新闺女新媳妇吃饭。

不是每一家都有资格去请的。是要有儿有女的，人缘好的，村里村外都口碑不错的。也不是每个当年成婚的新闺女新媳妇都要请的，要是“门里儿”的，要是有过走动的，要是……

我才不管那么多，我只想请漂亮的君婶赶快到我家来，我要和她同桌吃饭。也就是从对她的期盼这一年，我才对这个习俗开始有印象。不过之前也许是我年纪太小，即使妈请了人来入席，我也是上不了桌，老早就跑出去和小伙伴玩耍不见影踪了。

那年年纪也不大，刚上小学四年级。好像从一开始请新闺女新媳妇过年吃饭都和男人无关一样，爸和哥连人影儿都见不到，陪桌吃饭爸和哥也不见人。妈一人做饭，说是几个盘几个碟，其实本就物资匮乏，即便是春节这样一年一度的盛大节日，也只是较之平常多备了一点年货而

已。特会过日子的妈早早就备好了盘子，这种盘子好像专门为穷苦人家而造，浅浅的，放几片黄瓜就看上去像一盘菜了。那时候春节哪里有黄瓜，只有自家种自家储存下来的萝卜、白菜、莲藕什么的。切上几片，在盘子里摆上一摆，喊我端堂屋饭桌上。对了，那时候吃饭饭桌都几乎不用，爸早早买来了四方桌，我很想一家人围坐在桌边吃一日三餐，但连这个微薄的愿望都不能够实现，都是盛了饭就端着去门外面随便一蹲就和街坊邻居边吃边聊。

请新闺女新媳妇是要把买了好久还是崭新的方桌打开的，可见这个“宴请”是相当隆重的一件事。

我把凉菜热菜一一端上去，其实也就四个菜或六个菜，有时候六个菜里还有一个是炒萝卜一个是凉拌萝卜丝。妈开始拉着风箱烧米汤，边往灶膛里添柴边央我先去谁谁家喊某某嫂子。妈向来能干，在村里都出了名，万事都要跑在别人前面，唯恐落了后，连请个新媳妇都不例外。我都迈开了脚步，后面又听到她嘱咐：跑快点儿，别被别人家先抢走了。

嫂子是新添的人，就要先请。可我在外面磨蹭了好大一会儿才去了后院一家去叫新嫂子。我很不满为什么妈不先请君婶。我又不敢擅作主张，就板着脸一前一后地跟着后院新嫂子回了家。

往年都是邻家姐姐和妈作陪，现在我长大了，就由我和妈一起。我小时候口齿伶俐，无知者无畏，也不管说得对不对就只管说。新嫂子坐下来后，还没吃几口，就放了筷，人家是新媳妇，当然要表现得矜持一点。妈见状，就说：吃啊，别放筷子，我嘴笨，也不知道咋劝人，要是等着我劝，你就只有饿着了。

新媳妇娇羞地笑笑，又拿起筷子吃了两口，又打算放筷子时，妈在桌下踢了我一脚，有意让我劝劝新媳妇。我正因为她不先请君婶心有怨气，看也不看，只管自己吃。

待吃完也不管自己是不是陪客，抹抹嘴就跑出去玩儿了。

新媳妇走后，妈喊我回去吵了一顿，吵完又让我赶快喊下一个嫂嫂。就这四个菜或六个菜，能轮番请几个嫂嫂，本身就没有菜是一，加上邻家也都在请新媳妇吃饭，一个新媳妇一晌能吃好几家，再大的胃口也被请来请去吃得饱饱的了。

终于，轮到请君婶了。妈刚说完让我去君婶家请她时，我就一溜烟儿跑掉了。见到君婶时，觉得每次见她都是那么漂亮。想长大后也要像她，梳长发，出嫁时穿红棉袄红棉裤，在家等着邀请时梳妆齐整。

我拉着君婶的手，准确地说，应该是君婶拉着我的手，有说有笑地到了我家。我陪着几个嫂子早已经吃饱，但还是坐在君婶身旁，看她夹菜、喝粥。我说，君婶你吃这道菜啊。我说，君婶别放筷啊，多吃。我说，君婶你长得好漂亮……

君婶笑着夸我小巧嘴会说话。我其实是嘴里一直含着她刚才在她家给我的一颗糖，甜入了胃，润了口，说出来的话自然好听。

我妈自是不知道实情，只在送走君婶后对我说：赶明儿请新闺女时，你还作陪。

正月初三，出嫁的新闺女都要回娘家来，请完新媳妇就要请新闺女了。在妈眼里，新闺女自不比新媳妇，闺女是自家人，看着长大的，不生分，但也是出嫁后成了别人家的人。不像新媳妇，不熟悉，以后又要在一起生活下半辈子，邻里哪有谁不指望不帮忙的呢。

请新闺女会早早请了来，帮着妈做饭。请到最后，还有新闺女帮妈妈洗碗。她们做这些时，妈也不会像请新媳妇一样推说不用不用，权当自家闺女用。

我这作陪的也是有区别的，新闺女都是姐姐们，在饭桌上我也毫不拘谨，姐姐们吃完若不着急去下一家，还会和出嫁之前一样和我玩一会儿。

忙累了半天的妈，往往是把盘子洗干净晾干就存放了起来，下一次再用，除非来了客人——平时客人也不多，基本也就等到明年春节请新闺女新媳妇了。

每年都有春节，每年都会请新闺女新媳妇。习俗就是这样世世代代流传下来的吧，妈被当新闺女新媳妇请过，姐姐们被当新闺女新媳妇请过。妈之所以这么热衷这件事，不仅仅是习俗，是她每到宴请之前就对我说：我请了别人，到你出了嫁，就会有更多人请你，被请得多了，一是证明咱家在村里混得好，二是你在新生活开始时因沾了多家饭会在以后生活得更好。

很多年后，我真的出了嫁。但是在我出嫁之前好多年，我们家就已经离开了老家迁往城市。城市每年也都有春节，可从我到城市的第一年起，就再也没有作陪过请新媳妇新闺女。

前不久，我清明回老家，看到一苍老的妇人远远地骑着三轮车走来，待她走近，若不是妈提醒，我几乎无法将眼前的苍老妇人和多年前那个披长发穿红棉袄棉裤的新嫁娘对应起来。原来她是君婶。三轮车里载着两个幼童。一个是大儿子家的，一个是二儿子家的。

妈和君婶说话时，君婶多看了我几眼，说：要是在路上，还真是认不出来了呢。

也是，当年用土砌成的围墙早不存在了。羊角辫不见了。红棉裤也没人穿了。我也怕说错话，从小时候的伶牙俐齿变得越来越不爱说话了。

望着君婶的背影，我问妈：现在老家是不是也没有请新媳妇请新闺女的事了啊？

妈轻叹了一声说：早没有了，现在谁还请啊，人情都薄得很哪！

记忆里的那些红白事，是乡亲们聚得最齐的时刻。谁家的事儿办得是不是体面，是不是讲究，是不是有给力的人来捧场……白事，求的是儿孙们的一个心安，办给活着的人看的；红事，求的是一个未来的幸福，同样也是办给乡亲们看的。这讲究那讲究，归根结底，讲究的都是一个人情世故。

红　事

晨之风｜文

陈州人爱把娶媳妇的事称为“红事”，红事一来，喜庆的气氛便在主家小院里蔓延开去，周围的一切也都跟着红火起来。

此时的主家是最操劳的，跑腿儿不说，紧要的是必须凑够一大笔钱。有了钱才有人给儿子提媒，现在的女孩儿都讲究个实惠，都想赢在新生活的起跑线上。她们大多没有了毛主席时代提倡的“新风尚”，总是变着花样向婆家伸手，当然由身价而定。女孩儿外在条件娇美的，是一笔无形的财富，婚前更是向婆家显示地位的资本。当然也有倒贴皮的，女婿被老泰山看好，可以不费力气。更有甚者在外地的打工族可以不花分文白领回一个打工妹。

媳妇“驾到”之前，婆家要准备最高规格的礼仪迎接，相当于国家迎接外国元首的规格，要精心布置好新房虚位以待，新房门窗是新的，样式是最新的，有时还在散发着幽幽的油漆清香，新房里的家具当然更是焕然一新，护膜未扯去的大电视、冰箱、洗衣机是不可少的，并且都要贴上大大的耀眼的红喜字，渲染出不尽的温馨和谐，显得新房像模像样。喜爱摆阔的新郎也能拍个大结婚照和个人写真什么的，大照片挂在婚床的上方，周围装裱一新，新郎新娘相互依偎，情真意切地冲着每一个进屋的人们露出可人的笑，这才真正使新房充满人情的味道。现在的小村人今非昔比，也会学着城里人时尚一回。

红事这天，小村人大多不请自来，无需下请柬。有钱的随礼，困难的年代不过块儿八毛，现在一般也就是几十块钱，前来打个帮手，捧个人场儿，主家的农家小院里人气显得分外旺盛。

农家小院里早已架上了音响，喜气洋洋的响器乐曲开始喧闹着小村

【作者简介】

晨之风，本名李涛，河南淮阳人。中学教师。河南省作协会员，淮阳县作协秘书长。出版有散文集《从小村上路》《情漫陈州》《我在旅途读风景》等。

的大街小巷。整个小村瞬间喜庆起来了。先宰一口毛猪，支上几口大锅，烧上开水，蒸上笼菜，炖上大肉，再摆上数十张邻居家的八仙桌，杯筷碗盏洗涮干净，只等着觥筹交错。这时候临上屠案时的猪发出的绝望嘶鸣，进出小院帮忙人的大呼小叫，执事的人巡视筹划派活的吆喝声，混在一起，响成一片。厨师是小村自己的厨师，没有餐馆里的白大褂打扮模样，可以赤膊上阵，不用担心卫生检疫部门来造访，但厨师们操作起来却有条不紊。一溜儿几个简易大灶炉火烧得正旺，锅里的腾腾白气袅袅上升消散开去，肉香就弥散在了小院的角角落落。

红事时孩子们最热闹。孩子们会循着响器乐曲，循着肉香味欢快地跑进主家的小院，在忙碌的人群中钻来钻去。女孩子们嚼着从新房里抓来的糖果，坐坐新床，摸摸浮动着的五彩球，看看大结婚照，眉眼里流露出的满是憧憬和羡慕。小孩子们的高兴劲儿让主家看在眼里喜在心里。

红事这天鞭炮声此起彼伏，过春节一样热闹。主家要大摆红酒席，酒席是有讲究的，由头面人物做执事，全权负责。每桌八人，不多不少，十碗八碟，也称“流水席”，客人吃完就走，如果人数多接着开第二轮。依次类推，先后次序是按辈分和远近亲疏来安排的，没有人争抢。席菜除了时蔬瓜果外，常规的豆腐、丸子是主打，手头殷实的主家也有借机摆阔的，菜肴夸张地丰盛。每开一席，放鞭炮一挂，上红烧鲤鱼时再放一挂。大家举筷互让，晚辈待长辈先动了筷子方能吃席，且每上一道菜都依此而行，一餐饭能吃上很久。

过去小村人穷，终年不闻荤腥者众，即使这样却无人贪吃。席间，主家会在执事的陪同下到各席敬酒，极尽东道主之谊。席终的标志是上“滚蛋汤”一份，汤的烹调有讲究，以粉芡鸡蛋糊勾兑而成，故又名“鸡蛋汤”，汤表面凝结，看似无热气，而内里却滚烫如沸。有性急者急食之，便烫了喉咙，洋相百出，惹众人哄笑。有“小孩头”便诱孩子去喝，小孩不知是圈套，必定上当，又惹来一阵哄笑。“鸡蛋汤”一端上来，宣告席终。

话说另一头，准新娘已赶到城里盘头。

如今的准新娘们生活档次飙升，受港台电视剧的影响，也披起了婚纱，盘起了新式的发髻，足见婚事在新娘们心中地位之高。准新郎们在忙碌中也感到了沉重。以前是“二大爷赶集——随便遛”，与一帮狐朋狗友整天厮混在一起，反正里外的事情都有大人考虑着哩。现在明显有了“责任”两个字的体会。结婚头一天心里头就忐忑不安，开始设想怎样“应对”迎亲时新娘家里“设置”的各种各样的“难题”，怎样“对付”途中拦车要喜糖喜烟的，更让人“头疼”的是同龄伙伴们有预谋的高难度“节目”。看来红事也要经过种种“磨难”才能办得圆满啊！

拜堂是红事那天的高潮，三拜之后，闹是最重要的。小村不大，但闹的法子出奇的多，新人被闹出眼泪的也多，因为村人亲戚众多，陈州地流行一句俗语——“新婚三天无大小”，不论辈分高低都可以闹。尽管如此直系长辈还是有所顾忌的，表兄弟可不吃那一套，理所当然地成为闹剧的主力军，不论轻重闹将开来，小村人认为闹房可以避邪，闹得越凶日后的日子越吉祥。特别是到了晚上，更是闹房人表演的舞台，疯到极点甚至将新人衣服扒光捆成一团，让新媳妇的羞涩荡然无存，脱胎换骨为一个真正的女人。或者偷藏在新郎新娘大床底下津津有味地听房话，这又是一种境界。至于听窗根儿、往床上撒麦糠、强迫新人当众亲嘴儿、偷摸新媳妇的“包包”这都是小儿科了。

主家在闹房中也不能“幸免于难”，娶媳妇闹公爹，晚辈尤其是老一辈平辈人也会抓住这个难逢的机会，会把当公爹的脸涂成红脸关公或者黑脸老包，以博众人大笑。当然公爹们会笑意写在脸上，喜庆藏在心底。

直到月上中天，闹房才结束。夜渐渐深了，小村也渐渐沉寂了。主家小院的灯彻夜

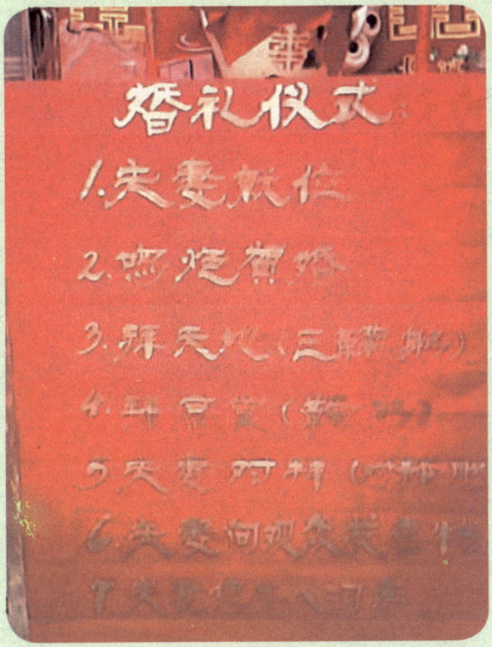

亮着，照着盆盆筐筐婚宴后的物品。忙碌了一大阵子的人们收拾好东西，开始各回各家睡觉。一对新人这才迫不及待地相爱而眠，做起了喜梦，当然是甜蜜的梦，是憧憬未来的梦。

陈州地的民间，婚姻大礼过后，新郎新娘入了洞房并不算完事，婚姻的各项仪式还要顺延一段。

在过去，婚后的第二天开始，围绕着新郎新娘，还有许多新婚礼仪。新娘下厨做饭，是诸多礼仪中很重要也是很有意义的一项，是对新娘的一种考验。新娘做饭的主要内容就是做面条，陈州民间称为“三天试刀”。有些人家当然习惯在迎娶当天，有的人家在第二天，有些人家特别讲究，一定要选择第三天作为新娘试刀的日子。试刀做面条的时候，婆婆、嫂嫂、小姑们簇拥在新娘的左右，指手画脚，百般挑剔。新娘呢人地两生，羞羞答答，举止十分拘谨。在众人目光的紧逼下，新娘小心翼翼卷起袖管，开始做饭。众人评价新娘做面条的手艺是看她是否能达到“三光”的标准。所谓“三光”，即手光、盆光和面光。做到这几条，新娘就可以达到巧媳妇的标准，这会影响到她在婆婆家的地位，擀得好更被人另眼看待。不过，现在有些地方都把新娘试刀作为一种新婚的游戏，嫂嫂们常爱开玩笑，故意在擀好的面片里偷偷夹一根筷子或厚纸，好让新娘切不动，窘得她面红耳赤，大家以此逗笑取乐。再后来这种习俗干脆消失了。

婚礼过后第二个大的礼仪是三天回门。所谓“回门”，就是婚礼后第三天，新婚夫妇登门拜望岳父母的礼仪，陈州民间俗称为“回门”。回门的时候，新郎新娘必须走迎亲时的那条路，新郎不能空手，要给岳父岳母准备四色礼品。礼品的种类由新婚夫妇自由选择，但一定要凑够四种，取双数图个吉利。回门这天中午，岳父母要置办全桌酒席招待新婿。这一日，新婿是贵客，坐上席。女方至亲当陪客。有些地方，宴前女方的嫂嫂要给新郎包饺子吃。嫂嫂们爱开玩笑，常常在饺子内包上辣椒和草秆，想让新郎狼狈不堪，洋相百出。有些机灵的新郎，吃饺子前先用筷子夹开一个，如果没有辣椒，会从容不迫地吃下去。有些新郎憨厚老实，误食了带辣椒的饺子，一时辛辣难忍，涕泪交流，嫂嫂们则开怀大笑，前仰后合。

有些地方娘家人要派人到婆家迎自家闺女回娘家，婆家要宾客相待，并且还有一个规矩，婆家要把娘家来的人统统灌醉，到天黑方能启程回家。由此能演绎出许多悲壮的醉酒故事来。

新婚后的礼仪除新娘试刀做饭、回门以外，还有新郎新娘到亲戚家认门等。双方的嫂嫂们是新婚礼仪中的主角，她们会不断变花样出难题，逗得新郎新娘窘迫万分，她们则欢喜异常。这对她们是种享受，也使婚礼的喜悦气氛不断延续下去。

豫西山乡的婚俗

刘树生 | 文

婚姻嫁娶是每个人一生都要经历的大事，自古以来豫西的山乡人对此都非常重视，并有一个不成文的俗定。

男女青年在结婚前要经过提媒、订婚、行礼等一系列程序，才能最终走向婚姻殿堂。具体地说，就是男方家如果看中了某家女子，就要委托媒人到女方家提亲，女方家同意后要在女方家里举行由其亲朋参加的订婚仪式，在结婚前一个月内还要在女方家里举行行礼仪式，因有“行礼不过月”之说。这每道工序都由男方主导和破费，而女方没有挑选的余地，只能被动消极地等待，故有“嫁女的比说媳妇更难”之感触。在订婚时男方除要给女方家送“四色礼”和16个象征着喜庆的红花大蒸馍外，还要给女方甚至全家人购置数件上好的衣服和礼品，并带去一定数量的礼金。行礼，顾名思义就是给女方送去不菲的礼金，这是结婚前的最后一道程序。礼金的数目是事前就由媒人和双方协商好的，除礼金外，男方还要给女方送金银饰品和结婚衣物等（新娘在结婚当天是不能穿娘家衣服的）。同时还要具体协商结婚的有关事宜，诸如，女方家有多少亲戚，每家都要由男方置办一份礼物并由女方家长送达，结婚时这些亲戚就得给女方上礼，是谓“添箱”（添到女方家陪送嫁妆的箱子里）。来年初，新女婿在老丈人的陪同下，要到女方的这些亲戚家送年礼，是谓“认亲”。另外还要商定礼花的数目，礼花是女方家陪送给女子做被褥用的棉花，这棉花和被布用料除女方家提供被面外，其余都得由男方承担。

结婚的仪式非常热烈隆重。在农村总是在亲朋邻居的帮助下从前三忙到后四，就是说在结婚的前三天就得支起大锅蒸馍、煮菜开始准备。

【作者简介】

刘树生，河南卢氏人。1967毕业于郑州大学外语系，退休教师，三门峡市诗词门楹协会理事，三门峡市作协会员。

并由东家聘请总管，统筹安排结婚前后的一切事务。总管的具体职责可以归纳为两个方面，一是替代东家款待来宾，二是组织迎亲队伍。

款待来宾方面，总管要做到人员安排周密。这里面主要角色有：总管、看客、礼桌、司厨和杂工。总管和看客是东家信得过的当地头面人物，他们替代东家招呼来客安排婚日事务；礼桌由文员书生充当，负责收记来客礼金或礼物；司厨负责当日宴席饭菜制作；杂工的职责有“掌油盘”（用大木盘往宴席上送菜肴）、“端小盘”（用小木盘往宴席上送馍）、“调席”（回收碗筷抹洗餐桌）、劈柴挑水和洗刷碗筷等。迎亲队伍安排，除乐队和花轿由东家另行租聘外，主要由抬箱桌人、挑盒人、迎亲人、夹毡人和新郎组成。其中挑盒是队伍的首领，负责协调迎亲队伍的一切事务。这些人事安排要在婚日前两天东家请“闲哄人”的酒会上，由总管宣布周知。

童年时，母亲常常领着我站在屋后的山脊上，俯瞰那从山下经过的迎亲队伍，每当这时，她总指着迎亲队伍不厌其烦地给我们述说着队伍的结构。她说，那走在最前边远离迎亲队伍抬着箱柜的是男方派来迎取嫁妆的抬箱桌人。嫁妆的多少是女方家财力和地位的象征，有陪三件五件的，也有陪一件的；嫁妆的类型一般是新娘实用的箱柜桌椅和被褥等。走在迎亲队伍最前边的是乐队，紧挨乐队的是迎亲，迎亲人必是成双成对的夫妻二人，可以是一对也可以是多对的，但迎亲人也有“姨不送，姑不迎，拐拐妗子前头蹦”的规定。迎亲人之后是新娘乘坐的花轿，伴随着花轿左右的是新郎和腋下夹着红毡随时恭候新娘路上小憩时垫脚的夹毡人。花轿的后面是长长的送女队伍，送女队伍由女方的亲戚组成，其父是送女队伍的总管，他的手里拎着两份烟酒是为酬谢对方礼桌和大厨的专门礼物。迎亲队伍在路上遇见村舍和桥

梁都要燃放鞭炮，并给新娘送上红包。若遇见爱看热闹的路人，只要他把板凳往路上一横，再放上几盒烟，那乐队就得停下来为其做一番精彩的演奏。

我对家乡婚俗可谓知之甚少，但我对花轿却别有一番深情，我家就曾有一顶供租用的花轿，那花轿是和红毡配套用的，后来时代变了，花轿被弃之不用，而那顶与花轿配套象征着喜庆的纯绵羊毛红毡却被我外出求学时带走，伴随我抵御了数十个隆冬的严酷。

少年时我也曾多次目睹过山乡的婚礼，在迎亲队伍到达新郎家大门口时，被抹成花脸的新郎父母戴着喜庆的花帽和看客早已候在院口。新娘和新郎在鞭炮轰鸣声中慢步经过院落，在亲人搀扶下步入堂屋，这时象征五谷丰登的“五谷粮”雪片似的纷纷撒落在新娘和新郎头上。屋外顿时鼓乐喧天，节日般的热闹与狂欢气氛达到顶峰。新娘新郎进屋后在亲朋的见证下，由长者主持，在老祖宗面前举行祭拜天地仪式。之后新娘和新郎双双步入灯火通明的洞房，那象征天长地久的洞房花烛是彻夜通明不能熄灭的。接着新娘和新郎开始吃新婚饺子，新娘在婆家的第一顿饭不能吃婆家水，这煮饺子用的水是由挑盒人从娘家的水缸里特意汲来的“娘娘水”。在吃饺子时，新郎还要吃新娘故意咬剩下的半截饺子以示亲密无间。

全部程序走完后，首先请送女的娘家人步入宴席，在宴席上男方家要给每位送女的孩子送上一个封子（红包），并给带箱桌钥匙的新娘弟弟送上特大封子。娘家人今日是东家最尊贵的客人，其他客人只有等娘家客人款待完毕，方能步入宴席。

开宴时，总管总是不停地扯着嗓门儿高声吆喝客人入席就座，指挥勤杂人员忙碌穿梭。“端小盘的，上馍！”“掌油盘的，

上菜！”有呼必有应，那被呼者则不停高声“到”“到”地应声，呼应声此起彼伏，在席间激起阵阵狂烈的热浪。总管不但要具有镇定的指挥才能，还要有临场应变的机智，既要替代东家招呼好来客，又要顾全大局不使狂热的局势失控。我曾目睹过总管灵活机智的一瞬。有一次宴席正酣，总管忽然得知司厨的饭菜续不上来，心知肚明的他怕引起席间骚动，仍镇定自若照例高呼着“上馍，上菜”，端盘的依然应声如旧，但馍菜却迟迟不来，终于耐不住性子的客人自动散席而不知其中的尴尬。但也有总管对东家心怀

不满而让东家丢脸的例子。据说同样是席间发生饭菜后续不上的状况，总管呼曰："东家无菜，大家好自为之吧！"遂引起群体自行前去抓抢饭菜的失控局面，使东家颜面扫地。.

新婚的晚上山乡人有个"闹房"的习俗，那是一帮年轻人在洞房戏耍新娘和新郎的闹剧，其原来的目的是让两位素不相识的异性尽快消除陌生感。我少年时曾和伙伴们好奇地窥视过那闹房的一幕：一群年轻人将新郎和新娘拉扯在一起，将一粒黄豆从新娘的衣领处丢进内衣里，让新郎将手伸进新娘的内衣摸寻；为首者引要新娘和新郎跟着他轮流念诵着低俗的歌谣，什么"新媳妇新里新被窝，去年想嫁郎不说；新媳妇新里新被套，去年想嫁郎不要""新媳妇新新媳妇新，新媳妇奶子有半斤"……这闹剧一直延续到深夜人们筋疲力尽方散。之后还有好事者潜伏在新房屋前"听墙根儿"，以猎奇新房内动静作为茶余饭后的笑资。

婚后第三天是娘家人"做三天"的日子，这天，新娘的母亲及姨娘辈等在婚日不能送女出闺的人济济一堂，带着礼物和事先包好的饺子来到闺女家，新郎及其家人隆重设宴接待，两亲家相聚，其乐融融地庆祝儿女婚事的圆满完成。

随着时代的发展、人民经济的富裕，山乡的婚俗也在与时俱进着，后来人们在结婚前增加了"看家"（女到男方家）、"倒盅"（聚亲喝酒）等程序，而且礼金也由原来的几十元增加到几百、几千、几万甚至十几万。更使男方难堪的是，如今山乡的女子都把眼光投向城市，增加了县城有住房的霸王条款。那原来结婚时用的花轿（租用不起花轿的穷苦人也有骑骡马或步行的）也改成了豪车，于是山乡里又流传出"要个女娃百货楼，要个男娃夜夜愁"的说法。然而，万变不离其宗，老祖宗传下来古老的婚俗仿佛成了一条亘古不变的定律，至今依然在山乡流传沿袭着。

嫁 女

晨之风 | 文

女孩是长在地里的玉米，十四五岁开始胀苞，十七八岁初具模样，过了20岁的坎儿，就黄澄澄的鼓着眼熟透了。

女孩出落成了水灵灵的大姑娘时，做爹娘的最发愁的时候也到了，因为他们心里虽然不想但是又不得不给女儿找个婆家。

闺女大了要嫁人，这个理儿就像豆荚熟了要炸、蒲公英熟了要飞一样，或者说像秋后开镰，晚了，便黄烂在地里。谁家闺女若是到了婚嫁年龄还养在家里没人提媒，那可是做爹娘的最没面子的事儿；谁家闺女若是提媒的挤破了门，彩礼高得令人咂舌，做爹娘的脸上才分外有光彩，因此小村人“有女初长成”就意味着要面临一场竞争。

陈州地的小村人思想还不够浪漫，给女儿找对象仍停留在“三合适”（长相合适、钱财合适、背景合适）上。一个男孩到了结婚年龄只要“三合适”到位，女方托人提媒的也是挤破门。女孩找对象往往以貌取人，追求一见钟情的效果。男方的长相只要看着顺溜，谈吐再不俗，一般都能成就婚事。

时代变了，一些女孩眼光受港台影星的影响，脑筋换得快，择偶标准里也隐隐约约夹进了什么“性感”“阳刚”的词儿。做爹娘的当然与女儿“择婿”观点不太一样，找漂亮的女婿当然好，而他们看重的还不是这个，他们希望他们未来的女婿孝顺懂事，能有慈眉善目的长相更好。

陈州人爱说人长相好又不能当饭吃，过日子才是细水长流的事儿，因此选择女婿的标准里“德”是始终放在第一位的。女孩找婆家的难度要比男孩找媳妇的难度大得多，“嫁鸡随鸡，嫁狗随狗”，好像女人

【作者简介】

晨之风，本名李涛，河南淮阳人。中学教师。河南省作协会员，淮阳县作协秘书长。出版有散文集《从小村上路》《情漫陈州》《我在旅途读风景》等。

的命运总攥在男人手里。“种不好庄稼一季子，找不好搭档一辈子”，所以选准心中的如意郎君是每一个女孩都分外看重的事情。

做爹娘的给闺女找婆家更多的是侧重于“门当户对”，他们不希望闺女的婆家离娘家远，三五里地正合适，有点事儿好招之即来，更主要的是找个离娘家近的婆家方便闺女回娘家，还是为闺女考虑，说到底是千刀割不断的亲情在作怪。符合上述条件的亲事当爹娘的会很爽快地答应，然后选个黄道吉日把亲事定下来，这样女儿和未来女婿的来往才走上合法化。

现代做爹娘的思想都较过去开放得多，所以女儿选准自己的意中人后提前以身相许的事儿时有发生。做爹娘的不再像以前那样羞得无地自容，私下认为反正是人家的地儿，无非是提前撒了种子。只要结婚前女儿的肚子没明显凸起，做爹娘的就不去干涉女儿，保持睁一只眼闭一只眼的状态。即使女儿的肚子有了内容，提前把女儿嫁了不就完了。所以做爹娘的一旦女儿定了亲就不再约束女儿在男方家过夜，女儿和男朋友有点打情骂俏的举止爹娘也理解，毕竟不是过去的那些个禁锢年代了。

“女儿出嫁，忙坏爹娘。”当爹的忙在各种礼仪上，先扒出老皇历，选好黄道吉日，“看好”“换帖”，目的是图个来日双方家庭的平安。当娘的一个月前就开始做嫁被，里里外外要都是新的，棉被越厚越好，这一点小村人有条件，地里多的是棉花，棉被越厚预示着女儿将来的日子越暄乎。棉被一下子要套九床，也是讨个吉利。于是在农家小院里展开了套被大赛，五颜六色的被缎铺满一地，婶子大娘们飞舞巧手各显神通。众邻居和亲戚都要给女儿“添箱”（陈州方言，即置嫁妆），这里面也有讲究，姑姨添被面毯子，舅添脸盆照镜，婶子大娘添枕头梳妆用品。

年轻人追求流行时尚，嫁衣是不让爹娘置的，原因很简单，爹娘的眼光太落后，跟不上时代，当爹娘的只会给女儿置些中用不中看的嫁衣。不如自己拿着礼钱到大街上尽情挑选时髦的衣服，这时的女儿今非昔比，不再给家里俭省，花起家里的钱出手分外大方。做爹娘的大喊“女儿嫁人，翻脸不认亲爹娘”，而做爹娘的这时都会满足女儿的愿望，这毕竟是女儿的终身大事，大有孤注一掷的味儿。

女儿出嫁的头天晚上，爹娘会坐在女儿面前给女儿上最后一堂“政治课”，交代女儿到了婆家怎样做人：一要孝顺公婆；二要体贴丈夫，不能像在家里那样任性撒娇……千叮咛万嘱咐，唯恐有所疏忽。第二天男家的迎亲队伍一到，这边可忙坏了女家，当娘的和婶子大娘们忙着给女儿打扮梳洗，叔伯们忙着把嫁妆填柜，搬出来装到婆家的车辆上，当爹的心里很不是滋味，在女儿面前走来走去，真舍不得女儿离去，就像一件心爱之物已答应送人可到了眼前又舍不得出手一样，总感觉自己辛辛苦苦种出的庄稼别人不该收割。

在陈州地，女儿的嫁妆除衣物、被褥、家具、电器外，还有一种必备的很有地方特色的饭食嫁妆——“随身饭”。由于这种饭需事先由娘家备好，女儿出嫁的当天，随迎娶的花轿或汽车带到婆家，故而才有了这个名称。“随身饭”的品种有肉、菜、馍、面条和饺子等。称呼每种饭菜时，人们习惯在前面加上“随身”二字。若是随身饺，饺子的数量也有讲究，它要由女儿出嫁时的年龄来决定，有的地方饺子的数量和女儿的年龄相等，有的地方要比年龄多一个，图的是吉利有余。父母为女儿捏饺子的目的，据说是为了捏住亲家的嘴，怕女儿到了婆家，亲家絮絮叨叨使女儿受气。

终于熬到女儿出嫁那一刻，大门外迎亲的唢呐吹得震天响，迎亲的人个个满面春风喜气洋洋，看热闹的乡亲也陪着高兴，可娘家人高兴不起来，一脸的沉重。女儿要成为人家的人了，这边少了一口那边多了一口，双方心思不同。可又箭在弦上不得不发，女儿终究坐在了迎亲的轿车上，当娘的这时会抱着女儿一通大哭，“执手相看泪眼”，这叫“哭嫁”，旧时代的产物，是让别人看的，其实女儿的心早已飞进了新郎的怀抱。迎亲的队伍早已不耐烦，但还是要耐着性子等娘家人的“伤离别”。终于熬到娘家人发亲，迎亲的队伍早已迫不及待，一路吹吹打打招摇而去。

留下来的是做爹娘的无尽的失落，失落归失落，但却如释重负，因为他们知道闺女迟早要走这一步，更何况闺女找到了一个体面的婆家。做爹娘的在慢慢享用婆家人礼品的同时，又开始考虑下面的事情，何时给女儿送满月，要准备哪些礼物给外甥。

白事

晨之风 | 文

陈州人称丧事为“白事”。

小村在陈州地，有属于自己地域的风俗特色，白事更是有着自己的地域味道。

在小村，如果有人去世，当天夜里就会有死者的亲属大哭着去村外十字路口烧纸，意为送魂，送魂时死者家属由长子牵一匹纸扎的马，是为了让死者的魂灵当坐骑。还有纸扎的狗，为了魂灵在路上安全。由出了门的闺女掂一只白毛老公鸡，杀死煺毛，把血涂在鸡背上，大概是图个吉利。送魂去的路上亲属不能哭，以免干扰魂灵上路。在十字路口烧纸时要祈祷，祝愿魂灵一路走好的话多说，纸完烧亲属方可放声大哭。

天亮后要做的事就是孝子（死者的直系亲属）戴着孝帽子到全村人和所有亲戚家里报丧，要有一个长者或者执事人领着，见人先叩头。然后由执事人说明原委，有句话叫作“死者的亲属见人降三辈”，当然也不是见人就磕，一般来说是见了长辈叩。死者长子去姥姥家报丧时，进村后见人就叩头。到舅家后，由一长者领着，去给长辈们逐家叩头。那长者看到有人报丧时，就赶快回家坐在正房内等着。到舅家报丧后，舅家随后就会来死者家回礼，报上要来参加丧事的人（娘家一般要来很多人）以及是否请响器。

到了第三天头上，死者家属就要搭上灵棚，在供桌上供上灵牌，执事人员开始执事。文书开始订好前来吊唁的礼单，作为礼尚往来的依据。死者家属买来灵棚物件，陈州地叫作“罩子”，即纸扎的一些供死者灵魂享用的东西。这些东西要看死者亲人的财力而定，想讲排场

【作者简介】

晨之风，本名李涛，河南淮阳人。中学教师。河南省作协会员，淮阳县作协秘书长。出版有散文集《从小村上路》《情漫陈州》《我在旅途读风景》等。

没有边际。小村里有做大官的母亲去世，买的那些东西是人间有的全都有了。什么收音机、小轿车、电脑，甚至还有一处四合院，着实让小村人大开眼界，可过后小村人并不赞同这种铺张浪费的做法，普遍地认可薄葬厚养。街坊四邻这天都要来帮忙，帮忙人的多少视死者的人缘而定，往往能从前来吊唁的人的多少判断出死者的价值。四邻的人干的都是力气活，找响器班子的、搭灵棚的、抬架子的，还有帮忙接待客人的。反正稍有亲族关系的人全会到场帮忙。

小村葬人仪式最为隆重的体现是在葬人的当天。死者的面子和孝子的面子全在埋葬当天的行礼上，行礼的人越多越好，行礼的难度越大越好。行礼在小村里是一门学问，这门学问从周公时期到现在流传了几千年，基本上变化不大。很多人看白事，就是看行礼。小村人的长辈曾经长久保存着油印的关于行礼的书，有用于姑侄关系的“九百礼”，有用于子女给父母大丧行的“二十四拜”（陈州地的一种丧事祭拜大礼），竟然还有叫“郭子仪带子上朝”的礼节，好像视吊唁者与死者关系而定。这些颇为烦琐的礼节是怎么形成的，好像也没什么人关心了，但在现代文明的今天，小村人竟然如此完整地继承着，真让人惊诧。

吊唁者行礼时，孝子们则要跪在灵棚两边大放悲声，这大概是一种渲染，目的是极力烘托悲哀的气氛。在灵棚前面，放一个小方桌。上面陈列上先祖和亡者的灵位，放上些祭品之类。小桌两边跪着两个孙辈或晚辈的小孩，叫作“跪盅”。专等行礼的人转过来时上首递过来一杯酒，等行礼的人把酒倒在桌下的“老盆”（一个锥满眼子的瓦盆）里，由下首的接过。那些备了“合子”（一块肉、几张火纸、一条白布或黑布帐子）的人，来了就要行礼。在灵棚下的桌子南面放有席子，席子南面还有一张小桌，上面放些“刀头”（带肋骨的猪肉），再南面还有张席子。行礼的人（或一人带领一个乃至更多的人，或只是一个人）就由最南面的席子开始，向右向前向左原位这样子循环着磕头。一个司仪（多为德高望重的长者）就站在右边，喊些号令或指点别人行礼。礼行完了要大哭，有没有泪都要哭出声响来，司仪赶紧去搀行礼的，行礼的擦干泪紧接着要去串灵，相当于向遗体告别，从灵前回到灵堂里还要行一个礼，这时司仪再大喊一声“顶堂谢，孝子谢”，发下孝帽后，就领着行礼的人去外边桌前坐下歇息。

孝子们此时仍分跪灵棚两旁，垂首低泣，鼻涕能流出好长。而女眷们就在内堂里号啕大哭，尽可能哭出些韵味来，小村里的女人似乎天生就能哭出十几种花样，甚至能来几次昏厥。客人行完礼，由死者长子孝子带头和弟侄辈儿边哭边行“二十四拜”大礼，算是对遗体做最后的告别。礼毕，内堂会钉上棺材，然后起灵。

最惨绝的是那些抛老撇小的中青年逝者的白事。下葬的当儿，伴着呜咽哀绝的响器声，年幼的孩子痛哭流涕，声声唤“爹”，可爹再也回不到他们身边了；而妻子则碰头扯发，打滚跺脚，哑着嗓子哭着哭着便昏厥过去了。在哀绝的响器声里，众乡亲也早已涕泪涟涟了！

起灵之时，最为悲凄。小村人会前来观看，整个院子都会响起惊天动地的哭声。响器班子也群起大作，鞭炮炸响在空中，一副悲惨至极的场景出现了。陈州地的规矩，棺材启动后不能落地，只能落到坟地，否则大不祥。死者长子起灵后要“摔老盆”，摔罢老盆宣告启程，长子扛柳木幡子倒行而哭，其他亲属视与死者的亲疏、悲的程度不一。去坟地还有讲究，在去的路上，见十字路口就要行路礼。如果是新坟(不是和祖宗在一起的)，就要先看好风水。去埋时，一路上所有参加丧事的人，都要跑着去，叫作“抢风水”。难的就是抬棺材的人，有时会压倒人，不过这很少见，都有辅助抬棺的人。到了坟地抬着棺材还要围墓坑正转三圈倒转三圈。到墓地后下葬时哭声更是震天，这是小村人感情的最后倾泻。坟头垒起，白事才算告一段落。从坟地回去的时候，所有的人都不能原路返回，要找和来时不一样的路才行。但不能为了抄近路，走别人家的地，必须走大路。葬罢逝者，以后还有“头七”“二七”“三七”“四七”“五七”，“一周年”“二周年”“三周年”，“三周年”过后才宣告白事正式结束。

这种烦琐的白事礼节尽管在近些年的一些地方越来越简化，但在小村还有一定的市场，小村人用这种朴素的方式表达着自己的大悲，寄托着自己的哀思。

豫西山乡的丧俗

刘树生 | 文

丧葬是每个人一生都要经历的大事，有着忠孝传统的豫西山乡人历来对此都非常重视，并有着一系列不成文的俗定。

老人在临终前要穿上儿女们给其缝制的丝绸寿衣。寿衣有三件、五件和七件之分（件数以上衣为准）。一般认为，寿衣的多少标志着儿女们的家庭经济状况或对老人的孝心。给老人穿寿衣要选择在老人临终前但神志依然清醒时，以使其在生前知晓自己穿了称心的新衣而安然离去。在穿寿衣时，儿女们要先站在笸箩里试穿（父亲的寿衣由儿子试，母亲的寿衣由女儿试）。

人死了埋葬要用棺材，棺材有柏木、楸木、桐木及杂木之分，过去山乡人有“柏木是瓦房，桐木是草房”之说。买不起柏木棺材的有用楸木替代的，而连桐木也买不起的穷困家庭才以杂木充之。

老人死后儿女们要在堂屋正中支起停尸的草铺（木板上铺上茅草），之后到院外焚烧送别的“开路纸”，同时要给死者扎制由马童牵领的纸人纸马，引领亡灵上路。按照惯例，死者要在堂屋里置放三天方能安葬。这三天是亲朋的吊唁日，儿女们要穿着孝服日夜跪坐在灵前，是谓“守灵”。据说，三天守灵是为回报母亲生儿女时裸体坐草床三日的养育之恩。

在守灵的三天里，堂前要保持灯火通明，还把死者作为家庭的一个成员，每顿吃饭时，都要象征性地往放置在死者身旁的食品罐里添饭。对上门吊唁的亲朋，无论长幼孝子都要跪行叩头礼。前来吊唁的人来到堂前都要进行程序性的叩头哭别，孝子则要伺候在灵前与每位吊唁者陪叩陪哭。死者的安葬地还要由风水先生根据其生辰八字，选定吉利的山

【作者简介】
刘树生，河南卢氏人。1967毕业于郑州大学外语系，退休教师，三门峡市诗词门楹协会理事，三门峡市作协会员。

势坐向在吉日吉时下葬。人们认为死者安葬地的风水直接影响着后代的人丁和财运的兴衰。

到第三天安葬时，方将棺材运至灵前成殓，成殓时儿女们总把死者生前最心爱的物品与其衣物一起填入棺内随葬。有的人还将银元元宝之类的家传宝物秘密缝在寿衣的衣角里，以示对亲人的告慰和缅怀。在盖棺封钉时，儿女们围趴在棺木上哭诉着并连呼"躲钉"，以提醒亲人躲避锋钉的伤害。

在出殡时，当灵柩移出屋门，有人便立即将草铺踢倒，并将茅草收集运到屋外焚烧。孝子和送葬的人群簇拥着灵柩号啕大哭着送出院门，这是丧葬中最为肝肠寸断的悲凄场面。送葬路上，孝子们有的"提盆"（供坟上烧纸香用），有的"打幡"。这提盆的人便是死者家产的继承人，因此，在有的丧葬中，因争夺提盆而闹得不可开交。为防孝子悲泣过度引起不测，孝子总由亲属搀扶着行走，其他送葬的人则手执"哭棍"（缠着白纸条的竹子或桐木）随后跟进。

下葬时要把食品罐和一盏老油灯放在棺木一头随同埋葬。埋葬后亲人们做最后一次哭别后，将哭棍插在坟上方才离去。晚上，孝子从家到坟的路上依次点燃数堆篝火，目的是将死者的鬼魂引回家中祭祀。

三天后，孝子们第一次到坟上添土哀祭亡灵。

接着还有五个祭祀日，即每隔七天一个祭日，分别是"头七""二七""三七""四七"和"五七"，一直持续到第五个祭日；之后还有"百日""一周年""二周年"和"三周年"等一连串多数只有亲属参加的祭祀日。在这些祭日里五七和百日较隆重。三周年表示祭日届满，该祭日是"白事"（丧事）转为"红事"（喜事）的标志，孝子的门联才可由原来的三年守孝期内只能贴黄色或绿色改为标志喜庆的朱红色。

三周年祭日是最隆重的，在此之前，儿子请面食匠人做大量种类繁多的供品，请纸扎匠人扎制象征给死者的楼房和花树。女儿则要献上象征富裕的"金山""银山"和象征丰收的"金斗""银斗"，并蒸制巨大的花式"窝窝"空心馍，祭日里用箩筐挑着招摇过市地前来供奉，俗称"拜祭"。

在三周年祭日前一晚，孝子们要身着孝服，在乐队伴引下到坟上焚烧纸香将亡灵接回家中，俗称"接牌位"。祭日当天，孝子在院子里张开供奉祭祀的大棚，儿子请人扎制的楼房和花树摆在棚屋正中居上，中间是孝子的面食和肉食供品，女儿和同辈亲属的祭品候在两厢。开祭时，在哀乐的奏鸣下，主持人按照程序依次宣读祭祀人的名单，拜祭者则逐一到堂前焚香献供，并挥泪洒酒祭奠。哭诉声连成一片，场面悲戚动人。

祭拜完毕后，儿女们带上供品到坟上焚烧纸香，与死者做最后一次哭别，之后，孝子们便可脱下孝服孝帽，回家摆酒设宴，宣告孝子的三年守孝期结束。

改革开放以来，随着人们生活的改善，丧葬的规模也逐年提高，原来给死者备马的现在改成了轿车，原来给死者做楼房的现在改成了四合院，并加配了电视机、电冰箱、电脑等现今人们日常生活中用的新式家用电器。然而从老祖宗那里传承下来的固有丧葬习俗仍没有本质的改变，至今还在延续着。

摆　供

张相荣丨文

村庄从远古走来，举手投足间带着祖先的烙印，言传身教中延续着文化的脉络。在细节处会带着原始的、庄重的、温和的、神秘的气息，以自己的方式茁壮生长，繁荣昌盛。用一句方言或一种仪式记录着乡村人一辈又一辈的成长印迹和血脉相连。

比如，摆供。

摆供是祭祀时的一种以物质呈现的形式，用瓜果或者肉食作为供品供飨神灵和往生的先人。佛家的供品大多是水果素食，而俗家百姓摆出的则是豆腐、大肉等。家里老人的祭日、大的纪念活动或者中秋节、春节等传统节日都要摆供。或许，各家敬上的供品不同，但是，表达的是毋庸置疑的敬意和怀念。

过年摆供可是件隆重的事情。

在豫东北，每年的除夕，家里的年货都置办齐全了。一早起来，家里的女人们的头件大事就是准备供品。几代同堂的人家里，准备供品通常是婆婆的事。大清早，将家里收拾停当，就开始洗碗、刷筷子准备摆供。将埋在沙土里保鲜的菠菜扒出几棵，择洗干净，烫成服服帖帖的样子；用红曲染一绺烫好的粉条，当供顶；家里富裕的挑两块刚烧好的造型方正、厚实的大肉方，新炸的丸子、酥肉，自家磨的豆腐，分别放在五个大碗里，上面搭上几根碧绿的菠菜、几根染得红艳艳的粉条，插上筷子。条件稍差的，少摆一方肉，添上精心剥好的白菜头，摆够五碗菜，谁家先人们都不会给自家的孩子争吃争喝的。五个大花馍馍是两天前蒸好的。不是说吗，“二十八，把面发”，发好一大盆面要先把摆供用的花馍馍做出来，比一般的馒头要大出很多，上面带上花馍顶——

【作者简介】

张相荣，河南濮阳人。幼儿教师，濮阳市作协会员。爱好散文、诗歌，作品散见于《青海湖》《演讲与口才》等报刊。爱书、嗜茶、倾情文字。今生愿将所有的快乐抑或忧伤开成花朵，怒放在清幽的墨池、纸间，于掌心、笔尖且行且歌，笔记心绪，耕种花田。

面塑的花朵，中间按上一颗又大又饱满的红枣。祭祀祖先的五碗菜，大致都是各家最好的菜品。对自己的先人谁都是诚心诚意不敢欺瞒的，是一份虔诚的敬意。

我奶奶年纪太大啦，准备供品这样重要的事就由我母亲操办。按规矩，到“主”（主，就是悬挂族谱的地方）上上供磕头，一般都是长门的事。我父亲行三，偏偏我妈说，一年摆不上几回供，有啥该不该的，咱摆了就是咱的心意。所以我妈总是以虔诚的态度准备供品。小时候我最喜欢帮妈妈盘花糕、揉馒头，可是，这五个大供飨馍，妈妈是不会让我上手的。敬天敬地敬先人用的供飨馍哪能让小孩子以玩面的心态来做呀。我妈说，做馍馍的心意要恭敬，馍馍的大小要匀称、模样要周正，还要做出五种不重样的花馍顶。摆好的五大碗供品放在托盘上，先供飨天，祈祷风调雨顺，来年家和人平安；再供飨地，祈祷五谷丰登，六畜兴旺。然后，将五碗供品妥妥当当地放在柳条编的大篮子里，当家的男人就提了篮子，拿上一挂响鞭、三炷燃好的香、几提开好的五色纸、一刀黄表纸，到祖坟上烧纸焚香祭拜，嘴里默默念叨：爷啊、奶啊、爹啊……走，回家过年啊……一个头磕下去，请故去的长辈们回家团圆，阴阳两隔的亲人们此时离得最近。然后，点燃鞭炮，在噼里啪啦的炸响声中，就领着亲人们往家走。手持燃香，带着供品，一路念叨将请回的亲人安置在祠堂。路上见了村人，可别招呼，别惊扰了先人的魂灵。各家请各家的先人，有照片的就将照片放在供桌上，没有照片，就摆牌位。按辈分摆放，一点也不能错。墙上悬挂的族谱自上而下一辈一辈清清楚楚地记录着一个家族的前世今生。族里年纪大的长辈们早已恭候于此，续香，议事，唠家常，亲情如氤氲四散的烟雾，袅袅不断。

族谱下面的供桌上，摆放着的都是各家长门的供品。五个大碗有装在篮子里的，有摆在托盘上的，有的干脆用盛饺子用的锅拍子（用蜀黍秆做成）端过来，也有的用专门摆供的供盒盛装供品。那供盒木头制作，造型古朴简单，有的是长方形，有的则是椭圆形，油光光、乌亮亮，雕花精致，包浆厚重，透着一股历经沧桑的年代感。这样的供盒，一般都是早年间的殷实人家才会有。

拜过先人之后各家的供品都要带回家，只有族里辈分最长者提供的供品才能在族谱前摆放到正月十七。过完正月十五，年味渐淡，天气趋暖。大肉啦、丸子啦都干瘪得不成样子；供飨馍馍干得四分五裂，霉斑朵朵，再摆下去，该是对先人的不敬啦。正月十七是送魂的日子。于是，各家重新摆供，磕头祭拜，燃香烧纸，引领自己的先人的魂灵回归墓地。一大早，乡间路上会有不少执香提供匆匆前往墓地的人，同样是互不招呼，各自嘴里念念有词，寄希望于先人，祈祷来年一顺百顺，多么朴素而温暖的愿望。

三炷香插在坟头，带着这种流淌在血液里的对天地祖宗的敬畏，一年又一年，供飨、香火不断，家族生生不息！

响器声声

晨之风丨文

中原人称唢呐为“响器”，小村的响器没有笛子的婉转悠扬，没有二胡的如泣如诉，更缺少箫的深切低回。它吹起来的时候没有遮拦。时而清脆，时而高亢，时而悠扬，时而粗犷。小村人的几多悲欢就在这响器眼里汩汩而出，响器就这样演绎着小村的世态人情。

小村人婚丧嫁娶离不开响器，日子再紧巴，也要请班响器。孩子落地儿要请班响器助兴，娶新嫁女绝对少不了响器，老人入土也要借助响器来送行。抑扬顿挫悲悲欢欢的响器经常在小村人心底回响，一声声百折悠长的响器伴着小村人走过春夏秋冬。

农事完了，小村人闲了，趁这段时间，不是张家嫁女，就是李家娶媳。小村人称娶媳妇为“红事”，在红事上小村人不喜欢播放响器磁带，因为听着不够劲儿，不够振奋人心。只有锣鼓真家伙儿敲起来，沸反盈天，那才像回事儿。

娶媳妇前主家要精心挑选最好的吹手，先交好定金，到了娶亲的头一天，新郎要亲自去请，并且对着吹手三鞠躬，以示吹手地位之高。主家把吹响器的人待若上宾，好烟好茶好酒好菜好生款待。主家往往爱在响器上摆阔，有钱又有势的，红事要请三四班子响器，以示排场。

红事的当儿，响器头天晚上就摆场，先是一阵紧锣密鼓，响器手正式亮相，接着不同的曲调轮番登场，单吹，对吹，混吹，合吹。现在富了，庄稼人心里高兴，响器手就吹《在希望的田野上》《春天的故事》《走进新时代》，很有陈州地方特色的《老包下陈州》，响器手们百吹不厌，围观的村人更是百听不厌，不时传出一阵阵叫好声，

【作者简介】

晨之风，本名李涛，河南淮阳人。中学教师。河南省作协会员，淮阳县作协秘书长。出版有散文集《从小村上路》《情漫陈州》《我在旅途读风景》等。

有叫好声推波助澜，响器手显得更是激情昂扬。响器声震天响的同时，喝喜酒同步进行。有响器助兴，酒下得分外快。直吹得喝喜酒的一步三摇心满意足地归去，主家脸上才倍显光彩。

到新娘家迎亲更是响器手大显身手的时候，打扮一新的响器手响器上缠上了红绸，踌躇满志，走在迎亲的路上吹，路过村庄时吹得更是起劲儿，有故意炫耀的嫌疑，因为这会影响到日后响器手的生意，响器手是很注意社会效应的。同行是冤家，响器行当里也有这样的规矩。两班迎亲的队伍若是相逢在路上，那就意味着响器手双方免不了一场苦战，双方互不相让，充满杀机，犹如两军对垒，拉好阵势比赛吹响器，这也是小村人大开眼界、大饱耳福的时候，交战双方使尽浑身解数，围观的人会用掌声给双方打分。

新郎新娘拜天地时吹手的表现更是不俗，古为今用，《天仙配》名段《夫妻双双把家还》是不可少的，也有现代派的《纤夫的爱》《大花轿》《爱你一万年》《知心爱人》等，当然更少不了民歌里的情歌。充满着柔情蜜意的情歌都会被响器吹奏出来，亲朋们立定在周围，听得如痴如醉，不住鼓掌欢呼。碰上娶亲的主家相邻，那又是响器手对台较量的时候，响器手铆足了劲儿吹，听得人心里舒舒服服十二分的满意，可怜有时吹响器的师傅要付出嘴都肿起来的代价。

在小村，婚嫁和丧葬是人生中的大喜和大悲。婚嫁，有响器助兴，欢快的曲调会将人生大喜推向极致；丧葬，请响器致哀，呜呜咽咽如泣似诉的哀声会熨平人们心中痛苦的褶皱。

办白事时，响器手把前来悼念、送别的亲友吹得泪如雨下，不悲也悲，响器声、哭声混成一团，整个村落刹那间都笼罩在一片悲哀中。奠祭之后，管事儿先生读祭文。读罢祭文，管事儿先生大喊一声“哭”，于是响器一响，悲声大放，孝男孝女边转纸边哭得死去活来。那声声响器凄绝哀怨，遥远而又近在耳畔，似呜咽，似哭泣，像锯子在锯拉着人们的肝，像刀子在割扎着人们的肺，像爪子在揪挠着人们的心，把悲哀的氛围烘托到了极点。

旧社会的响器手属“下九流”，响器手行业里儿女成媒都很难，按祖上规矩，响器手成媒只能在“下九流”里找，似乎响器手永远被打上了“下九流”的烙印。响器手百年后不得入祖坟，以免祖先脸上无光。陈州地周家口一带有个叫“胡瞎子”，是有名的响器手，他代表了旧社会响器手的命运。听村里老一辈的人说，胡瞎子命运凄苦，3岁就成了孤儿，在缺吃少穿的年月里，村里最早的鳏夫猫瞎子主动收留了他，猫瞎子无儿无女，吹得一手好响器。于是，在生存困难的日子，老鳏夫就领着小孤儿四处流浪，靠为方圆几十里村子连连绵绵的婚丧事吹响器勉强度日，虽然没文化的他读不懂曲谱，识不得曲牌，但响器却吹得熟练自如。胡瞎子学会了吹响器，吹响器也因此成了他谋生的手段。解放后胡瞎子焕发了青春，成了陈州地一名吃商品粮的响器手，彻底告别了遭人歧视的日子。

如今响器手的地位已是今非昔比，吹响器成了受人尊重羡慕的行业，出门到哪里，不但有好酒好菜款待，走时还有不菲的辛苦费，不出门时还可以干农活，两不耽误。

和其他民间文艺一样，随着现代娱乐形式的兴起，吹响器这门古老的手艺显得有点力不从心，响器手也越来越少；但由黄土地哺育出的小村响器却是一笔民族的文化遗产，它会永远扎根在小村人的心底。

常来常往是亲戚

孙晓磊｜文

随着春节临近，春运开始了，汹涌的人潮爆满了车厢，大包小包、拖儿带女的人们挤满了站台，浓烈的气氛，坚定的步伐，回家的幸福洋溢在人们脸上。真羡慕他们！可以回家。回家过个春节，给父母长辈拜个年，去邻里朋友家串个门，到许久不见的老亲旧眷家，走走亲戚，走他个十天半月，走到正月的十七八。

在豫南，有一个和湖北交界的城镇——唐河县城，是我的家乡。在我们唐河这个县城里，过年走亲戚的规矩是老老早早留下来的，有多长久我不知道，但应该比县城里的地标性建筑——那座宋朝建造、至今仍巍然矗立着的千年佛塔，还要老，还要久。

在我们唐河，春节里，除夕和初一这两天全家人聚在自己家里，除岁交子，辞旧迎新。到了正月初二开始分头走亲戚。长辈们说：这整个正月啊，都是过年，都可以走亲戚的，但走亲戚的规矩和礼数是不能变的。初二这天，去舅舅家拜年，走亲戚，就连年逾古稀的老人，也会在晚辈的陪同下，去看望他耄耋之年的舅父，带去过年的问候和割舍不断的情。初三是新媳妇回娘家的日子，这天，新人们打扮一新，带着礼物，抱着孩子，到岳父家拜年。接下来，姑妈、姨妈、表舅、堂姑……这些亲戚一家一家慢慢走，走到正月十五左右。

童年时我最喜爱、最热衷参与且乐此不疲的就是春节里持续时间最长的活动——走亲戚。坐着牛车、马车、拖拉机、自行车奔赴到四面八方的亲戚家，不管路途有多遥远，有多坑洼不平，不管天上飘雪花还是落雨滴，只要长辈们准备停当，我一准儿爬上自行车的前面，屁股一扭坐在横杠上，两只手紧紧地抓住车把，出发！我要去做小客（音同

【作者简介】

孙晓磊，河南唐河人。现供职于本县一建筑公司，后远赴浙江发展。工作之余，提笔抒写强烈的思乡之情，从一首《梦回故乡》开始，不少文章已先后见诸报端。

“开”）娃儿了，能不开心吗?

哦，不，“客娃儿”是统称，指的是男孩子，我是“小客妮儿”呢，穿着呢子碎花儿小棉袄儿，脚穿一双灯草绒棉靴，通身是红的颜色，崭新，喜庆！头上扎着粉丝带，蝴蝶一般，随着自行车在乡间小路上的颠簸，呼扇呼扇，像我的童心，那么欢喜雀跃。

有一年，当时我有六七岁，大年初二下雪啦，我一会儿望望漫天飞舞的雪花，一会儿跑进堂屋里找父亲。父亲和叔叔正在准备走我舅爷家的礼品。长方形的纸包里面是各色点心，这个纸包叫“馃子包”，包好后在上面放一张印有吉祥图案的大红色油蜡纸，然后用纸绳子，仔细地扎好，一包包地码起来。白糖一斤一斤分别用同样的馃子纸，即粗糙的牛皮纸包起来，包成屋脊形状。第三样礼品是猪的肋条肉，长长的一块，足足有七八斤重。这是去我舅爷家的礼品：两包馃子加两包白糖，再加上一份肋条肉，这是去一家的份额。父亲有三个舅舅，叔叔和我家的礼品总共有十二包馃子、十二包白糖和六块肋条肉，装满了两个大包。礼品准备齐全后，一定不能忘记带上一把粉条。粉条，就是自家厨房里做菜炖汤用的粉条，那长长的红薯粉条，轻轻地抓上一把就够了。可不要小看这一把不起眼儿的粉条，在我们唐河，走舅舅家，若是忘带粉条去，无论你其他礼品多丰盛，舅舅大人也会伤心难过，会发脾气的。长辈们说啊：不带粉条，就是要断了这门亲戚呀！细想想看，那长长的粉条，丝丝绕绕的，下到锅里都煮不断呢！带上粉条，就表明外甥和舅舅、外婆家的亲情像这粉条一样绵延不断，亲戚就像这粉条一样，要经常来往，不能断了联系。

在漫天飞舞的雪花中，我们向着二十多里外的我的舅爷家出发。和我们一起出门的还有我的哥哥，哥哥是男娃儿，长大后是要做当家人的，无论是舅爷还是舅舅家都是他最重要的亲戚，他要走一辈子呢。

穿行在乡间的羊肠小道上，走亲戚的人家一家又一家，连成了串，排起了队。风雪中，我看到了远处的村庄，看到了村口槐树下的老舅爷，他远远地叫着父亲的小名，迎接我们进了村。家里已准备好了，干净的堂屋里，八仙桌上有孩子们喜欢吃的瓜子糖果，厨房里飘出香喷喷的肉味。父亲那些许久没有谋面的老表们，都来和客人拍话儿（聊天），从老舅爷的身体、孩子们的学习，聊到各家的庄稼收成，再从圈养的猪、耕地的牛，聊到满地跑的鸡、鸭、鹅，聊聊今年，打算着明年。走亲戚的时间过得真快啊，吃过中午饭，拍话儿拍到一两点钟，我恋恋不舍地跟着父亲和叔叔离开。临走时，老舅爷会放包馃子让我们带回去，父亲本不肯，无奈拗不过。老舅爷说，这是规矩，给孩子们捎带个包。老舅爷和老舅奶站在村口，目送我们越走越远，小小的我，俯身在自行车把上，花棉袄的口袋里，装着老舅奶塞给我的压腰钱（压岁钱），崭新崭新的。

如今父亲已七十多岁，每年大年初二，他依旧风雨无阻地去看望他九十多岁的老舅，只是当年的壮汉已是花甲老人，自行车也不骑了，改乘汽车或出租，手里拎的馃子包也换成了当下时兴的牛奶等补品，只有那一把长长的粉条依旧还在。

时光远去，古佛塔下，穿花衣、走亲戚的小姑娘早已经长大，漂泊异乡，落地生根。她为人妻，为人母，每当她回娘家，在准备了大箱小箱的礼物之后，还特意嘱咐儿子：千里迢迢，我们这是去外婆和舅舅家走亲戚，一定要带上粉条，不能把亲情断了。

走亲戚的故事

张充波 | 文

20世纪70年代，豫西黄土塬上的乡村小路，对于一个十一二岁的少年来说，显得那么悠远、那么神秘。在蓝莹莹的天空的映衬下，大地显得更加浑厚和质朴。一个细长脖子顶着一颗硕大脑袋的黑瘦少年，肩挎土布兜走在去胡家塬姑家的土路上，那个黑瘦少年就是我。

“我娃多乖，你奶你妈就恁放心，让你一个人来这儿，走玉谷地，过火车道，多怕怕。”每次到姑家，姑婆都要摸着我的头，像是夸赞又像是埋怨。姑的婆婆，我叫她“奶”，小个儿，小脚儿，圆圆的脸，说话柔声柔气，脸上永远堆满笑容，善良、慈祥，一个人含辛茹苦把两个儿子一个女儿抚养大。姑父聪明要强，干过生产队保管、会计、队长，后来又当赤脚医生。

在我记忆中，第一次去胡家塬，是姑出嫁那天，我作为压轿娃，坐在铺着两层苇席的大马车上，紧挨着姑坐着。同车的还有两个送姑，一色的喜气洋洋。在阵阵的鞭炮声中，在长长的送亲队伍的簇拥下，我们一路颠簸，来到十八里外岘山脚下的一个小山村——胡家塬村。

那天我很不争气，不知何时流起了鼻血，滴在蓝斜纹布衫上。狗脸叔赶紧掏出粗布手巾，拧成疙瘩塞进我的鼻孔，鼻血还是止不住，急得我直掉眼泪。送亲队伍中的萍姑——我四奶的三女儿，微笑着哄我：“今天是个喜日子，可不能哭啊！”说着又跑到大路边捡来大拇指般的土块，夹在我的耳朵旁，鼻血竟然止住了。我一手捏住手巾，一手按住土块，就这样狼狈地到了姑家。

姑家的院落很大，但在几棵梨树、苹果树和椿树的掩映下，就显得狭小了。上院东面是一字排开的三眼土窑，是用土坯砌起来的“箍立

【作者简介】

张充波，河南灵宝人，毕业于河南农业大学。现供职于中国农业银行三门峡崤山支行。近年来致力于民俗文化写作，有多篇文章见诸报刊、网络。

窑”。姑婆住在北边那间，另外两间是姑父的本家叔住着。正对三眼窑洞的下院是两间瓦房，一间是姑的新房，一间是姑父的弟弟新坤住，当然还有麦囤、农具之类的。

新坤叔大我七岁，圆脸像母亲，低个儿，性情温和。我每次去姑家，都是和新坤叔睡在一个床上。

胡家塬村口有一个很大的泊池，四季都有水。泊池四周有几棵遮天蔽日的柿子树，使泊池显得阔大、幽静。洗衣服的、饮牛的、浇地的，三三两两的乡亲，或聚或散，或路过，点缀着这个幽静的小山村。

每次去姑家，过了这个大泊池，我的心情就有一丝丝的激动，就要见到姑了，还有慈祥的奶、憨厚的新坤叔、和善的姑父，以及两个聪明调皮的小表弟。

一个星期日，我又来到姑家，下午却下起大雨，夜里也没有住点，第二天一早还在下。星期一我要回村上学成了泡影。乡村土路，下雨后泥泞难走，每走一步胶泥粘在鞋底，一拽一拽，很艰难的，有时候能把鞋底拽烂。那时候穷，雨鞋很少穿，况且无论走沟背还是火车路，都要翻岭翻沟。大雨滂沱，可以说是寸步难行。

耽搁功课，老师要是批评我，怎么办？姑父见百般好言劝慰我也无济于事，就打发新坤叔去村子里其他人家给我找几本“娃娃书”看，也就是小人书。

新坤叔答应一声，就披上布包袱，卷起裤腿，踩着雨水，一蹦一跳出了大院，消失在厚重的雨雾中。我心里一阵欢喜，小人书是我的最爱，《红色娘子军》《白毛女》《鸡毛信》《两个小八路》，还有《艳阳天》《金光大道》，什么都行。

新坤叔是小饭时出去的，但我等啊等，半下午了，还不见新坤叔回来，我哼哼唧唧又哭开了。一直快到天黑，新坤叔才回来，立刻遭到姑父的痛斥，他低眉顺眼不吭声。原来同是贪玩少年的新坤叔，到了那个有小人书的人家，看到一群人在打扑克，就看上了瘾，竟忘了吃饭，忘了重任在肩。猛然想起为时已晚，拿了两本小人书跑回来了。

一见小人书，我不哭了。一边慢腾腾翻着小人书，一边听姑父训斥新坤叔。

新坤叔对我很好，记得夏天中午最热时，我和他钻在小房里午睡。等我醒来睁开眼，看见床头放着几个夏梨。原来是他跑到房后，爬到高高土墙上冒险为我摘的。

有一次，我在姑家看见一本少年儿童故事书，好像有逮蝈蝈的趣事。临走时，我没跟任何人说，悄悄把书带走了。

不知过了多长时间，奶来我家走亲戚，套我话，让我讲出拿书一事，我低头承认了。奶夸我是个“好娃子”，说：“那是你新坤叔借人家的，人家追着要呢。”

40年后的今天，当年坐在木轿里流鼻涕的表弟，已是家乡一个乡的乡长了，显得稳重、成熟、干练。而我的新坤叔，在2004年那个冬天，作为乡政府财政所的一名临时工，按照领导的指示，连夜冒雪到所包的村子，处理一起邻里纠纷，途中不幸被迎面而来的大货车撞翻在地，当场死亡。

忠于职守、老实厚道的新坤叔被追认为烈士。我是从当地报纸上得知他的事迹的。那天我心里非常难受，站在寒冬没有热度的太阳底下，被大街上的滚滚人流裹来挟去不知要走向哪里。

我在心底一遍遍呼唤着新坤叔的名字，愿他的在天之灵能听到我的祈祷和追思。

我的老干妈名字叫“石磙”

成 城 | 文

最近，办公室里同事之间一直在讨论一个话题：另一所兄弟学校的教务处处长的儿子今年满12岁，开锁，在他们当地最高档的酒楼大办开锁宴。这些在如今这年头，倒还真算不上个事儿，毕竟给12岁的孩子开锁，这是不知道从哪辈子开始就已经有的传统了，这也叫“继承传统”。就算在高档酒楼大办开锁宴，你也可以视作是在继承的基础上，对传统文化的“发扬光大”嘛。只是，让同事们津津乐道、感叹不已的是，开锁宴那天，赴宴的那些人物——那可个个都是大有来头的。据说，仅那天现场收到的开锁礼金就达数十万！

这位不忿儿了：人家儿子开个锁，为啥就能如此高大上？

那位幽幽道：人家儿子干爹是某某某，啥级别你该不会不知道吧？你儿子有这样的干爹？

这位愣了片刻后，依然不忿儿道：那，那，那他们这做派就不怕影响下一代？开锁，孩子才是主角啊！难不成，从小就让我们的孩子们学着“拼爹”？

另一厢便有人笑了：人家的儿子，你咸吃萝卜淡操心个啥？

办公室里热闹欢乐无比，我喜滋滋地听着，不觉便想起了我12岁开锁时候的事情，还有我的那位名字叫“石磙”的老干妈。

我的老干妈“石磙”不是哪个虎背熊腰的壮实女人，而的的确确就是个石磙——以往，在豫东的打麦场上经常能见到的，刚收割回来的焦熟的麦子摊放在打麦场上，牛儿在前边走，牛儿身后拉着的、在麦子上碾来滚去的、咕噜噜吱扭扭响个不停的，那个石磙。农家人也称“石碾

【作者简介】

成城，河南扶沟人。中学教师。

子”的，便是了。

“百度”上讲：石磙，又称“石碾子”。大青石制成，圆柱体，两头有磙眼儿，是我国劳动人民发明的一种脱粒农具。20世纪90年代以前，农场乡下打麦场上经常见到。

我是20世纪70年代生的农家孩子，自然是常见石磙的。那石磙虽说并非遍地都是，但在村子里转上一圈，冷不丁儿地，就在谁家的院外墙根儿处躺着一个。麦忙天的时候，几家人共用一个石磙，绰绰有余了。

我们豫东地处广袤的平原地带，当地自然是不产石头的，更何况是像石磙这种圆滚滚的大个头儿石料呢。印象中，并没有人告诉我，这些个东西是从哪儿来的，好像是几辈子之前，它们就已经在这村子里了，经历着一年又一年的麦收，有些石磙的磙眼儿已被打磨得光滑无比了。

我们那里的石磙大多是褐红色，极少有青石制成的。在我们整个村子里，青石磙只有一个，麦收季节过去，大多数的时间里，这个青石磙就被放在村西头老磨大伯家的牛棚子下面。它个头儿不大，同那些寻常见的腰身儿粗壮得像庄稼汉子似的褐红色石磙比起来，更像一个农家女子，腰身壮实但并不失女人应有的细柔。

俺娘说，这青石磙的年纪估计比俺爷爷的年纪都大，因为村子里有不少男子都是它的干儿子，有少的，也有老的。有的干儿子都已经过世好多年了。

俺娘说，凡是认这青石磙做了老干妈的，家里都比较穷。俺家当然也穷。

俺爹在他十二三岁时，先后没了爹娘，他基本上就是靠吃百家饭穿百家衣长大成人的。成人后，因为穷，一直娶不到媳妇。直到二十七八了——这在那时的农村，绝对算得上是大龄剩男了——终于遇上了俺娘。

俺娘在家是老大，底下有五六个弟弟妹妹，拿俺爹的话说，俺娘在出嫁之前，在娘家就像个大牲口一样被使唤着。爹娘老子不舍得这“大牲口”嫁出去，一来二去，一不小心，俺娘就成了大龄剩女了。

小时候，我最不喜欢听俺爹说俺姥的坏话；长大后，有时候想起俺爹说俺娘当姑娘的时候像大牲口一样，也不觉得刺耳了。我想，如果俺姥真的心疼俺娘，就不会把俺娘许给俺爹了。俺爹在那个时候不但穷得叮当响，而且因为从小没爹娘老子管，脾气也非常“恶”。更重要的是，他并不是那种十分勤劳的人。两个村子距离并不远，而且这边村子里又有其他亲戚，但凡俺姥稍微打听一下，也不至于把自己的大女儿嫁给这样的一个男人。

此话不提。总之，俺爹俺娘组合的这个家后来有了我。我是俺爹俺娘的头生孩子，又是个儿子，爹娘自然喜欢得不得了，宝贝疙瘩似的。按农村人的心理，孩子宝贝，就得认个干妈或干爹，以图更多被宠。可是，俺家穷，拿不出认干爹干妈的礼物和磕头钱。不认又不甘心，可巧就有人出主意，村西头，有个青石磙，认了干儿一大群。

俺娘抱着已快半岁的我就去了。手里拿着一包红糖，两盒过年时舍不得吃放到现在的油炸馃子，更重要的是，还外加有五毛钱。青石磙自己肯定不收这些个东西，它的主人老磨大娘就代为笑纳了。只要老磨大娘收了这些礼，俺娘燃了挂小鞭，噼噼啪啪，响上一阵，这认老干妈的事儿就算成了。

以后，每年每逢我生日那天，一大早我就得随了俺娘去拜见俺的石磙老干妈。我出生在农历九月，麦季早过，早已闲下来的石磙老干妈就安静地蹲在老磨大伯家的或牛棚里，或那棵歪脖子的老枣树下，甚至直接就躺在大院门口的土窝子里。石磙老干妈在哪

儿，我就得在哪儿磕头。

先是给老磨大伯礼物，除了认亲那天，礼物重一些，其余的日子里，拿的礼物也就是意思一下而已，比如说两个鸡蛋足够。这或许正是穷困人家的孩子认石碳当老干妈的好处：无论你来的时候带的礼物多寒酸，石磙老干妈都不生气，依旧稳稳重重地在那里接受你诚挚的跪拜。

送礼，磕头，依旧燃放一小挂鞭炮，噼噼啪啪，昭示天下，这孩子又年长了一岁。

最后一道程序，就是挂锁了。在我们那里，所谓的挂锁就是取了一道红线，比平时俺娘缝补衣服的那些线略粗，应该是用三四股那样的线搓捻到一起的。必须是红色。长短可以围系到孩子的脖子上，像红领巾一般系在胸前，长得差不多要垂到肚脐眼儿那里去了。在它最下端，挂着一枚锁着的小锁，崭新、金黄。在一岁那年，锁了这锁，钥匙被俺娘收了，一直到12岁那年才能打开。

然后，才是最重要的。俺娘拿出一枚铜钱，交给老磨大娘，由老磨大娘亲手把那铜钱拴系到我脖颈上系的红线上。长一岁，红线加一根，铜钱增加一枚。这系了铜钱的红线在平日里是不戴的，但生日这天，整个白天里都是要系在脖子上不能去掉的。这就是传说中的挂锁了，一直挂到12岁那年。

说起红线上挂的那些铜钱，我如今倒还收藏着几枚。前些年的一个假期，和母亲一起回老家，在经年不再住人的老屋里翻晒一些老柜子里的老物件，结果就把那缀满了铜钱的红线给翻出来了。红线12根，彼此交错着缠绕在一起，这种缠绕不是经年不动无人理顺的结果，而是当年挂锁时，大人们特意做出来的效果。新一年的线就是要同旧年的那些线彼此交错纠缠在一起的，说不清是为什么。俺娘说，人又不是气吹大的，是要一天天、一年年、一步步才长大的；俺爹有点儿学问，就说，这叫一脉相承。都什么乱七八糟的，绕得我有点晕，但我想，这样的缠绕终归是好的，它让我觉得我整个身体内的血是流动的，从我的年幼无知畅流到我的童年、少年、青春韶华，一直到如今的沧桑暮年，这才像一本完整的人生小说，情节交错，跌宕生姿。

经年未动，那线依旧粗壮，只是那曾经鲜艳的红色或许因了当初12年里小孩子的手摸来摸去，又加上这经年的灰尘、潮气的侵蚀，颜色显得暗沉了许多。红线上的铜钱，查来查去，不够12枚了，少了4枚。俺娘说，问你爹去。

其实，不用问，这事儿我也是有印象的。在我12岁之前，或者更久远一些的时候，在我们那里，铜钱这玩意儿，的确是很寻常见的，估计家家户户都能找到几十枚来。这皆是因了在我们村旁有一道土岭，上面不知道究竟埋了多少古时的人，我们小孩子在岭上玩土，不经意间就能捡上个一两枚。村子里谁家盖新房，挖土垫宅基地，经常性地，会挖到整陶罐的铜钱来。太寻常见，没有谁会稀罕这个，在那个年代，更没有人曾想过这些古时的死人的玩意儿兴许还能换上几个钱。

这些铜钱大多是清朝的，康熙通宝、雍正通宝、乾隆通宝最多，光绪、咸丰的也不少。明朝时期的万历、永启、永乐通宝，虽比不得清代的那么常见，但好像也不是稀罕物。就我目前收藏的、我挂锁12年的红线上幸存的8枚铜钱之中，还有一枚“大观通宝”，我网上查过，应该是宋朝的。

这些在我们那里太寻常见的玩意儿，真的被我们当作玩意儿玩了，女孩子做个毽子，都会用上三四个，踢来踢去，丢了也就丢了。一直到八九十年代改革开放“开放”到我们那里，有外出见了世面的人回来说，铜钱这玩意儿属于古物，不能乱挖，而且这玩意儿值钱；紧接着便不断地就有外乡人精明着双眼出现在我们村子里，有的甚至住到我们村子里，老乡老乡地叫得亲热，收罗村子里的老玩意儿。可惜得很，知道那玩意儿也能换钱的时候，那玩意儿已经被丢了个七七八八。于是，那时节迷上了赌博的俺爹就打起了我挂锁红线上缀着的那些铜钱的主意了，偷偷处理了好像是最值钱的4枚。幸好，及时被俺娘发现，才保住了8枚。

12岁那年，我最后去跪拜了我的石磙老干妈。像12年前认这个老干妈时一样，这一次的跪拜显得十分隆重。12岁了，挂锁挂了12年，终于要开锁了。就像一只小雏鹰，被宠爱它的母亲锁在羽翼之下，保护了整整12年，终于，在12岁这一年，不得不打开这道锁，不得不把它放飞，让它从此之后像个真正的男子汉一般到广袤的天宇里自由飞翔了。

俺娘对俺说，你终于长大了，以后就是个大人了。

其时，老磨大娘已经去世。我的锁是老磨大伯亲自给我开的。其实，也没什么特别的仪式，就是那天去石磙老干妈那里的时候，俺娘把红线上那把金黄小锁的钥匙带了过去。这一年的礼物特别贵重，鞭炮很长。所谓的开锁，也就是俺娘把小黄锁的钥匙交给了老磨大伯。那边，长长的挂鞭噼噼啪啪地开始响了；这边，老磨大伯那双青筋暴突着的老手颤颤巍巍地拿钥匙打开了那把在我的红线上锁了整整12年的锁。

12岁后，我就不用再挂锁了。12岁后，我就不用再去跪拜我的石磙老干妈了。

开锁之后，俺娘让我跪在石磙老干妈跟前，郑重其事地告诉我，谢谢你石磙老干妈，谢谢老干妈这12年来对你的保佑，保佑你平平安安、健健康康地长大了……

从此，我就像一只被放飞的野鸽，越飞，离故乡越远，离俺娘越远，离石磙老干妈越远。前些年，我问过俺娘，老磨大伯家的那个青石磙如今可还好？俺娘说，好些年村子里收麦都用康麦因机器了，石磙早就没了啥用处，如今村子里的那些老石磙丢的丢扔的扔，早已所剩无几；青石磙啊？好像好些年前就不知道被哪个游乡的偷走了呢，那个青石磙，颜色看着就是不一般，要不然，谁会有它那福气，能认下那么多干儿子？

俺娘这话说得让我鼻翼一酸。什么福气？认那么多干儿子又有什么用？在这老干妈风烛残年的岁月里，有谁去看过它一眼？如今它流落在何方，是否还腰身壮实如初地存在，有谁去关心？

说这话，好像有些痴了。不觉之间，青石磙老干妈好像真的不再是冰冷的石磙，在我经年的记忆里，它已经成了她，有了体温，暖暖的，承载了我12年的成长岁月，那是我最无忧无惧的年华。

开锁儿

张相荣 | 文

庄户人家逢事儿讲究个吉利。头生孩子娇养，或者是小孩子病病歪歪，父母怕出差错养活不成，就给认个干娘，系个锁儿戴上，算是把这孩子锁住啦。戴了锁的孩子已经是个“罪人”，头顶三尺以上的神们，阴曹地府的鬼们，都不打搅啦。是给自己一个安慰，也是期待孩子长久地留在自己身边平安成长。究竟拴不拴得住，谁也不知道。

认干娘是有讲究的。首选姓刘的人家，意谓“留住”，要不姓常也行，长命百岁。反正都是取其谐音，表达愿景。家里得有两个以上的儿子，知书明理，持家有方。实在找不到合适的干娘人选，就直接认到锅台前的老灶爷跟前，让老神灵保佑着。想想，那个“上天言好事，下界降吉祥”的老灶爷，得有多少干儿干闺女啊。正月初六、十六，二月二龙抬头，三月三都是戴锁的好日子，人都说“认干儿死亲儿”，两家的关系要是不瓷实，谁都不会轻易认干亲。找好了干娘，选好了日子，拿上鱼、肉、果品，不拘六样八样，抬上供盒，一条没缝上裤裆的新裤子，到干娘家认亲。干娘家早有准备，用一绺红丝线系锁，绑上与岁数相等的铜钱，戴在干儿子或者干闺女脖子上，一番祷告，祈祷各路神仙、列祖列宗保佑孩子无痛无灾、健健康康、平平安安长大成人。起个寓意吉祥的名字，“张存”啦、“留根”啦叫上几年。让小孩子从带来的裤子开裆处漏一遍，就当是又生了一回，多形象的表演。干娘家摆宴席，喝喜酒，请来亲戚朋友庆贺家里又添新成员。戴了锁儿就得开，不然，老锁着孩子，日后不能飞黄腾达，影响了孩子的锦绣前程，可是不得了的事。一般到孩子12岁的时候，大人们就开始张罗着开锁儿啦，正月初六或者十六是开锁儿的好日子，所以，每年的这两天走亲戚的人家

【作者简介】

张相荣，河南濮阳人。幼儿教师，濮阳市作协会员。爱好散文、诗歌，作品散见于《青海湖》《演讲与口才》等报刊。爱书、嗜茶、倾情文字。今生愿将所有的快乐抑或忧伤开成花朵，怒放在清幽的墨池、纸间，于掌心、笔尖且行且歌，笔记心绪，耕种花田。

特别多。

邻居家的拴柱就戴了锁儿。

拴柱家的香火不旺。往前算，他奶奶生了五个闺女才生下栓柱他爹，一个病秧子，但总算给老王家留了条根，不至于让人戳脊梁骨。拴柱他娘40岁上才有了拴柱。拴柱前面有三个姐姐一个哥哥，都没养活。拴柱他奶嫌他娘不争气，指鸡骂狗不给个好脸色。媳妇整天价有气无力，走一步喘三声，瘦得不像个样子。村里的老二奶奶是个接生婆，连带也会点巫术。眼看他家续不上香火，就说，他婶儿，我说话不好听，恁这是不把孩子当回事儿，得罪了送子娘娘，要是不赎罪，子嗣难延续。让媳妇养养吧，给奶奶庙的神们上上香，求求送子娘娘……那年月，老二奶奶的话跟圣旨差不多。拴柱他奶吓坏啦，庙里磕头上香，祷告神灵给来个孙子，不然，孙女也行……回家赶紧给媳妇煮鸡蛋、熬米饭，顿顿白面馒头，吃得拴柱他奶心里直打哆嗦，那个疼啊！过了半月，不见动静，上老二奶奶家去问问。老太太跟个真神仙似的，掐着指头眯着眼，说，媳妇住的南屋阴气重，给门口挂把桃木剑，夫妻一月不得见，婆媳日夜不分离，好吃好喝伺候媳妇，心诚则灵。拴柱他奶把儿子撵到牛屋跟他爹睡去了，跟媳妇一张床上睡了一个月。媳妇脸上有了血色，白胖了不少。拴柱他奶再不敢惹媳妇生气，顿顿做饭依着媳妇口味。不到一年，拴柱落地。老二奶奶说叫拴柱吧，再认个干娘，戴个锁儿，不然孩子不好养活。拴柱意谓拴住，就走不了啦。拴柱他姨父家正好姓刘，没费事儿就认下了干娘。栓柱他姨也心疼外甥，操心干儿子的成长。年年记挂着正月十六给栓柱戴锁，在红丝线上加一枚铜钱，

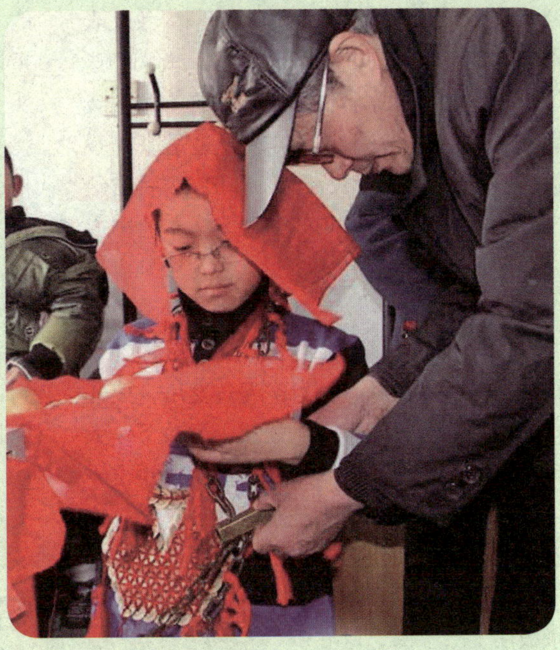

直到孩子12岁，一枚不落地系满了12枚铜钱。

开锁儿时，在豫东北要举办一场盛大的宴会，家里早就准备好待客的食材、家什，找来年纪相差不大的属龙或者属虎的人当陪供，其实是看护“罪人”。大清早，家里拾掇干净，堂屋门前摆一张八仙桌，桌子四角压上开好的五色纸，中间放盛满麦子的大斗，斗里插杆秤。摆好供品，烧纸焚香。吃完早饭，要开锁儿的孩子脖子上戴着干娘系的带着12枚铜钱的“锁儿”，身披大红披风，怀抱红公鸡，端坐在桌子下面。八仙桌用长长的大铁链绕一道，用一把大铁锁锁上两头，以示桌下之人的“罪人”身份。陪着的人则坐在桌子外面，紧挨着“罪人”。街坊邻居从四面八方都来给罪人送饭，多数都是馒头，也有送过年蒸的枣花馍，好事成双，都得是双数，六个、八个不等。送饭的邻居提着馍兜子，围着八仙桌转三圈，嘴里念念有词：走一站又一站，我给罪人去送饭；走一程又一程，累嘞我的小脚疼；走一

河又一河，我给罪人来送馍。三圈大致代表很远的路程吧，庭院里人来人往，大人们送饭，小孩子们钻来钻去看热闹，你方唱罢我登场，场面颇像唱戏。陪供接过送来的馍馍，要认真地在馍馍上咬一口，然后交给“罪人”，同样咬一口。一般家人们会事先交代陪供和“罪人”别咬得太多，否则半天下来早被撑得吃不下丰盛的饭菜了。

说的也是，那年拴柱开锁儿的时候，请了邻居家属虎的小胜陪，一拨儿一拨儿来送馍馍的真多啊，一个馍馍上面咬下一大口，不到半晌，小胜和拴柱给撑得再也吃不下了。再后来属虎的小胜就记住啦，每每作陪，只在馍馍上咬下豆粒儿大的一点馍馍皮，象征性地意思一下。

亲戚朋友除了拿上足够多的馍馍、点心，还要在八仙桌上压下多少不等的茶钱。等到干娘来了，就不同啦，带的礼物多且讲究，锅、盆、碗、筷，镜子、木梳一溜儿排开。老话说：干娘锁，亲娘开。差不多正午的时候，吉时到，亲娘会拿着钥匙打开八仙桌上铁锁链上的大铁锁，赶紧回到灶屋的锅台前。“罪人”从桌下跑出来，鞭炮响起，亲爹拿一杆鞭梢上绑了大蒜头的长鞭，对着跑过的“罪人”响亮地在空中抽三鞭，高呼：一开，聪明伶俐；二开，学业有成；三开，满堂富贵！算是对孩子美好的祝福和希冀。解放了的“罪人”跑到灶屋扑到亲娘怀里，如久别重逢。亲娘拿着干娘带来的新木梳，在孩子头上梳一梳，梳通三千烦恼丝，一顺百顺。摘下孩子脖子上的锁儿，编成长绳做个红腰带，祈求给孩子带来好运，从此不怕三灾六祸。

不多时，院子里宴席开桌，鸡鸭鱼肉一应俱全，色香味诱人，热闹的气氛氤氲在农家院的每一个角落。亲戚朋友们推杯换盏间，不仅互道家常，更增进了亲情和友谊。至此，一场盛大的开锁仪式结束。

此后的路长长，唯愿孩子健健康康、平平安安，一路顺风顺水走过，应该是每一位亲人的期盼。

磕　头

张相荣｜文

“磕头”是一件庄重的事情，没有谁会轻易行此大礼。但是过年时不同。春节拜年是一种礼仪和问候，正如二人转上唱的“大年初一头一天，少的给老的拜年……”在我的家乡、“孝道之乡”——豫东北的清丰，受孔子思想浸润透彻，拜年就是磕头，千百年延续下来的仪式。敬天、敬地、敬长辈，除了“蕴于心”的恭敬，就是这种“展于行”的双膝着地的虔诚跪拜。

年三十，讲究人家的大门上都会挂上一对大红灯笼，火红的光晕照出老远，烘托着温暖而又香甜的年味儿。吃过饺子，小小子们都忙着去放炮仗了，小妮儿们则摆弄着初一早上要穿的新衣服和年集上买来的花红柳绿的纸花，期待着初一早上去拜年。大人们收拾完家务等小孩子们都钻了被窝，抱来收空了的芝麻秸秆撒在院子里，叫“撒岁”。踩在上面嚓嚓作响，传说天上全神下界，到民间各家各户走一圈，视察民间善恶，食百家供品，享受各家香火。也有精灵或鬼怪进来，踩在上面会有响声，就不敢进门啦，据说有辟邪的作用。

大年初一当天，大概凌晨三四点钟，确切地说叫“起五更”，一夜噼里啪啦响声不断的鞭炮会骤然密集，远远近近，连绵不绝，响彻云霄。睡眼蒙眬中，我们被母亲轻轻叫醒：“快起床了，过年穿新衣服了……”于是，睡眼惺忪着，却以最快的速度穿衣、洗漱。在父亲的带领下，全家人一起到祠堂，给祖先们磕头拜年。父亲和哥哥们要行三叩九拜的大礼，恭敬地作揖、上香。我和姐姐就不用了，跪在大人们的身后，嘴里不停地念叨着“爷爷、奶奶我给你们磕头了”，我会趁机在心里补上一句“保佑我考一百分啊！”头磕在地上，实实在在，没有一

【作者简介】

张相荣，河南濮阳人。幼儿教师，濮阳市作协会员。爱好散文、诗歌，作品散见于《青海湖》《演讲与口才》等报刊。爱书、嗜茶、倾情文字。今生愿将所有的快乐抑或忧伤开成花朵，怒放在清幽的墨池、纸间，于掌心、笔尖且行且歌，笔记心绪，耕种花田。

点虚情假意，也没有人会怀疑你的诚意。接着，回家吃完饺子，给父母磕头，往往，父母会笑逐颜开地一边谦让着“别磕啦！”一边会端坐在堂前，接受我们的跪拜，偶尔宽裕的时候，会有一毛、两毛的压岁钱。

出门给族里的长辈磕头是一件快乐的事情。你看吧，大街上、胡同里，人来人往，熙熙攘攘，比肩接踵，走街串巷。见面眉开眼笑互相道福，恭喜发财，抱拳打揖，拿糖递烟。辈分长的说：“别磕头了啊！别磕头了啊！”结伴来的磕头家儿，山呼着：“那哪儿能呢，一年就一次，来就是磕头的，来吧，来吧，接头吧！”要是凑巧碰到来磕头的另一拨人，屋里屋外呼呼啦啦跪倒一大片。你方唱罢我登场，欢声笑语充斥着每一个角落。各家的院子里都撒了芝麻秆，大人们都让小孩子多踩几下，踩碎——踩岁，长命百岁。谁要是在天亮之后才出来磕头，就遭人揶揄了，碰到爱开玩笑的一定会拉着跪下磕一个头，让大家起哄一番。如果街坊邻居、亲人之间有了隔阂，趁着初一早上的一个“头”磕下去道歉赔不是，多重的怨、多深的恨，也许都会一笑泯尽、一笔勾销，化干戈为玉帛，有过节儿的和解，有误会的前嫌尽释。

最隆重的要数新媳妇磕头。头一年，不认识家门，有人带着挨家认门、认人，三婶、二大娘都得磕到。新媳妇“头”贵，都有礼钱，多少不等。小孩子磕头其实都是为了混点好吃的，糖啊、花生啊、煮好的豆子啊……有时会是一个大柿饼，放在口袋里好几天不舍得吃掉。

磕头也是个体力活儿。五更起来挨家挨户去拜年磕头，一圈儿转下来，管叫你腰酸腿疼，双膝红肿。父亲脾气耿直，对子女要求严厉，在村里对人情礼兼到，很看重年初一的这个“头”。甚至，连“破四旧”的“文革”时期都没能阻止父亲拜年磕头的脚步。父亲总是说：“先敬人，才能敬己，敬人如敬己。”每年都会带着我的两个哥哥，从自己族里的长辈开始，街坊四邻家里有长辈的都要磕头拜年。无论贫穷富贵，无论职位高低，大年初一的头磕到了，这一年的敬意也就种到了彼此的心里。

瓦屋头是个大镇子，老龙腰的大街南北长三四里。父亲以他习惯了的急行军的步伐在前面走，哥哥们则小跑着跟在后面，奉命遵从，不敢懈怠。这一趟头磕下来至少也要仨钟头，年纪尚小的哥哥累得气喘吁吁。每每磕完头回家，大哥二哥都会一瘸一拐地翻起裤腿儿，比一比谁的膝盖上瘀血印儿大，然后再比比谁得到的糖果多。

岁月更迭，一年又一年。当年那个走路虎虎生风、腰板挺直的父亲，已是风烛残年、步履蹒跚，可以在家等着接“头”，收获晚辈们对他的敬重了。但是，他还是会郑重地吩咐家里的男人们出去磕头。也许，在父亲看来一个“头”磕下去，就像一瓢清水浇在了根上，滋润营养着一份血脉相连的亲情。而今，守在父亲身边的二哥也传承延续着父亲的家训，秉承着“孝道之乡”千百年来的习俗和优良传统。每年大年初一都会带着两个儿子走遍整个村子给长辈们磕头，一如当年的父亲。

过了初一，走亲戚、访朋友，提着礼物去磕头。初二是闺女回娘家的日子，我最喜欢初二到干姥姥家磕头。除了有糖果、花生、核桃之类的不常见的零食，还有干姥姥炸的香甜酥脆的麻叶，而且会得到不菲的压岁钱。善良的干姥姥是母亲的干娘，母亲少年丧母，多亏干姥姥照顾。干姥姥待母亲如亲生，甚至对我们这些没有血缘的外甥、外甥女们也高看一眼。干姥姥心疼母亲拉扯我们兄妹五个困难，就趁着过年，连给的压岁钱也会多出其他的孩子一些，既名正言顺，又不留痕迹地帮助了我们。特别是干姥姥家当大夫的二姨，每次给的压岁钱都是崭新的票子。虽然几毛到几块不等，但对一个孩子来说却也是一笔不小的财富，小心地放在贴身的口袋里暖上半天，回家才交给妈妈，开学的时候，兴许学费就不用发愁了。母亲心里真是感激啊，总是尽心行孝，让外人不辨亲疏。甚至，我长到十几岁才知道跟干姥姥没有血缘关系。

磕个头，双膝着地，埋头匍匐，并不难。难的是，这个头在哪里磕，给谁磕，什么时候磕。“男儿膝下有黄金”，岂能随随便便给人下跪？前街的和尚爷，当年因为欠地主家租子，被人按着，只要磕三个头，就可以免去“驴打滚”的利钱，不然就要卸掉一条胳膊。和尚爷硬是没磕，趴在地上倔强地大喊：“上跪天，下跪地，中间跪长辈，你算个蛋？”千钧一发之际来了八路军，和尚爷才得以幸免于难。可是，和尚爷在自家娘老子面前却不惜跪双膝、头着地，磕得嘭嘭响。年轻气盛的他，认定八路军才能救穷人，给娘磕了三个响头，跟上八路军去打日本鬼子。立功受奖无数，官至将军，每次回家过年，都前后院地串着门给长辈们磕头。后来，打仗时落下的腿疾让他走路都费劲儿，长辈们都拉扯着不让磕啦，他说：“一年就一次，哪儿能省啊？再说，这也不是一个‘头’的事儿。”

不是一个“头”的事儿，那是什么呢？

的确，这就不是一个“头”的事儿。这一跪里有对祖先、对族里长辈、对家中父母的敬意和怀念，有对亲情的延续和感恩，更多的是承载了对家族昌盛的守望和敬畏。人在情常在，回家的路匆匆，正月十五之前都是年，该磕的头，一定要磕啊！

有一些民风、习俗，仅仅透过一张嘴就可以显山露水了。那些离我们渐行渐远的说唱艺人，那些不知从何时而起的乡间歌谣，甚至母亲在日常生活间给予我们的那字字句句带着乡土味道的教导……都是我们成长记忆里最灵动的音符、最美的声音。

说的比唱的好听

芭蕉雨声 | 文

听一回说书，好比吃了一顿改样儿的好饭。许是说书人与听者搭手，一个烧火，一个掌勺，联合炮制出来一锅美味，不然怎会两厢痴醉于同一物事？说书的动静，随童年收尾而日渐微弱，终至寂无。干预了本初的生命过程，说书便镌刻在我的意识里，久了沉淀为潜意识。偶然打捞，浮出心海仍铮亮如新。平顶山马街书会即是带着三百里长把的铁钩，年年在正月十三这天将我的旧梦钩住，使我蠢蠢欲动，且又仅至于此。十年梦醒，我跨过了黄河，掠过几个高速路口而终达书会现场。这是圆梦之行。

正月十三，日近惊蛰，乍暖还寒，但寒得底气不足，薄袄不冷。只是风大，凌厉如鬼，化为黄雾直往人群里钻，应河水和绿麦苗都挡不住这股劲头儿。说书人眉毛胡子头发一笼统，听书人浑身上下驴打滚。黄土地的黄呵，让城里娇气的女子墨镜围巾伺候着仍灰头土脸愁眉不展，说，再不来马街书会了！这话耳熟，年年说，年年人流如织。乡人泼耐，跟土亲，张着大嘴，手里的板子打得密不透风，拉弦的闭目运气于双手，弦外之音昭然，一鼓作气，气冲霄汉！他必须撵着说书人的嘴跑，说书的嘴也似被弦儿催着说，彼此容不得松懈半分。一曲终了，戛然而止。听书者大梦初醒一般，叽叽咕咕议论一番，久不愿散去，大喊着“再来一段！”是，我恍惚了，这是四十多年前的情景。那时的舞台不在平原，不在麦地，就在说书人脚下走过的村庄，村庄的树下、庙旁、墙根儿或者牲口棚屋，有时也在大队部，视晴雨风雪而定。

眼前的黄风中此起彼伏的坠子腔，摄我心魄，我不由得拨开人堆挤到最前面。一位身着半旧绿军装的老伯正说到紧要处，右手的梆子噼里

【作者简介】

芭蕉雨声，本名郭艳先，河南辉县人，现居新乡。2006年发表处女作。有散文、随笔百余万字，其中二十余万字散见于国内大小纸质媒体。始终相信，一根荆条会说话，一朵小花会微笑；还相信，写作是心魂的表达，是感情的自然流露。任何物事的叙述，都对应一个最好的句子。

啪啦打得紧，嘴薄眼细鸭舌帽，似在说一段金戈铁马的老故事。他伸开双臂做拍马追赶状，一旁穿黑棉袄的汉子弦乐跌宕，紧追不舍。这场景怎不让我跌落少年时？那时候最常出没于我村的流浪艺人杨锁，他住在另一个山坳的滑峪村。他把历史传奇编成坠子，这村到那村，不收费，只为嘴。说着说着就晌午或天黑了，奶奶大娘们就端出饭来了。他不挑食，乡人也实诚，我吃啥你吃啥。杨锁单身，三十多岁，眼睛好，腿不得劲。扁平苍老的声音，唯从他扁平的嘴巴才能发出。说的那些小情小调我都记不得了。但外地的流浪艺人，比如浚县和兰考来的，就技高一筹，他们说长篇，连载，一说三四天，十天半个月，这村说罢换一个村说。说到节骨眼儿上，一句“欲知后事如何，且听下回分解”，吊俺的胃口，喝他的清茶。《罗成算卦》《呼延庆打擂》《刘公案》《段保清投亲》《秦琼卖马》。我们撵着说书人到麦窖再到碾盘沟，一样的内容，不一样的味道，天天听也听不烦。妹妹记忆力强，一段书，她听一遍就会复述，绘声绘色。《段保清投亲》最让我铭心刻骨，段保清被嫌贫爱富的老妇吊在屋梁上“皮鞭蘸水往下楞”（“楞”，读平声，用力抽打之意），直打得皮开肉绽死去活来。书场上的唏嘘声今犹在耳。

我那时醉心于读书学习做好学生，常逼迫自己抵御大门外的说书声，在屋里熬油点灯算方程式。那次父亲从黑夜走进屋里，劝我从煤油灯下撤离。他把我举到椅子上，越过众人头，我看见说书人唾沫横飞，梆子紧急。顿觉父亲格外温和、亲近，跟平日做校长时很不一样。杨锁，光棍儿一辈子，领养一个闺女，现患偏瘫多年，尚能顾住自己，也该有七十来岁了。

说书，一开始到今天，都是草根民众

自弹自唱的消遣方式和谋生手段，起初是身体残弱者为了活命而四方游荡，后因各种缘由而在某天集聚宝丰县马街村，恣意开腔亮嗓，宣泄生之艰辛，颂赞德义仁善。苦中作乐，乐在一瞬。为吸引更多艺高名人亲临现场晒书，马街书会专门搭建高台，打擂筛选“书状元”。高台外，麦地上，应河岸边，更多的是散兵游勇、微若虫蚁的痴迷者。风大，听不清书的情节，但，他们专注、执着、倾心的姿态和神情，让我震惊和敬佩。他们手脚健康，五官完好，已不再把说书当成活命的营生，而仅仅只是爱，是痴，是迷，是愿意。愿意打起简板，敲响鼓皮，拉动琴弦，不顾风沙和饥渴，放开嗓子去吼、去唱、去说、去晾晒。警世和劝诫退为次要，“次要”深入人心反而滋润出一片祥和宁静的风水宝地。

马街的说书人自己也不知书能说多久，就像花朵不知自己能结多大的果。他们不曾预料到能走过七百多年风雨，一直走进国家级非物质文化遗产的行列中去。我也想不到儿时在简陋场地听到的坠子腔韵能把舞台铺排到广阔的麦田，绿苗为毯，穹顶为棚，播散悠远并响彻寰宇。是的，土气即地气，当平原成为舞台，土味浓郁的民间小调注定将成长为世界大艺术。

豫东大鼓书

晨之风｜文

“大鼓书”是过去豫东民间说唱艺术的俗称，是20世纪六七十年代豫东一带颇具情趣的娱乐项目。那时的乡村没什么娱乐方式，盼星星盼月亮月儿四十能放映一场电影就是不小的奢望。貌似下里巴人的大鼓书以其通俗易懂受到当时老少爷儿们的欢迎，想起来至今让人回味无穷。

唱大鼓书的服装、道具、伴奏都很简单。一只扁圆形的木框皮面鼓，支在几根竹棍组成的鼓架子上，演员一手击鼓、一手打简板，伴奏有一把三弦即可。还有的甚至不用鼓，一人自弹自唱，用脚打板击节，类似“单弦”的形式。至于演员的服装，和说评书、相声一样，外罩一件长衫即可，早期演出也不用化妆，弦子一响、鼓板一敲就可以开唱。后来虽然有了女演员（俗称“女大鼓”），也只不过略施淡妆，外穿旗袍而已。艺人说唱时以打简板为主，以打鼓作为说唱高潮处的警示。因为鼓声激越，声震远近，故名“大鼓书”。

大鼓书艺人来自长满故事的十里八村，在青纱帐里摸打滚爬过，浑身一股子泥土味儿。他们穿着很普通，身上没有现在电视台文艺演出时演员穿的很打眼的民族演出服。演出场地要求不高，农闲时大树下和生产队的牲口屋里、场地里都是演出的场所。大鼓书艺人演出时以唱为主，唱累了开始道白，表演起来形神兼备。那个时候判定一个艺人水平的高低和现在差不多，就是看掌声，看谁会煽情，谁演出时能尽可能多地催下听众的眼泪，谁就是名家。所以艺人们往往以听众流下眼泪的多寡品评自己演艺水平的高低。在那个时候大鼓书艺人很吃香，好烟好酒招待，大队干部亲自作陪，给足艺人面子。经常这个村没有唱完，下个村就预订好了，甚至还有争抢的现象。

【作者简介】

晨之风，本名李涛，河南淮阳人。中学教师。河南省作协会员，淮阳县作协秘书长。出版有散文集《从小村上路》《情漫陈州》《我在旅途读风景》等。

大鼓书艺人们很平易近人，他们绝没有《百家讲坛》的专家、教授们的风采，他们文化不见得高，就是借助三寸不烂之舌，凭着超越常人的悟性，对大鼓书说唱底本进行加工，由于加工时处处以听众的需要为中心，取材充分尊重群众需要，所以大鼓书带给观众的是艺术的原生态。它最大的特点是通俗易懂，小村人围住艺人沉浸在栩栩如生的故事里，这能给劳累一天的农人带来强烈的听觉刺激，所以，听大鼓书理所当然地成了小村人首选的艺术享受。

那时大鼓书的内容多是野史演义，什么《三侠五义》《隋唐演义》，什么《混龙传》《东周列国传》，什么《姜子牙》《诸葛亮》……都是说唱的选择。说唱时艺人很投入很夸张地倾注自己的主观情感，这叫作“个人嘴里变巧能”，忽而激昂大腔慷慨陈词，忽而如泣如诉泪如雨下，又忽而抑扬顿挫婉转悠长。听众们的感情随着艺人的表演起伏，一部野史演义能在他们嘴里洋洋洒洒被演绎得绘声绘色。小村人文盲者众，不懂什么四书五经，应时而生的大鼓书无形中匡正了小村人的处世理念。

后来由于“文革”到来，要“破四旧”，大鼓书艺人的野史演义类底本名正言顺地成了“破”的对象，被统统扫进了历史的垃圾堆。不过大鼓书还是神奇地活了下来，但内容却发生了变化，这也是为了响应伟大旗手的号召。红色经典的《平原枪声》《烈火金刚》《铁道游击队》《林海雪原》等成了大鼓书艺人的必修课。虽说内容塑造的是平民英雄而不是现在屏幕上流行的帝王将相和才子佳人，老百姓照样百听不厌。那时的国家不可能引进好莱坞大片，更谈不上有所谓资产阶级腐朽文化的侵入，大鼓书成了那个饥渴年代里最抢手的精神食粮，在老百姓的心目中档次明显高于现在一些电视台的垃圾节目。在艺人一张能说会道的嘴里，马英、史更新、老洪、杨子荣等一批英雄成了不朽的灵魂。

再后来，到20世纪80年代，国门打开了，农村改革硕果累累，农民兄弟腰包鼓起来了，紧接着电视机也飞入了寻常百姓家，到了晚上坐在被窝里看电视成了一种享受生活的普遍模式。此时的大鼓书艺人们越来越感到生活的压力，拥有的听众越来越少得可怜，尽管艺人们绞尽脑汁想起死回生大鼓书，可终究抵挡不住听众递减的趋势。于是艺人们忍痛割爱下定决心转型，有的下海经商，有的到南方打工。“大鼓书”竟成了一个名词出现在词典里，或者偶尔在电视里露一下脸。

到了如今，大鼓书已永存在人们的记忆中，可大鼓书毕竟给当时的人们带去了丰厚的教益。时代尽管变迁了，那时的大鼓书透射出来的乡音、乡亲、时光的淳朴将永远留存在人们的记忆里。

河洛大鼓

逯玉克 | 文

在豫西那片沟壑纵横的原野上，我出生的村子——偏僻如我"逯"姓的五岔沟，像一捧秋草，悄然藏在满是褶皱的万古荒原上。

冬天的炉火旁，奶奶老掉牙的嘴里总是那么几个老掉牙的故事；夏夜的槐树下，妈妈的芭蕉扇再也扇不出新鲜的童话；而父亲的烟袋锅又只会燃些索然无味的乡村旧事。苦难的岁月像一片皲裂的旱地，把乡村少年萎蔫成一株株瘦弱的衰草，要不是那些走街串巷说唱艺人大鼓书的滋润，我们焦渴的心苗几乎被寂寞掩埋。

那些说书艺人多来自豫东的黄泛区，其实，他们大多没有多少说唱方面的天赋，只是迫于生计，才不得不背井离乡，浪迹天涯，乡亲们管这叫"巧要饭"。然而，对于嗷嗷待哺、饥不择食的孩子来说，已是难得的奢侈了。每每听说说书艺人来了，我们就会好奇兴奋地围拢过去。

荒村静夜，村头的打谷场上两张桌子，两盏马灯，几杯清茶，待说书艺人将牛皮战鼓铿然敲响时，喧闹的打谷场顿时鸦雀无声，静谧的夜空，便只有那古朴苍凉的悠悠书韵在袅袅回荡，让人如痴如醉。胡琴的音色好像天生有一种幽怨，鼓声是铿锵的，琴声是缠绵的，乡村的夜晚，就都交给它们了。

在众多的艺人中，"瞎子老牛"的书是远近闻名的。他嗓音宽厚沙哑，沧桑与苍凉便被那沙哑带了出来。悲切处，缠绵幽怨九曲回肠的胡琴和着他凄婉沙哑如泣如诉的嗓音，唱得人潸然泪下；紧要处，弦子拉得紧，鼓点敲得急，钢板打得脆，唱腔激越高亢，动作夸张逼真，听者无不屏息，起一身鸡皮疙瘩；开心处，妙语连珠，趣味横生，笑得人前俯后仰。

【作者简介】

逯玉克，河南洛阳人。逯姓生僻，经常被"逮"，江湖人称"逮哥"。1999年主编《芳草青青》散文卷；2011年，与程远河、马继远主编《河洛散文百家》；2012年出版散文集《三川烟雨》；2014年，主编《洛风——河洛散文选》；2015年，与阮小籍、梁凌合著散文集《野生的月色》。

那次正值农闲，老牛在我们村说《呼延庆打擂》，当说至力劈海青这个情节时唱到“幺（土语，意为一个）海青撕成俩海青”，场下哄然大笑。老牛不解，这个情节是解气，但并不可笑啊。有人指着不远处一人说：“他就叫海青。”众人笑得更欢了，老牛也笑了，即兴唱了句“那海青不是这海青”，台下笑声如潮。打那以后，乡亲总拿那句唱词和海青打趣。

老牛的书太长，而我们小村又养不起许多日，只好和邻村联系轮续着说，于是我们这些孩子便走火入魔般跟着老牛翻沟越坡，十天八日去南征北战，回来后也拾两块瓦片、一根筷子，抑扬顿挫来两句“钢板不响是生了锈，眼没睁开是没睡透”，逗得大人们把一腔嗔怒笑得无影无踪。

其实，不光我们孩子贪听，大人也一样。不信，我给你讲个在洛阳流传极广的“抱瓜听书”的故事。

新安县王某与妻李氏是一对书迷，邻村演唱河洛大鼓《包公案》，他们一连听了好几天。这天晚上，妻子怕去晚了接不住茬口，交代丈夫走时抱上孩子，自己先走了。丈夫一见妻子走了，心里急得像猫抓，狼吞虎咽扒拉一碗饭后，抱起孩子就走。路过一块西瓜地时，忽觉肚子不爽，就把孩子放到地上，自己蹲下解手。刚进行了一半，猛听远处鼓声咚咚，他赶紧提裤子抱起孩子朝书场奔去。中场休息时，妻子想起该给孩子喂奶了，就从丈夫怀里接过孩子，抱到怀里一看，竟然是个大西瓜。小两口儿吃惊不小，急忙原路回找，寻到西瓜地一看，地上放的却是自家的一个枕头……

一方水土养一方人，一方人在一方水土上孕育着具有浓郁地方特色的文化。多年后我才知道，小时候听的书叫“河洛大鼓”，它踏着清末洛阳琴书的余韵而来，在河洛大地上铿锵回响了一个多世纪，承载着几代人悲欢离合的记忆。在寡淡如水的岁月里，渗进泥土融进血液的河洛大鼓，既是一曲古朴的恋歌，又是一曲苍凉的挽歌，像一贴敷在几代人创口上的热毛巾，为那些被痛苦和磨难浸泡的民众带来一时的慰藉和陶然。

现在，文化生活丰富多了，看的、听的、玩的，应有尽有，孩子们再不用像当年的我们，撒娇耍赖死磨硬缠从大人嘴里抠故事，逼得他们驴唇不对马嘴地瞎编了，电视、唱机里的大鼓书，在他们看来已是古董一样隔世了。它是否有“含消梨”黄鹤杳然之虞？它是否会和《广陵散》一样成为千古绝唱？让人欣慰的是，河南省首批非物质文化遗产的申报让河洛大鼓枯木逢春，为后世留下了这活色生香的艺术奇葩。老辈人听到那久违的曲调，像是回到童年回到故乡遇到故人一样，只是，韵还是那个韵，当年那听书的场景、氛围、心情，再也不会有了。

嘈嘈切切总关情

庄 学 | 文

【作者简介】

庄学，本名王建文，河南洛阳人。河南省作协会员，郑州小小说学会理事，洛阳小小说学会副会长，洛阳市作协原副主席。在多家知名报刊发表小说散文以及其他文学作品四百余万字，出版有小说集《保守一个秘密》《左为上，右为上》《银手链》，以及长篇小说《同宗》。

写下这题目，就感到一阵悲伤扑面而来，似是无奈，确是无奈。无论过去还是现在，我对戏曲和说书类的文艺活动都不是很感兴趣，那时鲜有字幕，唱词在咿咿呀呀中使我茫然，而节奏的缓慢又使人注意力不集中，说书在我这样的人的眼里更是土得掉渣儿的艺术。所以直至长大，我硬是没有培养出欣赏戏曲、说书的细胞。现在想来，那时太年轻了，年轻得不懂文化不谙风情，当然也是与当时电影的风靡有关。

说书，有它的辉煌时期。遥想当年，单田芳、田连元等人的说书通过电波后来又通过荧屏传遍大江南北，草根艺人更是在打麦场上、田间地头纵横驰骋。而且就在50年前，洛阳地区首次派出了“洛阳大鼓”进京演出，后经有关人士建议，洛阳大鼓改称“河洛大鼓”。说书这一草根艺术形式登上了大雅之堂。我是在下乡时才听过几场说书的。入夜时分，村头空地或者麦场上甚至饲养棚里，马灯散发出温馨的光辉，一张桌子上摆放了一只大碗，桌子下的阴影里立着一只孤单的水瓶。先是孩子们大呼小叫地来占位置，而后就是男人们抽着明明灭灭的烟火扯着闲话儿来了，最后到来的是大姑娘小媳妇，还有老人。一片场子就人影幢幢挨挨挤挤地铺张开来，单等说书人的到来。钱是生产队里出，吃住也是生产队里管，人们只用带上耳朵——还有与人闲话的嘴巴。

只是，说书人刚开始不久，我便和一帮同龄人跑开了，去玩更有意思更为刺激的游戏——也包括朦胧的爱情，说书的场景只是我们夜生活的一个背景。

那时我们是真的年轻。

看了点资料，才知道说书其实与小说是共生共存相依为命的。当文人把话本——也就是小说的雏形——写好后，交给说书的艺人说给大众听，也就是说小说在最初的时候不是通过文字传播给大众的，而是通过说书人的嘴传播开来的。后来，随着技术的进步，小说就被印成了书，逐步把自己独立地呈现给识字的人，可是那些不识字的人还是通过说书等艺术形式来理解这些社会、历史的故事，依据说书人传播的文化来确立自己的好恶和道德观。这种草根艺术形式与草根大众的顽强生存一样，生生不息。从宋时到近代，千余年来说书传统绵延不绝，即使曲目有所变化，但是劝善惩恶和娱乐消遣的功能一直维持着。无论如何翻天覆地，又能怎样呢？并未怎样，书照旧说得喧喧闹闹，人们照旧听得欣欣然。

可是我们依然年轻。

爽爽秋日的一个上午，我们一行四五人到了宜阳，去寻找一个叫王玉功的说书艺人。真的，我喜欢这条沿着洛河上溯的公路，一边是坡，一边就是孕育了洛阳乃至民族文化的洛河。宽敞的公路两边是宽宽的林带，那些树向路心而立，挺拔修长，而且更多的地方还有更多的林和林带。城市，只有楼群；楼群，总是要挡风挡视线的。行走在乡野，秋风送爽，实在是太有诗意了。我们自我觉得年轻，是我们还知道出去寻找点什么，把更大的场景作为我们生活的背景。

在电话导航中，我们来到了宜阳宾馆，就在门口看到了翘望着的一个肤色较深的中年人。放下车窗一问，果然是王玉功老师，一个见面热情爽快的人，一个连珠炮地打招呼的人，一个看了一眼就能留下点什么痕迹的人。甫一坐定，王玉功老师就问我们要听什么，要了解点什么。细细看了，才发现了岁月留在他脸上的痕迹，已然六十余岁的人了。即使他的弟子，虽然看上去要小得多，却也到了知天命的档期。再往下，就没了弟子。“整这玩意儿不挣钱，谁来学啊！”王玉功老师感叹一声。

可是话题一旦说到说书和河洛大鼓上，王老师便眉飞色舞起来，连比带画做示范，说一段停一阵，恨不能把说书的名词和调门儿（曲牌）类别给我们一股脑儿地倒出来。由此，我才对说书行当所需的乐器有了个大致的了解。三弦、坠胡、二胡、琵琶以及扬琴是常用的，但是依情况可繁可简。无论如何简繁，一把坠胡必不可缺，就像京剧里的京胡、豫剧里的板胡一样，是主要乐器。在乡村的麦场上，一把坠胡也能伺候说书人整本整本地说而不被别人当作笑谈……乐队的老师们根据故事情节弹拨出不同的调门儿和过门儿，或欢快或沉闷或悠扬或紧凑，这些需要有琴师配合。而说书者是这艺术门类里的大牌主角，他需要控制节奏，控制故事走向。他右手执红布缠绕的小槌，时而舒缓时而密集地击打面盆样的小鼓，左手的指头夹两块月牙儿形的钢板随着小鼓的节奏上下翻飞相击，声如山涧清泉玲珑有致。其他，就是印象中的蓝布长衫了，袖腕处还卷出一段白色的衣里来。

我依稀记得过去许多说书的是盲人，盲人说书是一大景观。王玉功老师和他的弟子

李水旺告诉我，盲人过去生存极为艰难，只有靠说书和算卦为生，也叫“卖口”。盲人不能看书——那时没有普及盲文——说书的故事都是靠师父口口相授，现在随着说书的发展和变化以及市场的萎顿，盲人也都不再说书了。现在的说书人在看话本的同时，还要根据自己的生活体验阅历加进许多内容，丰富许多情节，进行再创作，以此才能说得更为精彩和吸引人。世事如此呵。

听王老师在室内抑扬顿挫示范一番后，我们还想还原过去在打麦场上说书的那种较为原生态的场景，王老师他们有些为难，一则是大白天的，二则是现在的农村与过去的农村相比已发生了很大的变化。几经考虑，我们来到了洛河边上广场中的小树林里。书还未说，就有些老人远远地坐着，等待着。

随着过门儿起板大起腔，鼓乐齐鸣，王玉功老师声情并茂绘声绘色地说起了一段教人孝敬长辈的曲目《拉荆笆》。老说书人就得有这种本事，把好人说哭，将坏人说好，极具煽情的能力。说书这门艺术，实际上是一门对语言要求很高的艺术，可以说每一位出色的说书人都是语言高手。他不仅需要把俗语、俚语甚至谚语恰当地融合到一起，还要将这些语言的音色、音速适时地融合进去，有些语言既生动又押韵，与听众的爱好情趣有机地结合起来，形成恰到好处的语言环境和表达意境，将原本普通的故事讲得煞有介事，使人如身临其境。王玉功老师无疑就是这样一位出色的艺人，他一人千面，表情丰富，亦哭亦笑，亦悲亦乐，当进入到自己设置的故事环境和旋律中便自己就如痴如醉起来。他左手高扬如月简板快如翅飞，右手低垂细腰鼓槌如雨点骤下，一阵疾风骤雨，一阵轻缓山泉。说到苦处，放声悲歌；说到怨处，哀生嘴角；说到怒处，浓眉倒竖；说到喜处，眉开眼笑：其情其景，把一段故事栩栩如生地给你道来。观众听着无不为之如痴如醉，甚至也随同故事中的人物一起悲喜起来。

对听众来讲，听说书是精神大餐；对于说书艺人自己来讲，岂不也是精神享受和自慰？王玉功老师当年走上说书这一行当，是出于对说书的喜爱，而后又是为了生存，现在则是因对这一艺术门类发自内心的热爱而致力于挽救与传承。王老师从18岁起开始说书，说了四十余年。那一年，一位会说书的老师下放到了他们村，闲暇时就说书。王玉功天天跟着那老师，也就具有了说书的悟性和灵性。后来，王玉功等人被送到地区曲艺培训班学习，从而凭着说书跨越了城里人和农民间的户口藩篱，成为县里曲艺团的职业说书人。

“说书最为红火的20世纪70年代，每年的说书日子都在三百多天，每到一个地方人们提供食宿，到谁家吃饭都是被支应着，还有许多大姑娘小媳妇偷偷给我们塞绣着花鸟的鞋垫，说到哪村她们跟到哪村。”说起昔日的辉煌，王玉功老师是满脸的自得，时不时总会沉浸在那愉快的回忆中。

说书人讲究所说的故事中人物的塑造，即使同是皇上娘娘，出场和做派也有许多种描写，并尽量地使语言和审美情趣本地化。比如，王玉功老师说到不孝子对娘说的一句话：“娘啊，你还活着给阎王爷撵兔子哩？”还有段子的开场白里有两句话使我印象颇深：在家孝敬父母，强似远方烧香。在反映封建社会的婆媳家庭关系的《小姑贤》的段子里，婆婆为难儿媳。儿媳说：“娘啊，我给您和面擀面条。”婆婆说：“那长嘎嘎的我不喝它。”儿媳说：“要不然儿媳给您烧米汤。”婆婆说：“黄嘎嘎的我也不喝它。”儿媳说：“再不然儿媳给您包扁食。”婆婆说：“老娘我不吃那菜疙瘩。”儿媳又说：“再不然儿媳给您烙油馍。”婆婆说：“你娘那个腿，干巴巴嘞垫娘牙。……我叫你一锅做成八样饭，中间还给我烧碗茶。”几句带着浓厚生活气息的话，一下子就把一个恶婆婆的形象给竖立了起来，令人由衷叹服，我都后悔那时没能痴迷听说书了。同时说书人还讲究设置悬念，王林休妻休了没有？牢中人被大侠救了没有？被下了毒的毒酒是否喝了下去？二人武功比得如何？如此等等，“且听下回分解”，就得使你痴痴地六神无主地等待一整天。

像王老师这样的说书艺人就这样沉浸在自己营造的艺术天地里走过了四十多个春秋，直至电视的兴起和普及，说书艺术渐渐地被冷落。现在还到农村去设场子说书吗？“去得少了，来听说书的大多是上了年纪的人，当初那些偷偷给我塞鞋垫的也都成了老太太。年轻人都钻到家里看综艺节目追韩剧，要不就是上网玩手机，市场没了，还要我们说书的干什么？说书就是‘巧要饭’。”王玉功老师们如此这般对我们说。无疑，说书的艺术是渐行渐远的艺术，或者说此前的说书艺术是远去了的艺术，它要浴火重生，它要凤凰涅槃，非得在形式上糅进更多的现代元素，利用现代传媒来展现和推介，当然，痴迷与执着则是最基本的因素。

其实，说书的老师们不必太失落。王玉功老师，那边不是有县里开展的群众文化广场活动吗？晚上不是还要你们登台演出吗？每年的马街书会不也是红红火火的吗？而且，不是还有你和你的同行你的师兄弟你的弟子们在坚持吗？还有偃师的张天培、段建平的徒弟们……如果往大处看，国家和省里一直在致力于文化遗产的抢救和发掘，也是说书艺术之一的“河洛大鼓”2006年被列入《第一批国家级非物质文化遗产名录》；再扩展下范围，易中天说“三国”和刘心武讲“红楼”，不也是说书艺术的一种异化吗？他们在“说书”的同时把历史文化和学术见解深深地嵌入进去了。也许这样单一的说书艺术会有一天走入历史，可是历史上走入历史的艺术不仅仅是说书，还有更多。如果究其原因的话，那不怨你们，是时代在不断发展和进步，新的艺术形式也在层出不穷前仆后继地出现。当然，探讨这些是专家们的事了。

如果还要说的话，那就是你们这些值得尊敬的老说书艺人为这门艺术曾经努力过奋斗过，也曾使它风光过，用通俗的艺术形式传播民族文化，并影响了多少代人。功莫大焉！说书艺人，嘈嘈切切总关情。

这时，有朋友发来短信：一河洛水，几株胡杨；天高云淡，鼓弦嚣张；琴胡同发，嘈切悠扬；红尘男女，寓于欢畅……如此的今天，我们才感觉到了真正的年轻。

没入时光的说书人

丁济民｜文

往事如远逝的浪花涟漪，有时能潋滟出明明暗暗的岁月之河。

小时候，农闲时节的傍晚，我于寒风中挂着鼻涕袖手肃立，常在街心听人说书，邂逅了一个叫“航妞”的瞎子。瞎子的真名已不可考，据说他是我们村子西部赵官庄人，赵官庄离我们村也就三五里，却被儿时的我们称为“远方”了。别看航妞人瞎，个子矮，是属于袖珍型的小人儿，就比一张桌子高出不了多少，那心里面可明镜一样亮堂着呢。一肚子的故事三天三夜也道不完，让天上的星辰也眨巴着眼睛倾听。

瞎航妞的书说得好，连手中的乐器也非常人能比。他将铙镲、梆子、牛角等固定在一根光滑的木柱上，于脚面上挂一根绳子连接，用两齿铁叉戳在地面；加上他左膝上的胡琴（我们那里叫“弦”），说书时他一人就是全部乐器班底和演员了。那一句句唱词，被他摇头晃脑自鸣得意、长声短调抑扬顿挫地演绎得出神入化。古今中外的故事都在他的说唱中被表现得活灵活现，使听书人全神贯注如临其境一般。所以，每次瞎航妞一来，满街筒都是挤挤攘攘的乡村老幼人群。

瞎航妞还有一独门绝技，虽说他眼睛看不见，走起路却从来不带盲杖，即使手拿一截短棍，也是像气吞山河的西方矮子拿破仑或袖珍绅士握文明棍一样，潇洒地背到身后，走起路来大步流星一般。那意思是说，这是显示风度呢，我根本就用不着。一个袖珍的小人儿，能使一方大地的星月颤动。

听人说，瞎航妞在新中国成立初期是安阳地区盲人学校的老师，因其业绩突出，很受盲人女同胞的“青睐”，后来还真娶了一个盲校的女老师为妻，两人出双入对地出入在古彰德府，很是恩爱。那个女

【作者简介】

丁济民，笔名“甄石”。河南滑县人。河南省作协会员，新乡市作协常务理事。先后在《人民日报》《光明日报》《人民文学》《散文百家》《大公报》《青年文摘》《杂文选刊》等多家报刊发表诗、散文、随笔等文学作品。在各项大型文学赛事中获奖百余次。

糊口，而我们这些草民则因其人之祸幸而得享耳福。那时，别说是百里开外的彰德府了，就是十里之内让人敬畏的公社所在地，我们这些草民百姓也从来没有去过。

我那时候年少，春夏秋冬一年四季，有几次听到瞎航妞的河南坠子声在乡村寂静的夜幕中翩翩飞起，带给人一种简洁的快乐，也给两情相悦的青年男女扎堆儿相聚一个机会。他说的书有《平原枪声》《三国演义》《隋唐演义》《烈火金刚》等。有趣的是，有时候他会将风马牛不相及的两部书里的情节信手拈来穿插利用。可能是他忘了词儿用来救场的，不熟悉剧本的人还真不知道。这就是瞎航妞的高明之处，他蒙了你，你还给他喝彩呢！可我自从发现了他的“短处”后，再也不去听书，宁愿自己在如豆的油灯下，去读去啃辗转借来的卷了毛边的长篇小说，让书中的一个个英雄人物与文字来滋养我无法实现的豪情壮志。

岁月远逝，时间无声。我离开家乡三十余年了，再没有听过瞎航妞的河南坠子，也没有听到过关于他的任何消息。他就像一个特定的时光片段，在人们的褒贬不一的评说，及说书人的辉煌与黯淡中渐渐隐没了。

瞎航妞，旷世难得的杰出乡间演唱艺人，他如果还活着，应该有九十了吧?

老师纳花描云做女红的手艺实在了得，连睁眼的青年女红高手也叹服不止。我就亲眼看到过她给其孙子孙女们做的老虎头鞋及胸前佩戴的裹肚布兜，真像一幅鲜艳的图画，花与叶子色彩搭配得异常合适，且生动灵性，充满了豫北浓郁的乡土气息。真不知道她在一个完全黑暗的世界里，是怎么用纤纤巧手千针万线来绣成的，真是让人神叹服！在今天，如果设立盲人绣花技艺的吉尼斯纪录或者奖项，那女人说不定能拿到首奖或者打破世界纪录呢。后来，瞎航妞声名日隆，就忘乎所以了。据说在盲校里又“看”上了几个自愿投怀送抱水性杨花的女性，瞎航妞由于生活作风问题，被开除了公职，贬回滑县老家去了。从此，花花绿绿的古彰德府少了一个盲人教师，而我们乡间就多了一个能说会唱、杰出的行走艺人。他用走街串巷的艺术

儿时的那些“歌”

晨之风｜文

儿歌也可以叫作“童谣”，是流传于儿童之间的歌谣。之所以代代流传，我想除了内容浅显生动、韵律轻快流畅、风格诙谐风趣外，主要是其真实地反映了某个特定时期的社会生活。有人说，儿歌是带在身边的乡情，是陪伴一个人浪迹天涯的真实的故乡，确实如此。

现在看来我童年时期的那些“儿歌”也许根本不算儿歌，与“阳春白雪”相比这当然都是“下里巴人”。因为它们看起来内容不高雅，曲调也不动听，但是大家伙儿一起唱得却很是起劲儿。儿歌很有市场，反衬了那个年代的精神饥渴，现在想来，别有一番滋味在心头。

身在淮阳，所以儿歌自然少不了淮阳味儿，现在回忆起来，那些儿歌倒真有几分韵味。可以有以下几种类型的：

纯粹是无聊时编出来打发寂寞时光的，譬如下面的这两首：

板凳板凳摞摞，里边坐个大哥。
大哥出来卖菜，里边坐个奶奶。
奶奶出来烧香，里边坐个姑娘。
姑娘出来磕头，里边坐个孙猴。
孙猴出来念经，里边坐个先生。
先生出来打卦，里边坐个蛤蟆。
蛤蟆出来蹦蹦，里边坐个豆虫。
豆虫一骨碌，吓得你头疼。

【作者简介】

晨之风，本名李涛，河南淮阳人。中学教师。河南省作协会员，淮阳县作协秘书长。出版有散文集《从小村上路》《情漫陈州》《我在旅途读风景》等。

小鸡嘎嘎，好吃黄瓜。
黄瓜有水，好吃鸡腿。
鸡腿有毛，好吃仙桃。
仙桃有核，好吃牛犊。
牛犊撒欢，撒到天边。
天边打雷，打你十锤。
十锤告状，告给和尚。
和尚念经，念给先生。
先生打卦，打给蛤蟆。
蛤蟆浮水，碰着老鬼。
老鬼推车，推到河坡。
河坡下河，有个小船。
走到船上，拾个白孩。

这两首儿歌在淮阳流传甚广，没有什么主旨，就是瞎编，不过想一想，里面有好多意象可圈可点。我那个时代的小孩子几乎每人都会唱，唱起来蛮有节奏，大家点着头，顿着脚，像喊号子一样。后来上了大学学了汉语言文学，按照汉语音律一对照，上面的儿歌竟然皆和音律，我真的诧异民间文化的魅力了。

有男孩子遭到女孩子的欺侮，又斗不过女孩子，就编"恶作剧"儿歌损对方，以此求得心理平衡，譬如：

小小子在上面盖高楼，
小闺女儿在底下搬砖头，
噗啦一声响，
屙小闺女儿一头上。

烂眼子，眼烂子，
腰里别个油罐子。
走一走，膏一膏，
把烂眼子膏哩嗷嗷叫。

就这样可以不着边际地唱下去，当然地域不一样唱法也不同，在淮阳一地就可以有几个版本。

儿歌里也有祈愿减少灾害天气的，希望天下雨不要太多。如下面的：

老天爷，你白下，
我给你买根大黄瓜。
你吃肚，我吃把儿，
咱俩长哩一般大。

有表现鼠患厉害，讨厌老鼠，抒发烦恼，聊以自慰的：

小老鼠，爬灯台。
偷油吃，下不来。
小毛妮儿，携猫来，
叽哇叽哇逮住啦。
妮儿她娘，快点灯，
老鼠已经成了精。
东间里打，西间里闹，
当门里吵嘞嗷嗷叫。

因为家里穷，农村有的媳妇不孝敬公婆，儿歌里就进行孝道宣传，像下面的：

麻嘎子，尾巴长，
娶了媳妇忘了娘，
把娘扔在高山上。
烙油馍，打汤汤，
媳妇媳妇你先尝，
我去高山看咱娘。
兜里揣着烙油馍，
俺娘俺娘快尝尝。

有讽刺后娘虐待继子的：

小花鸡，叨磨盘，

俺娘打俺真可怜。
白天打着拾柴火，
晚上打着摸菱角。
菱角刺儿扎着脚，
没有亲娘谁疼我。

有为了哄小孩快点睡觉大人唱的儿歌，一边唱，一边拉着小孩的手，一拉一推，很有节奏地拖着长腔唱：

筛箩箩，打汤汤，
谁来了，大姑娘。
带哩啥，狗尾巴，
卜甩卜甩你害怕。
筛箩箩，打面面，
俺问小蛋吃啥饭，
擀面条，打鸡蛋，
呼噜呼噜两三碗。

有嘲讽恶搞对方的：

你嘞眼，像鸡蛋，
你嘞鼻子拉风箱。
你嘞嘴，两瓣子，
当中卧个小燕子。
我去瞧，才扎毛，
我去看，才下蛋，
我去掏，刺棱刺棱飞好高。

有讽刺吝啬鬼的：

尖尖杵，杵杵尖，
关着门，焖米饭，
蝇子衔了半拉米，
掂着擀杖子撵十里，
要不是蒺藜扎着脚，
再撵十里也不多。

有讽刺大学生光有理论，不会实际工作的：

一个大学生，
干啥都不中。
要说死了吧，
对不起毛泽东。

也有拿老头老婆开涮的：

今天天气格外好，老头老婆来赛跑。
老头跑个第一名，老婆气嘞肚里疼。

过去的小孩儿玩具很少，每年的淮阳太昊陵“二月会”期间，就会有小孩子拦在路口，拦着逛陵的香客，齐声喊：

老斋公，你别走，赏给俺个泥泥狗。
不给俺个泥泥狗，回家就死恁舅舅。

逛陵的一般都会讨个吉利，撒一把泥泥狗消灾的。

值得一提的是那个时候还有政治儿歌，譬如淮阳一带流传的有讽刺“大跃进”浮夸风恶果的：

清早嘞馍，洋火盒，
晌午嘞面条捞不着，
筷子一搬，捞个红薯叶，
筷子扎猛子，
斗个红薯梗子。
晚上嘞红薯汤，
可以照月亮。

这在那时候是够胆大的，体现了民间的对现实的不满吧。也有现在看来很可笑的政治儿歌：

你扛枪，我扛旗，
咱俩打倒×××。
×××，去赶集，
半路上拾块西瓜皮。
还想吃，还想卖，
还想给他老婆留一块。

小××，不当高，
秃着头，像羊羔。

这些政治儿歌显然不尊重历史事实，显得极端荒谬，直接把人身攻击入歌，体现了那个时代的特征，污染了孩子的心灵。不过那个时候，小孩们却唱得起劲儿，甚至还激起了对×××的仇恨。我小时候就认为×××一定是个大坏蛋，可见儿歌的影响之深。当然造成这种现状不能怪孩子，因为整个社会都颠倒了，儿歌是不例外的。

在我模糊的记忆里，幼年最早是姥姥、母亲传唱的儿歌《小老鼠》，这是我童年时期最早接受到的文学熏陶。那个时候，学唱儿歌是孩子们唯一的音乐生活，大人们教孩子儿歌主要是基于可以哄孩子快点入睡。抱着孩子，唱着儿歌哄孩子成了民间的生活习惯。长大后参加了工作，远在他乡，在自己的记忆中，儿歌就成了故乡的代名词，儿歌就是母爱的化身。夸大地说，儿歌应该是中华民族一种宝贵的语言符号。

儿歌是一种浓浓的乡情，回忆起儿歌可以唤起在外漂泊的人对故土家园的深深思念。儿歌的记忆刻骨铭心，温馨而又美好。虽然行走在繁闹的城区，但孩童时代传唱的儿歌，有些至今我还能吟唱。我很庆幸自己能有一个涂满童谣的童年，真的感谢那一首首童谣实实在在记录了精神生活饥渴时一代人的成长。

滚滚红尘里我咀嚼那一首首宛如天籁的童谣，急功近利的心便仿佛得到清泉的滋润，“尘心息后觉凉来”，重又变得宁静起来。

童谣无忌

骆淑景 | 文

小时候在农村，我接受的最早的文学启蒙便是童谣了。

童谣好像没有什么文字记载，都是从祖母、祖母的祖母、外婆、外婆的外婆那里传下来的“口头文学”，它们有的有教育、警示意义，有的纯粹是顺口溜，哄小孩用的，还有的就是一代一代的儿童在玩耍中发挥创造的。

那时的冬天特别冷，冬夜特别长，不瞌睡时我就闹着让母亲给讲曲儿。所谓“曲儿”就是童谣。母亲讲得最多的就是《狼外婆》的曲儿。故事讲的是一家有姊妹仨，分别叫“刷子”“斧头”“门鼻儿”。她们的娘去外婆家，在半路上被狼吃了，狼又装扮成她们的娘的模样来到这家叫门，想再吃掉这姊妹仨。但姊妹仨很机警，不肯随便开门的。

狼就在外面叫门：“刷子斧头门鼻儿，给娘开门儿。”

刷子透过门缝一看，说：“你不是我娘哟，我娘脚大你脚小。”

狼就说：“你外婆家路远跑成这了。”

狼又在门外喊：“刷子斧头门鼻儿，给娘开门儿。”

斧头又透过门缝看，然后说：“你不是我娘哟，我娘脸上没麻子，你脸上有麻子。”

狼回答：“你外婆家没处睡，睡到豌豆囤里硌成这了。”

狼又在外面喊：“刷子斧头门鼻儿，快给娘开门儿。”

门鼻儿也透过门缝看，又说：“你不是我娘哟，我娘脸上没毛，你脸上有毛。”

狼说：“你外婆家没剪子，头发长得太长遮成这了。”

几次三番的考验后，姊妹仨放松了警惕，把门开开了。狼睡在床这

【作者简介】

骆淑景，曾用网名“黑梅”“春江花月夜”等，河南卢氏人。现居河南省三门峡市。中师毕业，当过教师、县委宣传部通讯员、副乡长之类，现在一个清水衙门当副职，可有可无。

头，和刷子一头。半夜里，狼悄悄把刷子吃了，吃得“咔嚓咔嚓”响，惊醒了斧头和门鼻儿，她俩问：“娘，你吃嘞啥，响声恁大呢？”

狼说：“去你外婆家路远饿得慌，你外婆给我炒的玉谷豆。”

斧头和门鼻儿说：“叫我俩也吃点儿吧。”

狼说：“小孩子家牙老嫩，吃玉谷豆害怕硌坏了。”

斧头和门鼻儿睡着了，狼就又把她俩吃掉了。

母亲讲时，把对话扯得长长的，狼的狡猾和姊妹仨的机警，都表现出来了。但最后狡猾的狼还是把姊妹仨吃了。每次我都听得惊心动魄，脖子缩到被窝里，耳边仿佛还响着狼吃人时的“咔嚓”声，最后不敢吭声，然后安静睡去了事。

再一次又要求母亲讲，母亲被闹急了，没啥讲时，就说：“哪有恁些曲儿呢？曲儿曲儿坐门墩。”我说：“不行，才这么短，讲一个长的吧。”母亲就重讲《狼外婆》，我就又吓得缩进被窝里睡了。

许多童谣是没有什么意义的，就是顺着音韵往下溜，哄小孩的。比如：

月亮牙，黄巴巴，
小毛头，要吃妈。
拿个刀，割了吧。
我不，我不，
我要吃妈。

有的有警喻意义，说明一种现象。如：

麻嘎子，尾巴长，
娶下媳妇忘了娘。
把娘送到后沟里，
把媳妇背到热炕上。

还有：

羊蹄甲，开白花，
有女不嫁小家家。
桌上擀面真是高，
地下擀面弯折腰。
少盐没醋没法弄，
还说俺妮老无用。

小时候，我们在游戏中也念唱许多童谣，比如一群孩子玩捉迷藏，藏的人先唱：

辘轳把，搅三搅，
开开后门我先跑。

边唱边跑藏了起来，让其他孩子找。

还有两个小孩坐在一起拍手，你左手他左手，你右手他右手，拍一下唱一下：

你一我一，拳头锁一，
你两我两，豆角打掌。
你三我三，金箍兜银簪。
你四我四，开门写字。
你五我五，五月端午。
你六我六，六打六九头。
你七我七，起鸽子打野鸡。
你八我八，八面开花。
你九我九，沿河看柳。
你十我十，……

一直往下说，到最后谁说不出了，谁就输了。

还有在跳方格子时唱的：

小鸡嘎嘎，要吃黄瓜。

黄瓜有籽，要吃鸡腿。
鸡腿有毛，要吃仙桃。
仙桃有核，要吃平菇。
平菇有水，要吃竹笋。
…………

也是一直说到说不下去为止。

还有两个人互相捉住对方胳膊，一边摇过来摇过去，一边唱：

筛筛——箩箩——
杀小鸡，烙油馍。
咯嘀咯嘀气死个，
咯嘀咯嘀气死个——

没有什么意义，就是游戏时表现的一种节奏、一种气势。

有时同伴中有人放屁了，但没人承认，我们就念一首童谣，从某人开始念起：

叮叮当当，沿路烧香。
哪儿放屁？一股臭气！

最后一个字“气”落到谁跟前，屁就是谁放的了。

还有一个游戏就是一个人摸住另一个人的膝盖窝，轻轻地挠他，逗他笑，一下一下，能忍住不笑才算赢，还一边唱着：

一抓金，二抓银，
三抓不笑是好人。

农村小孩子，从小在山间田野中长大，疯跑疯玩，野得很，大人也顾不上管。小时候我也很野，骂人的话不用谁教就听会了。这边骂不过人家了，就赶快编曲儿：

你骂我，我不还。
我去后沟叫姥爷。
姥爷没啥拿，
拿个小搅把，
搅住你妈小尾巴。

占了便宜，我们高兴得哈哈大笑。

小时候很坏，看见学生放学了，我们就站在一旁念唱：

学生娃子下学了，
羊屎蛋子泡馍了。

有在劳动中唱的，如在割麦时唱：

拢，拢，割麦麦，
刀刀快，切韭菜，
韭菜辣，切甜瓜，
甜瓜甜，月儿圆，
麻子闺女扫碾盘，
一天扫个半升米，
全部都要交给俺。

还有人看见太阳要落山时，就唱：

日头落，狼下坡，
夜狐子背个烂砂锅。
领住娃子拾柴火，
领住女子去烧火。

有时候一群小孩子在一起比赛说曲儿，看谁能跟上。

板凳倒，狗娃咬。
谁来了？你大嫂。
胳肢窝里夹的啥？烂棉袄。
你咋不穿呢？虱老咬。

你咋不逮呢？眼不好。
你咋不看呢？钱老少。
你咋不死呢？命老好。

还有谁总爱哭，大家就唱：

小白鸡，转坑沿。
洗白手，扎花鞋。
扎的花鞋没处放，
放到你娘床头上。
老鼠咬个尖，
捂住鼻子哭半天。
眼也哭瞎了，
鼻子也哭塌了。

还有姊妹两个在一起唱：

荠荠菜，水里漂，
我和姐姐一样高。
大姐争个花手巾，
我就争个破铺衬。
大姐枕个花枕头，
我就枕个老母狗。
翻翻身，咬一口。
死丫头，你没长手——

有的表现了旧时期农家孩子对知识学习和为家争荣光的一种向往，如：

太阳出来明晃晃，
我家二哥上学堂。
读“四书”，念文章，
将来当个状元郎。
红旗插到咱门上，
你看荣光不荣光。

童谣，无根无梢，也不知从哪儿传来

的，也不知传到哪里去。在广大的农村，到处都传唱着各样童谣，这也成为一种文化景观。在农村长大的你，若在脑子里搜索一下，保准能搜出一大堆。它们有的通俗，有的机警，当然还有很多粗陋的。儿子小时候，被送到老家去，跟他奶奶住了半年，回到家什么没学会，竟向我学说了几首顺口溜，一首是：

稀稀拉拉种扁豆，
山上没娘没奶头。
娃子哭了大半夜，
大大给个脚指头。

听儿子奶声奶气地唱起这样的一段儿歌，真是让我哭笑不得。不过，想想我们自己在童年时期时常哼唱起的那些或雅致、或朴实、或浅显、或粗俗的歌谣，从内心深处，我自然是能够会心一笑的。儿子能够接触到这些由最朴素自然的民间产生的人类智慧，也算是他成长中的一种幸运吧。

走进商城民歌

乐祥涛 | 文

一朵鲜花开在那个女子的口中
引无数蜜蜂嗡嗡作声
如歌的季节
随八月如期而来
飘桂花的馨香
飘开花的声音……

这是一位诗人在了解商城民歌以后写下的诗篇，也就是这首诗作引我走进了让人如痴如醉的商城民歌。

记得那是20世纪80年代中期，河南电视台拟定拍摄音乐电视片《歌乡行》，摄制组到信阳主要是到商城拍摄了大量的素材，这个时候我才了解商城民歌。后来河南电视台、中央电视台分别播出了制作后的《歌乡行》电视片，结果有多首由商城人自己演唱的商城民歌被选用，从那时起我就开始关注起商城的民歌来。

后来一个偶然的机会我结识了商城的词作家叶照青和曲作家张德光，随后我就走进了商城民歌那浩瀚的海洋。

商城民歌是丰富的，是多彩的。她缘于风光旖旎的自然景观，她缘于朴实、勤劳的商城人民的劳动成果，她缘于商城人民那不屈不挠的斗争精神。她的歌词活泼、欢快，她的曲调优美、绵长。她受着楚文化和中原文化的双重熏陶，形成了自己的地方特色，散发着江淮流域所拥有的泥土芳香，给人以享受、以启迪、以力量。

商城的民歌分为爱情歌、劳动歌、生活歌、时政歌、仪式歌等。无

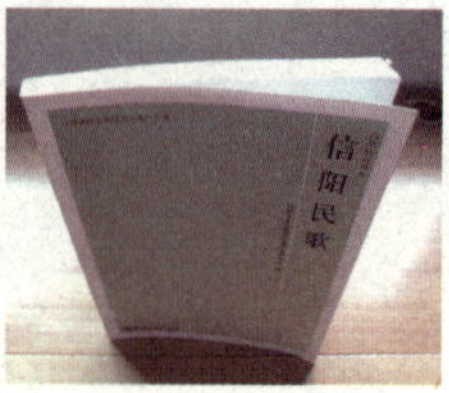

【作者简介】

乐祥涛，河南商城人。河南省作协会员。出版有诗集《那人·那泉·那月》，散文集《走笔豫南》《打开心灵让风吹》等。

论你走到哪里，不论你在什么场合，一有闲段就会有民歌扑面而来。

一阵太阳一阵阴，
一阵狂风进竹林。
俺把山歌当媒人，
狂风吹断林中笋，
山歌唱动小妹心。

这是情歌中的山歌。当你走在山上，走在田间地头，走在街上，都会有浓浓的情歌包围着你。情歌中不仅有大胆的对白，还有相思，还有倾慕，也有对心中恋人的描述：

十八大姐站街头，
扇子遮脸假怕羞。
虫吃栗子心里啃，
风吹杨柳笑摆头，
哪个女孩不风流？

同时，也有撩人心弦的情妹回声：

油菜花开满田金，
蜜蜂采蜜绕花心。
飞来飞去不下瓜，
撩得情妹难安宁。

商城民歌的劳动歌又分田歌、牧歌、采莲歌、夯歌、号子等，是在劳动的过程中让人们身心获得愉悦的一种民歌：

你车水来我栽秧，
人儿勤快地不荒。
今日车水俺帮你，
明日栽秧帮俺忙，
白米干饭豆腐汤。

商城的生活民歌，主要反映生活当中的

酸甜苦辣和生活哲理。例如：

一杯酒，说贤文，
郎打戒指送情人。
郎的钱财如粪土，
妹的人情值千金。

二杯酒，说贤文，
粉壁墙上画麒麟。
画虎画皮难画骨，
知人知面不知心。

三杯酒，说贤文，
江边杨柳倒发根。
有意栽花花不发，
无心插柳柳成荫。

这些民歌既有思想性又有艺术性，联想丰富，让人百听不厌。同时还有像《十月怀胎》《奴劝情哥莫赌博》《小白菜溜地黄》等民歌，都能揭示生活的艰辛和哲理。

要说商城民歌中最有影响、最具特色的就是时政歌了。为了庆祝商城起义的胜利，由吴焕先等人作词，商城民间艺人王霁初根据商城民歌《八段锦》改编作曲的《八月桂花遍地开》，不久就回荡在庆祝大会的上空，回荡在商城大地之上。这首民歌后来经红四方面军和红二十五军传唱到江西后，迅速传遍了全国，最终成为中国民歌经典，写入民歌史诗，至今还被人们广为传唱：

八月桂花遍地开，
鲜红的旗帜竖啊竖起来。
张灯又结彩，张灯又结彩，
光辉灿烂现出新世界。

这一时期还有许多让人难以忘怀的民歌，如《打商城》《送郎当红军》《豁出命来闹翻身》《刘邓大军真勇敢》《支援大军到江南》等。这些民歌都展现了商城人民的斗争精神和取得胜利后的喜悦心情。

全国解放以后，商城民歌也像商城的精神面貌一样有了崭新的发展，无论是在内容上，还是在形式上，都有很大程度的提高。一大批文艺人员开始收集整理商城民歌，使商城民歌整体水平得到了升华。这个时期的商城民歌在贴近生活的前提下，更注重曲的优美和词的凝练。同时还有很多的文学家、艺术家加入民歌的创作当中。他们一改过去有调无曲的局面，在继承的基础上创新和发展商城民歌的曲调；在歌词方面也拓宽了民歌的内容，注入了时代特色，从而使商城民歌达到思想性和艺术性的完美统一。

“文革”期间，商城民歌一度萧条。直到十一届三中全会后，被压抑的商城民歌才犹如火山一样爆发出来。1977年、1978年河南省文化厅、河南电视台、河南广播电台到商城连续举办了两场河南省民歌工作现场会，省广播电台录制十余首民歌，连续播放了一个多月。1979年9月，全国举办了民族民间民歌独唱、二重唱会演，商城的老歌手石体洁、新歌手罗国柱入选河南省代表队参演，他们演唱的商城民歌《一朵茉莉花》《我对太阳唱山歌》《社员爱唱吆喝歌》等获得了专家和观众的一致好评。

随后，在信阳地区举办的音乐、舞蹈、戏曲会演及各类艺术节当中，商城歌舞一直占主导地位，还不时有精彩的节目亮相于省电视台和广播电台。

然而，随着时代发展和社会进步，人们对民歌的欣赏要求也在逐步改变。为了适应这一新形势下的需要，商城的词曲作家和歌手联手，共同打造商城民歌的精品。他们在不断创新和丰富着商城民歌的曲调和歌词的同时，还最大程度地给商城民歌赋予时代的气息，从而使商城民歌再次取得骄人的成绩。这当中最典型的就是《我随歌声画中游》了。

山歌一曲乐悠悠，
曲曲伴着泉水流。
家乡春光唱不够，
撒满田野丢满沟，
我随歌声画中游。

姑娘采茶云中走，
翩跹起舞好风流。
巧手摘下五彩霞，
化为花开满枝头，
引来百鸟放歌喉。

当你聆听这首民歌时，你的身心就会走进诗的意境、画的色彩和劳动的快乐中。这首民歌把商城民歌的特点和商城的山川景物表现得淋漓尽致，难怪中央电视台转播河南电视台拍摄的音乐电视片《情满大别山》中的《我随歌声画中游》《要问阳雀为啥乐》《四季乐融融》三首商城民歌时，在导语中评价说："这里山美水美歌更美。"

这样的评价对商城歌手来讲，起到了振奋和鼓舞作用，接着，他们就昂首挺胸地走上了全省乃至全国的舞台。

1989年，商城歌手尹本禹的一曲商城民歌《祖国把粮库交给我》在全省粮食系统职工歌手大奖赛中获一等奖。

1990年，商城农民歌手金旭功带着《我随歌声画中游》参加中央电视台第四届全国青年歌手电视大奖赛，获"优秀歌手奖"。随后该歌又获得"河南省十佳歌曲金杯奖"，又与另一首商城民歌《春歌》一同录制，于1991年在中央电视台《百花园》栏目中播出。

2000年，在信阳市十佳民歌手比赛中，商城有金旭功、尹本禹等五位歌手荣获"信阳市民歌演唱家"称号，还有年轻一代的李扬、曹黎黎等四名商城歌手获得"信阳市优秀民歌手"称号。

2003年，商城歌手李扬参加了亚洲音乐节、第六届中国新人歌手声乐大赛，分别获得陕西赛区一等奖和全国总决赛金奖，并代表中国参加亚洲总决赛，最后获得"优秀新人歌手奖"。

2004年9月，中央电视台音乐频道推出了《民歌·中国》。在讲到信阳民歌时，共播放信阳民歌18首，其中商城民歌占9首。商城歌手金旭功、李扬等在节目中再一次放开他们的歌喉，那激情的演唱、那优美的旋律、那诗意的歌词，还有那美丽的山水画卷通过电视屏幕一起走进了千家万户，走进了亿万人的心中。你听，那支优美的歌再次响起：

小伙捕鱼浪里走，
风催云帆荡轻舟。
长篙搅碎千顷浪，
好似山河抖绿绸，
逗得鱼儿跃沙洲。

播种正当好时候，
抓把细雨滴出油。
春从指缝往外飞，
落入心田把芽抽，
春色永在心中留。

董永传说在西平

奚家坤 | 文

受西平县炎黄文化研究会之邀，2006年新春，笔者与西平县炎黄文化研究会的高沛先生及县文化馆的小陈、县旅游局的小李等同志一起，深入到董永传说的起源地——西平县重渠乡采风。董永传说是中国古代最著名的民间传说之一，它那众人耳熟能详的以弘扬真孝为核心的美丽曲折的爱情故事，真切地表达了处于农耕时代的先祖们对幸福生活的渴望和对皇权的抗争。无论是从弘扬传统文化的角度，还是站在建设和谐社会的立场，挖掘保护这一中国传统文化瑰宝都是一件非常有意义的事情。汽车行驶在新修的乡村公路上，天蓝如洗，阳光灿烂，透过车窗能看到公路两旁尚未融尽的积雪和一望无际绿色的麦田。再过几天，公路两旁新植的棵棵挺拔的杨树就该吐出它最初的绿芽了。目光中的一切都给人留下一个印象——这是一块生机勃勃充满创造力的热土。

车停在村庄内整洁的小柏油路上。一问才知已到我们此行的目的地——重渠乡仙女铺村。据高沛先生介绍，董永传说主要集中在西平县重渠、盆尧及相邻上蔡县的无量寺等乡镇的五六个村庄方圆不足百里的区域内。仙女铺村是董永传说的源头。在仙女铺村，笔者见到了已等候多时的乡村干部和几个年事已高的村民。寒暄一阵后，笔者随意问一位老农知道不知道董永传说。老农便大大方方如数家珍似的讲起最原始版的董永和七仙女的故事：

西平县城东南12里有个小董庄，村北有个铁底、铜帮、玉石盖的大池塘。每年的七月初七，王母娘娘的七个宝贝女儿都要来池塘洗澡。再说小董庄有个青年叫董永，家贫如洗，为葬父自卖自身，到村南赵庄赵员外家放牛，直到25岁还未婚娶。这年七月，董永受在县城卜卦为生的

【作者简介】

奚家坤，河南西平人。现任西平县文联党组书记，西平县作协主席。系中国民间文艺家协会会员，河南省作协会员，驻马店诗歌学会副会长。

神人金梁先生指点，抱走了在池中洗澡的年龄最小的七仙女的衣裳，二人遂结成夫妻，男耕女织，并生下儿子董仲。日月如梭，转眼过了八年，天上才只有八天。这天王母娘娘心烦意乱，掐指一算，得知七仙女私自下凡配了董永，十分恼怒，带天兵天将下界捉拿七仙女。董永父子得知七仙女被天兵天将带走，哭天叫地，急忙追赶，从仙女池往东南一直撵到上蔡境内的吴宋湖，眼睁睁地看着七仙女被带上了天庭。以后，乡人怀念七仙女，把小董庄改名为“仙女铺”，把村北池塘取名“仙女池”，把母子、夫妻齐哭的村落改名“齐哭店”，把七仙女别夫离子的庙院改称“没娘寺”（无量寺）。

这个故事，我们不知道听说过多少次，但此时此地老农用他那纯粹的乡音叙述出来，大家仍不自觉地沉浸其中，唏嘘不已。这个东汉时期开始流传的故事，已走过了一千八百多年的历史，物是人非，我们已经很难想象当时的场景，但这一个个村名保存到现在，先祖们又想告诉我们什么呢？

我问一位村民，仙女池铁底、铜帮、玉石盖是怎么回事儿。老农们都笑了，笑得天真狡猾又有些得意。一位老农告诉我说，铁底是指池底的淤泥，铜帮是指两岸的黄土，玉石盖就是指头顶上的蓝天。听完老农的话，我也开心地笑了。我问其他村民，关于仙女池还有没有什么说法。一个老农迟疑了片刻，怯怯地问，有一个说法，不雅，不知该不该说。我告诉老农，我们此行的目的就是要记录下最原始的故事，雅不雅都可以。听了我的话，老农这才说起来：仙女池岸边水草多，但池南岸有一块地方，寸草不生。那是仙女们洗澡时下水上岸的地方。再往上走，有一片草地是嫩黄色的，草尖都向下长。那是仙女们洗了澡歇息的地方，草尖朝下，扎不着仙女的屁股。我们再一次开心地笑了起来。

听完故事，村民们带我们去看仙女池。仙女池其实是当地的一条河，由于地势低洼，水面宽阔了许多，据说当年有九百四十多亩那么大。现在的仙女池由于多次填河造

田已没有了往昔的规模，但池水清澈，水鸟和鸣，加上堤上林木众多，成群野鸡出没其中，倒别有一番情趣。站在河堤上，一老农向西南一指说，那一块岗地，就是故事里的赵庄，现在已庄毁人空，我们都叫它“赵岗”。我忙问是怎么回事儿。老农说，董永卖身赵庄赵员外，起初赵员外对董永也还不错。后来见了漂亮的七仙女就起了歹心。他找来一些蚕丝，故意使人扯乱，然后强迫七仙女连夜织成绫缎，否则董永一生不能自由。七仙女点香请来了六个姐姐帮忙才勉强织成。七仙女升天后，赵庄遭到了天谴，天灾人祸不断，村民们死的死，逃的逃，一个村庄就这样给灭了。善恶有报，所以人要多做好事。老农讲的虽是民间的传说，但谁说它不是人民心中向往的和谐社会呢？

随后，我们跟着村民又穿过麦田，先后观看了村民们供奉七仙女的仙女庙遗址，七仙女浴后梳妆的梳妆台，七仙女在麦田行走磕鞋形成的磕鞋冢及董永墓等众多的遗迹风物。

第二天，我们又先后走访了高庄、丁寨等与董永传说相关的村庄，村民们分别给我们讲述了许多内容相似、版本各异的董永传说。以后的日子里，主要是文案工作。我们在县图书馆、档案局及史志办等单位工作人员的帮助下，查阅了现存的众多史志记载。最早记载董永传说的是东晋文学家干宝。干宝，新蔡人。新蔡距西平不足百里，新蔡、西平，当时同属汝南郡。从干宝的志怪小说集《搜神记》所记载的董永传说故事的内容和当时的交通状况及信息传播水平看，显然是根据西平民间传说创作而成。西平董永传说最早见于明修《汝宁府志》。志书中记载唐代秦宗权派军队到西平挖掘仙女墓未成一事。可见，西平董永传说至少在唐以前已相当完整，业已传遍中原。清《重修汝宁府志》及《西平县志》中，都明确记载：“仙女池在县城东南十五里仙女铺以北，徐魏庄南，相传董永遇仙于此，故名。”“董永墓旧志云在县城东十里仙女池畔。”“妆台，在西平县城东南一十里。”清《河南通志》记载：“仙女池，在西平县东南十里，相传董永遇仙女于此。”又云：“妆台位于西平城东南十里许，传说为七仙女浴洗梳妆处。”“妆台野云”，旧时为“西平八景”之一。历代众多文人墨客来此凭吊，留下了不少优美诗篇。

荒台崒嵂拂云蒙，
倒影仙池半插空。
妆镜凝辉虚夜月，
机丝曳练易秋风。
真洛终浦成尘度，
孝感天台有路通。
流水行云余几许，
杳然人世隔玄宫。

——（明）王浩

荒台遗址近池边，
织女临凡几许年。
倒影凌空如对镜，
新妆映水欲飞烟。
衣堆极浦皆成锦，
孝感苍冥直动天。
野草晴观传幻景，
超升有路伴群仙。

——（民国）阎克恭

经过多天的采风调研、查阅典籍，大家一致认为，西平董永传说具有故事发生的原生性、遗存遗址保护的完整性、群众基础的广泛性、民风民俗的延续性等特征。西平应是董永传说起源地之一。

一周的采风活动很快结束了，分别时我们相约各自写一点文字记录这次愉快的采风。因年初工作较多推至今日。像梁祝传说一样，董永传说也有几省多家在争其起源地。有人争，是一件好事，是国家国力强盛的表现。需要说明的是，笔者写这篇文章并不是要否定谁，而是想为家乡乃至国家的文化建设尽一份力罢了。

娭的渊源与挚爱

金　昌｜文

【作者简介】

金昌，河南滑县人。发表有中篇小说《指挥部急需舌头》《街道主任的光辉事业》，小说《演戏》《看戏》等。

过去的豫北乡下，孩子喊母亲的称呼有“娘”“妈”“婶”“大娘”“大大”等，但大多数是喊“娭”。我喊母亲也喊“娭”。“娘”“妈”不必说了，是流行的称呼。“婶”“大娘”“大大”等，是老习俗。

那么娭是啥意思？“娭”的称呼源自何时、何处？又为何会流传至今？

由于我是喊“娭”，往往叫城里的亲戚听得哧哧地笑，笑得我不免尴尬而羞赧。“娭”的发声好像“唉”的一声叹息，又好像“哎”的一声答应，土气而奇怪，怎能叫我不难堪呢？

后来查了《现代汉语词典》：娭毑，①祖母；②尊称年老的妇人。该解释令我茫然，觉得喊祖母不对，祖母是奶奶，娭是母亲。尊称年老的妇女也不是很对，刚生孩子的妇女，还很年轻，也被喊“娭”。这使我心里很是疑惑。于是想，俗话说，妇女不算人，面条不算饭，算汤。擀面条叫“擀汤”，吃面条叫“喝汤”；包饺子叫“包汤”，下饺子叫“下汤”。有人在门外喊：“家里有人吗？”家里的女人听见了，会答：“没人。”我们就问，没人？没人怎么答话？老人说，答话的是女人，她家的掌柜不在家，就是没人。掌柜指的就是男人——噢，说是尊称，其实不尊，是不屑、轻蔑与歧视。

工作后我到过湖南、湖北，那里也有“娭毑”这样的称呼。不过他们的娭毑不是母亲，而是奶奶或外婆，或者大妈级别的人。对母亲则喊“妈”“娘”“娘老子”“嗯妈”等。我由此想到，豫北人把母亲喊“娭”，也许是地域差别，也许是语言习惯。众所周知，河南人说话

简单，能说一字的，不说俩。正如侯宝林的相声所说，其他地方的人好几句话才能说明白的事儿，河南人四个字就妥："谁？我。咋？尿。"非常简洁。大抵"娭毑"亦如此，一是称呼母亲，二是略了"毑"。

有了字典、词典的解释，有了外地方言的参照，我又在想，我们对母亲不喊"娘"，不喊"妈"，而喊"娭"，不但不土气，不奇怪，不是"唉"的叹息或"哎"的答应，而是"娭"与"爱"谐音，这个"娭"，又何尝不是爱的意思呢！

随着我年岁的增长，头上白发的增多，母亲也一天天老了……

如今，母亲已故去多年，我也已离岗待退，有了更多回忆母亲、感念母亲的时间，却似乎觉得母亲犹如天边的白云、河里的流水，渐渐淡化，渐渐流逝，渐渐被岁月携带得越去越远，心里很是茫然无奈。可又蓦然觉得，其实并不尽然，随着生活的更深体验，对母亲的回忆与思念，非但没有淡化，没有流逝，没有越去越远，反而觉得自己也是这条生命河流里的一滴水，与母亲从未分开。

于是我又想起了娭及"娭"的称呼。

有人说"方言是文言的积淀"，颇有道理，颇符合一些方言的现实存在。于是我查了《辞海》：娭毑，方言。①称祖母；②对年老妇女的尊称。《广雅·释亲》曰："毑，母也。"这就明白了，"娭"的词条是"娭毑"，"毑"的意思是母也，母也就是母亲。看起来，我们喊母亲为"娭"，是很有历史根据的。

《辞海》还说：《广雅》，训诂书。隋代避炀帝杨广讳，改称《博雅》，后复用原名。三国魏张揖撰。揖，字稚让，清河人，太和中为博士。卷首有揖《上广雅表》，自言此书分上、中、下三卷。唐以来析为十卷……清王念孙有《广雅疏证》，订讹补缺，由音求义，较为精审。这么说来，喊母亲为"娭"，不光有文字依据，而且是很有历史渊源的，说明在三国之前，就有"娭毑""娭"的称呼了。

如此久远的一个称呼，为什么能够流传至今呢？我想这跟我们的农耕社会有关。农耕需要稳定，稳定就是稳固安定，没有变动。稳固安定不变动，必然缓慢。而缓慢的车轮才能留下清晰的辙印，清晰的辙印也就有助于存留与承传。于是"娭"这个古老的称呼，便由远古一直传递过来，传递给我们这代。

"娭"还是个复音字。它既读ā i，又读x ī。娭，音x ī：①同"嬉"，游戏，玩乐；②古时候对妇女的贱称。

由此可见：一、“娭”这个称呼是古老的；二、这个字不论读āi，用作对年老妇女的尊称也好，还是读xī，用作对妇女的贱称也罢，其含义都是符合我们中华民族文化延续实际的。读āi，作为对年老妇女的尊称，体现的是爱，是母亲之爱、女性之爱、血缘亲情之爱。读xī，用作对妇女的贱称呢？恰好证明了封建社会中的男尊女卑，证明了封建制度对妇女的束缚、辱没和蔑视。在几千年的封建社会里，广大劳动阶层的妇女，一直被各种所谓的礼教束缚、压抑、辱没与歧视，直到封建社会的终结，尤其是新中国成立之后，她们才在思想上、政治上、社会地位上得到了解放，才有了真正意义上的人身自由、人格独立，才有了“时代不同了，男女都一样”的平等舞台。但是，就中华民族的女性而言，无论被尊还是被贱，从来就没有自私过爱，掩藏过爱，吝啬过爱，尤其是母爱。因此也就有了孟母、岳母、漂母这些善良仁慈的伟大母亲。

我的母亲生于贫寒，嫁于贫寒，一生都在苦累中度过，直到晚年生活才有了好转，她老人家却突然撒手人寰，使我常常扼腕悲叹。我的母亲不识字，像所有那个时代的劳动妇女一样，也没有自己的名字，但丝毫不影响她的美德、她的贤良、她的慈悲、她的和善、她对我们无私的爱。在我的心里，她完全可以与孟母、岳母、漂母媲美，是一位像她们一样伟大的母亲。每当我想起她，就会暗自流泪。

母亲的爱，是缕能温暖我心灵的阳光，是双能抚慰我心灵的手，是我心灵的故乡。

几十年过去，一回头之间，发现儿时那一声“娭”的呼喊，已经不在。再到乡下时，向孩子们问一声，“娭”是谁？他们会不懂，会茫然。

是啊，时代在变，习俗在变，称呼在变，但是我想，只要人类还保持着卵孕胎生，只要科技还没有发展到合成人类的后代，母亲的爱就会继续，就会永在。

母亲的俗言俚语

骆淑景 | 文

小时候，父亲常年在外干木工活儿，母亲就领着我们挣工分、过日子。母亲常常一边劳作，一边说些俚言俗语。生活的哲理、做人的准则，世态百相、世道人心，还有日常生活的细枝末节、行为规范，她都通过“打比方”，一点一滴灌输到我们耳朵里，渗进我们的血液里。

冬天的早上，头顶的“小喇叭开始广播了”，我们还赖在被窝里不想起。母亲就说：“赶紧起吧，早起三光，晚起三慌。”我问哪三光？她说：“头光，脸光，脚底光。”那时总有许多要饭的，每当要饭的到门前讨要时，母亲就挖一碗糁子或取一块馍给他，从不让他落空。我们不愿意，说：“咱都没啥吃哩，还给他？”母亲就说：“人都有遭难的时候。没听说‘有话送给知人，有饭送给饥人’吗？”每次吃饭的饭桌前，母亲都叮嘱我不要掉馍花，她说：“饥时一口饱时一斗，一米还度三荒哩。”每当说起村里谁谁谁不好，再不和他来往时，母亲就说：“话不说尽，路不走绝，不走的路还要走三匝哩。”小孩子骂人，专拣别人的缺陷，母亲就劝道：“打人不打脸，骂人不揭短。”当我们在外面吃了亏回家诉说，她就劝：“吃亏人常在哩。”姊妹们因为什么闹气了，母亲就劝道：“要得好，大让小。没听说‘有今世的姊妹们，没有来世的姊妹们’吗？”

母亲手巧，会剪衣服、蒸糕、捏窝窝等，村里谁家有事都来找她，常常耽误了自家的事。每次我嘴噘着不愿意，她就说：“邻居敞舍哩，谁不用谁？没听说‘远亲不如近邻，近邻不如对门’吗？”有时候应承了别人什么事，她再作难都要办到。我若埋怨，母亲就说：

【作者简介】

骆淑景，曾用网名“黑梅”“春江花月夜”等，河南卢氏人。现居河南省三门峡市。中师毕业，当过教师、县委宣传部通讯员、副乡长之类，现在一个清水衙门当副职，可有可无。

“应人事小，误人事大。人家靠给你了，再难也要做到。”母亲教育我们要独立自主，不要依赖别人时，就说：“有山靠山，没山独担。”意思是有外来的支援更好，没有了你要自己撑起来。

还有“指亲戚靠邻居，饿了肚子老嘈人”。在日常生活中，母亲就事论事，以一点一滴的教导规范我们的行为。吃饭时，她教我们身子要坐端，“食不言，寝不语”。我们说话时，她就指点：“说是说，笑是笑。没听人说，‘连说带笑，必定差窍’吗？”她教育我们干什么都要坚持：“不怕慢，单怕站。只要有恒心，铁棒磨成针。”我若帮助母亲做点事时，她就鼓励道：“一把手拍不响，两把手响叮当啊。”母亲做针线活儿细致，我跟她学，总是没耐心，毛毛糙糙，母亲就说：“没有好人穿，还有好人看呢。”她讲卫生，爱干净，总是把屋里屋外扫得精光。一年到头，母亲床上的被子总是叠得整整齐齐的，冬天再冷，她也不习惯往床上坐。父亲总是说：“咱家床上的单子不是铺烂了，都是让你妈给扫烂了。”那时家穷，缺吃少穿，但我们姊妹的衣服总是洗得干干净净。冬天换不过来，母亲便连夜把棉袄拆了，洗净，搭到熥笼上烤干，赶在天明之前重新纳好让我们穿，还说：“笑脏不笑烂嘛。”母亲很会操持家务，她常说：“命薄一张纸，殷勤饿不死。”“吃不穷，穿不穷，打算不到一世穷。”她还经常劝我们“吃饭穿衣量家当”，不要和别人攀比。说到住的地方不好时，母亲就说：“宁叫心宽，不要宅宽。”

母亲善良、聪明，与人为善，处事也很灵活。邻居之间有纠纷，来向她倾诉，她就说：“常言道，‘清楚不了，糊涂拉倒；要得公道，打个颠倒’。你忍忍他让让就过去了。就是争个是非曲直又能咋着？”但她同时又告诫我们，“糊涂饭吃得，糊涂事儿做不得。”她让你知道，道理都有两面性，你要学会把握其中的分寸。母亲也有一套劝

解自己的办法，每当遇到重大困难，几乎过不去的时候，她就说："车到山前必有路，上不去了鞭子抽。"有几次我丢了钱，很心疼，影响情绪，母亲就劝道："算了，风吹鸡蛋壳，财去人安乐。"有时上当受骗了，一直丢心不下，她就劝说："不要想那事儿了，割过的肉都不疼了。"那时生产队的人大都偷庄稼，我们偷不上，很生气，母亲就劝："吃了凉粉凉凉的，没吃凉粉淌淌的。没有长下那钩钩嘴，吃不了那瓢瓢食。"当村里妇女来诉说，说到谁待谁不亲时，母亲就说："这个事不要强求，没听说'猪是猪，羊是羊，猪肉长不到羊身上'？"还有付出与回报的关系，母亲说的是"没有行下清风，就想要细雨哩？"母亲的劝解，使你凡事想得开，不钻牛角尖。无论是在人生的高潮还是低谷，都能够做到平和、宁静、内敛、自省，保持基本的心态平衡。

对待人际关系，母亲也有一番见解。她常说："亲戚远来香，邻居高打墙。"意思是说人与人之间要有距离。还有："穷到街头无人问，富贵高山有远亲。"母亲教育我们不要固执己见，就说："大家群小家轮嘛。"说到大集体，人哄地皮地哄肚皮时，母亲就说："人多没好饭，猪多没好食。"母亲也很幽默，说起村子里哪个懒婆娘时，母亲就说她是"白天游门摆四方，黑了熬油补裤裆"；说谁是个懒汉，就说他"槽里吃食，圈里蹭痒"。母亲把她的所爱所恨、所喜所恶，都通过俗言俚语，通过"打比方"传递给我们，让我们在不经意中懂得，什么是美什么是丑，什么是善什么是恶。

母亲守旧、认命、本分，同时也胆小、怕事。她常说："我是针尖儿磨眼儿里熬出来的人，树叶掉下来都怕打住头。"作为家里的长女，她从小伺候五个弟弟妹妹，帮大人做家务活，"当丫头女子使唤"，没有机会上学，她所有的知识，都是从外婆、外婆的外婆那里得来的。她勤劳、善良、忠厚、节俭、聪明，她用她的智慧，在风雨飘摇的年代，辛苦维持着我们这个家，使我们的这个家能够浑浑全全，使儿女们能够健康成人。她言传身教的那些东西，总是在不经意中，指点着我的人生。

散落在平原上的文化符号

153
/
183

年代太过久远，有很多中原民俗在我们这些人的记忆里，渐渐显得是那么支离破碎。它们像是被这个时代遗落在时光深处的珍珠，闪着温暖的记忆之光。它们像是散落在这块中原大地上的符号，告诉你我，那些曾经的往事……

疯玩的童年

骆淑景 | 文

童年的记忆里，似乎除了玩耍还是玩耍。那时上学、读书、做作业都是“搂草打兔子——捎带”，而大部分时间就是玩耍。学校不追究，大人更不督促，也没有“家庭作业”这一说。我和小伙伴们一起村里村外、漫山遍野到处疯玩。我们白天玩、晚上玩，下学玩，上学还玩。故乡的田野就是我们的乐土，故乡的山川河流就是我们的广阔舞台。我们在这里自由成长，我们在这里收获童真。那时每户农家都喂有几只兔子或一头猪，放学后我们提着篮子，三五成群去割草。而花费在割草上的时间也不多，其间多是在玩。

女孩子玩得最多的就是抓子儿、跳方格、踢毽子、跳绳。抓子儿，我们要到河畔用石英石去砸，我们称石英石为“火石”。用“火石”砸出来的子儿，一开始涩巴、扎手，但经过一段时间的磨碰后，就变得光滑圆润了。抓得时间长了，子儿就被磨小抓不住了，然后再砸。一副子儿是七个，一方开始抓，抓失手了，就叫“嗨了”，这方“嗨了”，就轮到另一方抓。最后比谁得的分多算谁赢。一年到头，女孩子右手的几个指甲中间满是划痕，那是抓子儿造成的。

做毽子，要用到麻钱和鸡毛。家里好像总能找到一些麻钱，甚至有时在粪堆里都能刨出麻钱。麻钱中间有方孔，两枚麻钱相叠用布纳住，再在上面栽个野鸡翎后面的细管子，管子里插上鸡毛就成了。鸡毛必须是公鸡尾巴上的，色彩鲜亮，柔软悠长。每到冬天的夜晚，家里那只长得最好看的大公鸡就遭殃了。待鸡都上架后，我就嚷着让大人捉住老公鸡拔毛。鸡毛要尾巴中部的，靠后不行，靠前的也不行。靠后的鸡毛短粗，插不到管子里；靠前的鸡毛，不鲜艳。

【作者简介】

骆淑景，曾用网名“黑梅”“春江花月夜”等，河南卢氏人。现居河南省三门峡市。中师毕业，当过教师、县委宣传部通讯员、副乡长之类，现在一个清水衙门当副职，可有可无。

除此之外，我们还玩更多的游戏。

夏夜洁净平整的麦场上，我们翻跟斗、打水磨轮子、藏猫狐、藏猫狐时，一个说："辘轳把，搅三搅，开开后门我先跑。"就跑了，随后剩下的人都去找。藏的人有时藏到鸡圈里，有时藏到猪窝里，只要让大家找不着，什么地方都敢藏。还有老鹰抓小鸡、指星星月亮、丢手绢、过家家……啊，真是太有意思啦！

后来大队成立了"毛泽东思想宣传队"，排练样板戏和其他节目，宣传队经常组织到各村去演出，小孩子更是跟着模仿。夏夜里，几个大孩子领着一群小孩子，站在村头，用纸卷的喇叭筒，对着河对面的村放声高唱样板戏，那边听见了，也对着唱。两家互相对阵，最后嗓子都唱哑了。女伴中数淑玲的嗓子最好，又高又亮，她唱的《红灯记》里李奶奶的一段，很有名气。

不论在哪个场合，只要有权威的孩子头儿说声"淑玲，来一段！"淑玲就开始"痛说革命家史"了："十七年风雨狂怕谈以往，怕的是你年幼小志不刚，几次要谈我口难张……"到最后，这段唱词几乎成了她的专利，每到一个场合，人们都要求她唱。

那时大人忙，每家的孩子也多，做父母的顾不上管。母亲顶多交代一句："不要去崖边，小心掉下去！"我们爬坡沿崖，爬高上低，没有不敢去的地方。不像现在一家一个孩子，这不敢，那不敢，把孩子管得死死的。

长大以后的我，看家乡的村庄很破败，田野很贫瘠，三道梁，四面坡，两条河水穿村过，村前一园竹子，人们住的大多是窑洞，远处是光秃秃的山，实在谈不上什么好山好水。但那时却是我的乐园。

我们整天在村子里、田野上跑来跑去，以至于现在，闭上眼睛，我还能说出村子里的人家，上屋住谁，下屋住谁，谁家院子栽

有什么花，种有什么树。我还能叫得出村里块块田地的名称，它们的方位、形状。什么十亩地、扣窝地、后村崖畔、硝土窑等，都记得清清楚楚。

童年的玩耍，一是和吃嘴分不开，二是和生产劳动紧密相连。小时候，怎么那么吃嘴呢？而在饥馑年代，家里没什么可吃的，糁子饭、玉米面馍能填饱肚子就不错了，哪有什么零食？家里没有，我们就去野外寻。

春天里桃花刚落不久，我们一群孩子就开始剥吃小桃，那时桃核还是软的，我们就把桃核塞到耳朵眼儿里，说是“暖鸡娃”；农历四月里的青杏，酸得让人打牙，但我们照样上树偷摘，酸得龇牙咧嘴，也不肯罢休；到田野上割草时，吃芦芦葱、酸不溜、荠荠菜、叶叶菜，还有一种叫“鸡大腿”的植物根茎，吃得嘴巴墨绿墨绿。

在我们小孩子眼里，没有什么是不能吃的。麦子快熟时，掐嫩麦穗回家烧烧吃；农历五月，到崖畔摘“破板”吃，红红的，像草莓一样的味，酸甜酸甜的；还有一种叫“疙门”的果子，也是很好吃的。母亲常嚷我：“吃嘴妖精，太害糟人了。”

秋天自然是一年中果实最丰盛的季节，玉米快熟了，到田里折“甜甜秆”啃，甜甜秆是没有结玉米穗的光秆子，和甘蔗一样甜的。农历六月六刚过，就开始摘核桃吃，说是“六月六，灌香油”，也就是核桃刚灌浆，还是稀水汁子，就开始吃，一直吃到核桃仁饱满。整天用一把小刀子剜核桃，手被染得乌黑乌黑，见了人很不好意思，总把两只手藏到背后。有时急得到河边寻个涩巴石头磨，想把手磨白，结果把手都磨烂了。

秋天下霜后，柿子红了，我就和小孩子一起上树摘红柿子吃。常常被涩得龇牙咧嘴，有时连嘴巴都张不开了。秋天里山坡上的野果子都开始熟了，酸枣、欧李子、木胡梨、野葡萄……什么都有。每天放学后，我就带着妹妹，爬坡沿崖找野味。我们还到邻家后院摘桑葚吃。冬天实在没啥可吃了，就拿上镢头去刨茅根儿吃，也甜津津的。

学校门前有个林场，林场有许多梨树。春天里梨花雪白雪白的，非常好看。到了秋天，枝头挂满梨子，一天天长大了，很是诱人。从梨树下走过，馋得人口水直流。但看园子的老汉看得很严，根本没法靠近。

有一次，我和小伙伴商量好，绕到距离梨园大门很远的地方，摘了一些梨，结果还是被看园老汉发现了。老汉一边喊叫一边撵，把我们撵得屁滚尿流，但小孩子家腿脚利索，撒丫子跑了老远。我们不敢往回家的方向跑，朝着相反方向跑，一直到天黑下来，才绕道回家。到家大气不敢出，乖乖睡觉。第二天上学，还直怕看园老汉认出，忐忑了一阵子，见没有动静，心里才安生。

村里有个郭老汉，喜欢种果树，他家的院子里栽有杏树、樱桃、梨树等。但郭老汉不苟言笑，看得严，谁都害怕他。村里村外的果子不等熟，都被小孩子摘吃光了，只有郭老汉家院子里的果子还完好无损地挂在枝头，伸过墙来招摇着诱惑人。每次路过，我们都馋得直流口水。大家就想，怎样才能吃上郭老汉家的果子呢？有一次，我们瞅见郭老汉挑水去了，就和小红几个人，攀着树枝上到郭老汉家的墙头上摘他家的大梅杏。刚摘没几个，郭老汉就回来了，他边走边喊：“这是谁家的娃子，真害糟人？杏还没熟就偷着摘吃？走，寻你家大人去！”我吓坏了，双腿直哆嗦，溜下墙头低眉顺眼等着郭老汉训斥。谁知他走近了，却没有再说难听话，还把撒在地上的青杏拾起，塞给我，说：“不是不让你们吃，是得等熟了。”我接过杏子，撒开腿跑了，从此见了郭老汉都觉得不好意思。

崖畔上种了两亩西瓜，队长派村里最厉害的二杆子叔看瓜。二杆子高腔大嗓子儿，为人不讲情面，人们都怯他。一次晌午，我和几个小女伴，商量好去偷瓜。我们在看瓜棚里和二杆子叔攀扯，派另外两个人在地头摘瓜，顺崖滚下去。等摘得差不多了，我们走出瓜棚。谁知她们摘的瓜都不熟，用拳头擂开，里面的瓤还是白色的，但我们还是你一块我一块地啃将起来。

我的整个童年时期就是在故乡的田野里、山坡上度过的，我对土地、山川、河流有一种天然的亲切感。以至于后来，参加工作后，住在城里好长时间仍不习惯。过一段时间，好像得了什么病，头痛、胸闷，呼吸不畅，浑身乏力，说不出的难受。星期天故乡转一圈，看看山，看看水，站在山野里呼吸一下新鲜空气，什么毛病都没有了。

遥远的童趣

张雁群 | 文

现在的孩子玩具多，却多不愿一块儿玩，即使一起玩也玩得不开心；而我们儿时玩具少，甚至没玩具，却玩得开心、尽兴。

那时大人们忙于生计，很少有工夫管我们，下午放了学，我们不玩到天黑是不回家的，回到家父母也很少责骂我们，所有的孩子都那样，也就见怪不怪了。现在的孩子放学上学都有父母去接送，怕的是路上遇到坏人。我们小时候，似乎就没有坏人，谁家都是姐妹四五个，养活都养活不过来。不像现在一家一个，宝贝得金疙瘩似的，捧在手里怕掉了，含在嘴里怕化了，主贵死了。我们那时的孩子特结实，头疼脑热的，顶一顶就过去了，因为经常在外面疯，抵抗力就特别强。打个比方，过去我们就是田野里的一棵草，如今的孩子就是温室里的花，虽说都是孩子，但娇贵的程度却不一样。我不知道，如今的孩子童年会留给他们一种什么样的记忆，我却知道，我们童年的记忆是丰富的，可玩的东西遍地都是。回想童年，我能记起的更多的是童年的游戏。

一、打棒

打捧，就是找来一根长约六十厘米、稍粗的木棒作为棒杆，一根长约二十五厘米、稍细且两头削尖的木棍作为棒尖。玩的时候，先在地上画一个直径约两米的圆圈。一人立在圈内，左手拿起竖着的棒尖，右手横握棒杆用力打棒尖，击中后左手迅速松开。棒尖飞出后，圈外有另一人拾起棒尖向圈内扔，若扔至圈内，则胜，反之则输。对方就用棒杆敲棒尖的一头，待棒尖飞起后再用棒杆迅速敲，每次敲三下，边敲边喊“一敲——两敲——三敲”，敲够三下后，用棒杆量棒尖到圆心的距离，有多少下称为多少丈，假若规定为五十丈擒棒，量够五十棒杆的距

【作者简介】

张雁群，又名张岩群，河南渑池人。三门峡市作协会员，《仰韶》季刊专栏作家。在《河南日报》《洛阳晚报》《三门峡日报》《河南通信报》等报刊发表作品百余篇。

离就要由对方擒棒。

所谓“擒棒”，就是胜方一只脚站在圈内，一只脚站在圈外，用棒杆敲棒尖，棒尖飞出后落地，由输的一方拾起夹在右腿腕，用左脚蹦至圈内，要让棒尖落入圈内，中途棒尖落下，则要继续擒棒。

小时候，我二哥特别爱打棒。记得有一次我去喊他回家吃饭，他在扔棒尖时，扔到了我的额头上，当时就起了一个大包，回家后母亲狠狠打了他一顿，可他照样爱玩。我长稍大时也特别爱玩这种游戏，似乎这是我们男孩子的专利，女孩子只有看的份儿。

二、对拐

对拐是一种不文明的玩法，即玩者双方皆用左手拉住右脚裤腿，使右脚离地，左脚蹦着，用右膝盖去撞对方，双方可以各三五人，只要右脚沾地就为输。那时有个好听的名字叫“抢金子”，双方相距一定距离各画一个圈，里面放一块砖头，只要一方把另一方的砖头捡拾回来放入自己的圈内即为胜，当然是单脚才算事儿，中途会有对方拦截，但也会有己方的掩护。

这种玩法，我一直玩到了初中，后来有位同学在玩对拐中被对方撞倒，胳膊骨折，校长在全校大会上严格规定后才结束这种游戏。记得上初一时，是星期六上午第三节课间活动，那时周末为一天半，星期六下午才放假。我在和同学们对拐时，腿裤缝被拽开了长约十厘米的口子，在上课铃响后往教室跑的过程中，左脚不知怎么的又踩住了开口的裤子，结果裤缝开至大腿根儿，夏天衣裳单薄，同桌又是一位女同学，我坐在座位上一动不敢动，在忐忑不安中听到放学铃声，如释重负一般，慌忙背起书包，右手捏住裤缝拔腿就跑。二里多的路很快就跑回家，被母亲骂了一通。星期一到校，同村的伙伴说：“星期六走那么早干啥？也不一块儿，太不够意思了！”我忙说；“有急事儿！”

三、弹柿核

柿子树在北方就像南方的橘子树，田野里、山崖边到处都是，每年深秋，柿子收获后，我们都要攒上一些柿核，晒干后就够我们玩上一年了。

弹柿核玩法很简单，在地上用瓦碴片画一个半圆加大方格，形状为方格上面加一个半圆，小方格内写上数字。玩前，将一个柿核放在半圆的边中间，一方用拇指扣住弯曲的中指，中指用劲弹出，用指甲盖儿弹柿核，要在四下之内，将柿核弹进方格内，最后根据柿核最终所停方格处的数字向对方索要多少个柿核。如果四下之内，都没有将柿核弹进方格内，则为输。

为了能赢，一些小伙伴甚至全身趴在地上，每弹一下，口里说着：“一窠篓水，二牛嘴，三堂锣，四进穴。”我们在一二年级时经常玩这种游戏，三年级年龄稍大了一点儿，或许是嫌趴在地上太脏、不文明，就不太感兴趣了。

四、打弹珠

跳棋中的弹珠在我们这里叫“溜溜蛋”，个头儿要比跳棋上的弹珠大一倍，清一色绿的。玩前，先刨一个小土窝，然后离窝约五米处画一道线，一般二人或四人玩，玩前站在线外，向窝内投溜溜蛋，谁离窝近谁就为先，通常一和三一家，二和四一家，然后开始把溜溜蛋放在手里，拇指扣中指，用中指指甲弹送溜溜蛋去碰击对方，将对方碰出线后方为胜。记得有个小伙伴打溜溜蛋特别好，他通常先把溜溜蛋放到嘴里，沾上口水后的溜溜蛋就特别光，再用拇指和食指紧捏溜溜蛋，由于光滑，打出的弹劲就猛，撞击对方溜溜蛋的劲儿就大，被弹的距离就远。

五、打纸包

这种游戏比较文明，且干净，但关键是太费纸。小时候，作业本的纸质差，用来叠纸包的纸大多是课本或者作业皮。

纸包很好叠，将两张纸对折后成两个长条，然后呈十字交叉，由纸的两条各折一个角，四个角叠在一起，相互交叉，最后一个角插入缝隙中，就是一个方方正正的纸包，也叫“方包”，还有一种好听的叫法叫“面包”，或许是因那时对面包的渴望。那时逢年过节都极少有面包吃，我小时候就没有吃面包的记忆。

纸包叠成后，有角的一面为正面。放在地上时无论是正面还是反面，只要对方能用自己手里的纸包将其打翻，即可为自己所有。打纸包需要的不仅仅是用劲的大小，还要有一定的技巧。记得小时候，班上有一个同学，穿的是哥哥的旧上衣，有些肥，特别是袖子长，走起路来呼呼扇扇，打纸包特别厉害，总能赢我们。虽说他学习不怎么样，但就凭这一点就很是令我们羡慕。我当时就不明白为什么他总是赢，而我总是输！长大后才明白，他是在用劲的同时，利用袖子扇起的一股风把纸包掀翻的！怪不得那时他穿着哥哥的衣服宝贝似的不愿换洗。想明白后，不禁一个人偷偷笑出声来。

儿时的游戏成了遥远的梦，每每回想起来总有一股甜蜜涌上心头。如今，儿时的伙伴都长大成人且有了孩子，为人父，或为人母，但儿时的记忆却犹如久而弥醇的酒，永远弥漫在心底，久久挥之不去……

麦秸垛：最后的方舟

郭 宏 | 文

故乡给我印象最深的便是村头那群麦秸垛。一垛麦秸代表一户人家，数数有多少个麦秸垛就知道村里有多少户人家，从垛的形状和大小可推断出主人家是否勤劳和人口的多少。大大小小的麦秸垛在村庄周围星罗棋布地排列着，远远望去就像一群刚刚卸下套的老黄牛，静卧在村头，悠闲地咀嚼着那缓缓流过的岁月……

丰收后，人们不但收藏好麦子，就是对遗落在田里的麦秸也格外珍惜。用筢子搂了一遍又一遍，连轻飘飘的老麦叶也不轻言放弃，甚至急收割时留下的长麦茬还要用长把铲子溜着地皮铲掉收集起来，用竹筐背回去。之所以人们这么稀罕麦秸，不单单是因为收拾干净好种下一季庄稼，还因为那时在农民眼中，那麦秸就是比金灿灿的金条还贵重的无价之宝。

第一，麦秸是牛马牲口的唯一草料，牛马是庄稼人生活的命根，耕地、播种、施肥都少不了它们的劳作。虽然它们在种庄稼时起的作用无可替代，但它们的主食却只是那打掉粮食后剩下来的麦秸。

第二，麦秸可以盖房子，垒墙需要用草坯，用加了麦秸后的坯垒起来不但轻便结实，还耐风雨。当然屋顶更要苫上厚厚的麦秸，这样建造出来的草房子不但冬天暖和麦天凉爽，那厚厚的屋檐还为叽叽喳喳的麻雀免费提供了温柔的鸟巢。

第三，质量稍差一点的麦秸才会被拿去当柴烧。因为麦秸是软火，容易燃烧又快速熄灭，所以用麦秸烧锅蒸的面饼子贴锅的一面黄灿灿的，焦酥而不煳，煮的面条吃起来更筋道。因此家乡人夏季美食凉粉制作时唯一专用的燃料便是麦秸，若用芝麻秆、枯树枝，硬火不易掌握，

【作者简介】

郭宏，本名郭红卫，河南平舆人。河南省作协会员，驻马店市散文专业委员会理事。

稍不留神就煳成气味刺鼻的的锅粥。

除以上三点外，麦秸还可以做盛馍的麦秸馍筐，休息用的麦秸垫、麦秸席，夏天戴的麦秸凉帽，冬天穿的麦秸鞋等。总而言之，我们的生活中到处都离不开麦秸默默而柔弱的身影。

堆麦秸垛前母亲总先炸一筐像麦秸一样黄灿灿的油条，因为堆麦秸垛不仅是技术活更是力气活。打着饱嗝的父亲背着手在村头转一圈，用脚跺跺这儿又踩踩那儿，转几圈才选定地势较高的一块平坦地。一般麦秸垛都采用南北走向，这样的走势可以减少风吹雨打又可以增加日晒的面积。垛底一般用麦茬根铺成长方形，麦茬根透气性能好又耐沤。铺好底后，父亲先拿铁杈挑些麦秸垫好四个角，然后母亲便一杈压一杈、一杈挨一杈、一层层从南往北堆积。堆过一人高时，母亲便像指挥官一样登上麦秸垛，边指挥父亲放的地方，边进行平整。而我则在旁边给父亲打铺子，把麦秸堆成一座座小山。父亲因为丰收吃饱了肚皮，还总嫌麦铺子小。只见父亲快步走到麦铺子前用铁杈垂直插下去，再用脚蹬两下，杈把子一歪又用腿一压，只听“嘿”的一声，便把一大堆麦秸高高举起，稳稳地走到垛前，往上一送，麦秸便欢快地落在垛上，站在上面的母亲立马用杈按住，平整了一下。

等到把下面的麦秸全堆完时，父亲便把手中的杈子一放，蹲在垛前双手不停地拽麦秸，把垂下来较长的拽下来，一直拽到整齐如刀切一般。父亲在下面刷垛腿时，母亲在垛上面也闲不住，她要在上面不停地走动，把蓬松的麦秸踩实，还要用手中的杈子，把高地方的平到低的地方，然后像梳头一样，用杈子把垛四周的乱麦秸连拍带梳整理整齐。最后父亲再把掉在四周的麦秸用杈子送

上去。这样反复几次麦秸垛的大体轮廓就出来了，从正面看像一个肥嘟嘟的大蘑菇，侧面看像一头健壮的大黄牛。麦秸垛的顶端还要摊上麦糠，因为麦糠碎而细密，堆在上面雨淋不透。送麦糠时用篮子，堆时应从北向南。母亲用杈子把麦糠堆成尖尖的鲤鱼脊状。一直堆到离南头一米多远时再调转过头从南往北堆，一直堆到脚下时，父亲便把架子车倒立起来靠在麦秸垛边，让母亲从上面走下来。母亲拍打拍打身上的麦秸回家做饭去了，留下父亲把母亲最后站下的坑填平。垛堆好后为了预防风吹鸡挠，有的还要在上面盖一层野蒿水草，或在垛顶和垛腿抹上一层薄薄的草泥，整个麦垛才算全部完工。

麦秸垛是我们童年时最快乐的游乐园。夏夜有月亮也好，繁星点点也好，每每吃过晚饭，先到的伙伴便来到麦秸垛前，手拉手地跳着喊起来："麦秸垛，头朝南，大人小孩都来玩。"这样一喊，真的来了许多小孩，当然也有小孩扯着过来的大人。小孩子们到齐后有的玩猫钻十二洞，有的玩老鹰捉小鸡，有的玩丢手帕，有的玩搭破鞋楼，有的……大人们则靠在麦秸垛上东拉西扯地高一声低一声地话家常。冬日农闲时，麦秸垛前更是我们晒太阳取暖的好地方。老人们揣着手悠闲地蹲在麦秸垛前打盹，我们小孩子或搬起腿斗鸡，或挤牛牛，女孩子更爱跳绳、踢毽子。家乡有名俗话："冻懒人饿闲人。"在天寒地冻的严冬，只要不停地活动，就是穿一件单衣活动起来，头上照样冒着腾腾的热气。就是下雨的时候，我们依然会钻到麦秸垛伸在空中的草檐下，津津有味地修"水库"、捏泥人、盖"草房"……每每傍晚时分，父亲便手掂铡刀背着一个大竹筐来到垛南头，用手拽下一堆麦秸后，单腿跪在麦秸堆上，一手抓草一手掀铡，"咔

嚓”一响，银晃晃的铡刀一起一落，麦秸便变成了只有寸长的碎草，这样的麦秸牲口吃得快也容易消化。

秋季的时候，麦秸垛也会有许多意想不到的收获。有时丝瓜、南瓜、葫芦、梅豆角等也调皮地爬满了麦秸垛，好像给麦秸垛穿上一件绿色带黄花、紫花或白花的上衣。因为爬得高易得阳光，结的南瓜、葫芦要比地上的大，结的丝瓜长、梅豆角多。就是躲在麦穗上的秕麦也是一味良药，谁家的小孩子哭闹厌食出虚汗，从麦秸垛上找一把带壳的秕麦熬茶，喝上几次就好了。更神奇的是有一年，我们家失踪了二十多天的丢蛋芦花老母鸡，有一天突然从麦秸垛顶上跳下来。原来芦花老母鸡在麦秸垛上孵出了十八只毛茸茸的小鸡娃。原来芦花鸡并没有丢蛋，而是把鸡蛋藏在麦秸垛上；它也没有失踪，而是独自默默地孵小鸡去了。二十多个日夜，风风雨雨，它独自坚强地挺了过来，终于实现了自己做母亲的愿望。

1975年8月的那场洪水让村里村外成了一片汪洋，爷爷用绳子把麦秸垛拴在一棵大树桩上，就这样麦秸垛像一个小岛托起了我们全家的希望——麦秸垛上放上草屋倒塌后的梁椽和门板，虽面积很小却放得下我们家小到锅碗瓢勺的全部家当，外加九只芦花鸡和一条老黄狗。在麦秸垛上生活的日日夜夜，大人们眼里流露出的是忧愁和恐慌，而我们小孩却因为新鲜刺激反而感到欢欣。从没有见过那么多水，往日的一切都不见了，到处都是明晃晃的水，水里不但有鱼，还时不时地从上游下来一些破旧的家具和一些小玩具。那种天当房水当床的宽敞，以我们儿童的眼光看来，就像是水晶宫一样美妙的童话世界。以至于洪水退下以后，我们还在暗暗留恋那种水上生活，还不大情愿走下麦秸垛，住进刚搭建好的那个低矮潮湿的窝棚。

随着农业机械化的发展，现如今，乡人们的生活逐渐富裕了起来，耕地不用牛，住上小洋楼，烧起了电磁炉。麦秸垛就像一个渐渐丧失掉劳动能力的老人，慢慢退出了生活舞台，消失在了我们的视野之外。前几年曾经那么金贵的麦秸失去了利用价值，蜕变成了垃圾，路旁沟边被随意丢弃，有时干脆一把火烧掉，所以每当麦收过后，田野里到处都是火光冲天，浓烟滚滚，仿佛回到了激战后的战场，那灼热滚烫的空气令人窒息，空中飘浮的麦秸灰落下来就像下了一场黑雪。

近两年乡人们在政府的引导下，认识到焚烧麦秸具有破坏土壤营养成分、污染空气等很多危害性，于是把麦秸打成捆送进了造纸厂，虽价格不高也总算发挥了它的余热。

在苍茫的大地上，在乡村的史书上，故乡的麦秸垛就像一叶神奇的方舟，默默地停靠在我美好童年的记忆深处，带给我心灵的快乐和温暖，还有以无私奉献精神的永恒守候……

麦收往事

栗志涛｜文

【作者简介】

栗志涛，河南登封人。历任企业报编辑、报社副主任、新闻中心主任，现任宣传主管兼企业文学创作协会副主席、摄影协会副主席。散文《梦回故乡》和《麦收往事》分别获中国优秀散文二等奖；《回乡偶记》等多篇散文入选《中国当代文学作品选》《中华散文精粹》。

“布谷、布谷，割麦种谷。”流传千百年的民间谚语十分应验，当布谷鸟叫的时节，金色田野里便酝酿着一场盛夏的开镰大戏。大人们便开始忙着磨镰了，伴着刀片与磨石连续摩擦发出的“嚯嚯”声，堆放在屋棚上的桑杈、木锨、扫把、耙子、扁担、长角绳子和尼龙袋子都被搜罗了出来，擦洗干净后整整齐齐排着队，好似要上阵打攻坚战的士兵般时刻准备着。糙场、碾场也是要早早做好的准备工作，一块平整的场地也是打麦、晒麦所必需的。

“蚕老一时，麦熟一晌。”麦子的成熟仿佛都是在一晌间悄然而至，长得饱满欲滴的麦子是断不能耽搁收割的火候的。那个火烧的季节，凌晨四点多钟，全家人便趁着微亮的天光赶到了半山坡的梯田。没有过多的话，父母亲一人揽几垄便开镰向前割去，我们姊妹几个也紧随其后，刺啦刺啦地收割着一年的希望。

“麦黄梢儿，累断腰。”此话一点不假，没割多大一会儿，我的腰便累得直不起来了，在后面磨磨蹭蹭地割着。大人们也不管那么多，时不常地说一通“不怕慢，就怕站”的道理，便自顾自地向前割去。

有经验的老人们都深知“麦熟一晌，龙口夺粮”的道理，为了紧赶紧地抢收抢种，早上上地时，大人都会准备几个馍头和一壶凉开水，渴了饿了就临时解决一下。

顶着暴烈的阳光，一家人都猫着腰快速地挥动手中的镰刀，伴着刺啦刺啦的刀割麦秆的清脆声音，一把把揽到手的麦棵瞬间便在身后堆成了一个个麦铺儿。直到半晌时分，一块地收割完毕，一家人才找个阴凉的地方吃点馍喝点水。

阳光下一堆堆的麦铺儿仿佛是一座座金山。看着这令人欣喜的收成，胳膊上被麦叶划出的血道子也不觉得怎么疼了，嗓子眼儿冒火时猛灌一通凉开水就爽多了。

紧张的收割节奏容不得多休息一会儿，很快便开始了捆麦、担麦的环节。捆麦时，先把带长角的绳子铺在地上，把几铺儿麦堆放上去，然后把绳子另一端的两根绳头从长角里穿出去，手拉绳头，脚蹬长角，最后在用力刹紧麦捆后，把绳子系个扣扣到长角尖头上再用手拉紧即可。这些活当然都是由父母亲做的。捆好后，父母分别担起两大捆，十二三岁的我也不甘示弱，挑起两小捆，跟在大人后面，亦步亦趋地沿着山坡上的羊肠小道向村头的麦场走去。

日近正午，麦子全部被挑到了麦场里，父亲和爷爷一刻不停地忙着摊场、翻场，母亲忙着回家做饭。也就是这时候，我才可以躺在树底下的阴凉处好好舒展舒展身子。

待到大人叫吃饭时，我惊喜地发现午饭竟是清香扑鼻的捻转。看着这诱人的绿色麦条儿，我赶紧盛上一碗，浇上蒜汁，便狼吞虎咽般开吃，那种清香爽口的味道至今想起来还让我直流口水。现在想起来，真佩服母亲的手艺，眼看着从地里回来时带着的还是青麦棵子，转眼间就变成了一簸箕捻转，真是神奇无比。听母亲讲，收麦时，总有边边角角的青麦没长熟，就带回去，把麦穗放到锅里煮熟，然后搓成籽，再放到石磨上一磨便成了清香细嫩的捻转。

经过一个中午的曝晒，胀饱肚儿的麦粒似乎急切地期待着一朝的分娩。摊成圆形的麦铺儿上，又一场紧张的抢收战即将打响。头戴草帽肩搭毛巾的父亲站在麦场的中间，一手拉着牛缰绳，一手扬着鞭子，不时地挥舞着，那头老黄牛则拉着石磙一圈复一圈地碾压着即将脱粒的麦棵。这时我也会学着大人的样子，笨拙地拿着桑杈不断地边抖动着双手边翻动着麦棵。

碾得差不多了，就用桑杈把上面的麦秸秆挑到一边，剩下的便是混着麦粒的麦糠了。这时全家老少齐上阵，有用木锨铲的，有用扫把扫的，有用漏耙反过来推的，不大一会儿满场的精华便堆成了一座小山。

看着大功即将告成，我想这下可以休息一会儿了吧。但爷爷伸手试了试风向，便催促着说：“趁风扬场，没风心慌。”说罢便拿起木锨站在上风头扬起了场，而父亲则站在“小山”的另一侧相向扬场，两人都把夹杂着麦糠的麦粒儿向上风头的中间扬，麦粒儿直直落下，麦糠则自然而然地随风向下风头飘去，这时母亲往往是担任掠场的角色，手握一把大扫把站在麦粒儿落地的前方，不断地把残留的麦秸棒子和没脱净粒的“麦鱼儿”掠向一边。而我们姊妹几个则时而帮着把那座“小山”向中间拢拢，时而把飞得远的麦子扫回麦堆。

好一阵忙活之后，金灿灿的麦粒儿也堆成了小山，在夕阳余晖的映照下，这用无数的汗水换来的一粒粒“金豆”仿佛就是千百张笑逐颜开的孩儿面，那么光鲜那么喜人。此时，总算可以松一口气了，不用再担心下雨天麦子沤在地里了，但此时的麦粒儿还需要在场里晾晒几天，等完全干透后才能真正运回家入仓储存。

那时，麦秸秆虽然无法与金贵的麦粒儿相比，但却是牲口过冬的上好饲料，也是万万不能随意丢弃的。大人们把麦粒儿装袋堆好后，也要把麦秸秆层层堆起来。堆麦秸垛时一般选在麦场的一角，一人站在中间，另一人不断把麦秸秆挑过去，站在中间的人则来回摆动着手中的桑杈，把麦秸秆均匀地摊平，麦垛不断地升高，不知不觉间站在中间的人已经高高在上了。当堆到一定高度后，还要用耙子把麦秸垛下部松散的麦秸扒下来，继续向上堆，随后还要用手一点点把麦秸垛的周围修理整齐。当底小肚大顶尖的麦秸垛最终完成时，还要在圆锥形的顶部糊上一层泥巴，有如给这座牲口粮仓盖了个顶，防水防风防沤烂。

在那个刚刚实现温饱没有几年的特殊岁月里，麦秸垛不仅仅是牲口的粮仓，麦秸垛的大小也是一个家庭是否殷实富足的象征。就是谁家闺女找婆家也要悄悄地到男方家的场里实地察看一下麦秸垛的大小。也有的男方为取得女方家的好感，就事先商量着把别人家的麦秸秆与自家的混堆成一个大垛。在那个许多人都曾被缺粮生活折磨过的岁月，这种奇特的现象也可谓是追求美好生活的一种方式。

抢收抢种的各项事务在一环紧扣一环地悄然进行着，人们在紧张忙碌中收获了金灿灿的踏实，种下了绿油油的希望。回想着难以忘却的往事，一声声“布谷、布谷”的叫声仿佛又在催促着勤劳的人们早点做好收获的准备。

赶　集

刘树生｜文

我的故乡在豫西卢氏县一个偏僻的山村里。20世纪40年代，父亲曾经是个乡村货郎，每逢农历三、六、九日要到距家五十里的官坡街赶集，在那里购些食盐、火柴、颜料（煮红、煮黑等）之类的杂货，在逢农历一、四、七日时，到黑沟街设铺出售。而在官坡和黑沟均为闭集时，则从家乡背扛粮食到距家六十里的木桐沟街赶集。因距官坡和木桐沟路途遥远，又要翻越数座大山，童年时，我常听父亲说起赶集的艰辛。他说，那段时间，他是人随月行，天黑月亮（出来）天黑走，半夜月亮半夜行。有一回洛河涨水，他只身在半夜过河，因看不清渡口，误进河槽里，险些被水冲走，回来后，他曾发誓再也不去木桐沟卖粮了。还有一次，他只身扛着扁担到官坡街赶集。那是一个大雪纷飞的冬日的凌晨，山路被积雪覆盖，四周一片白雪皑皑，当他翻越通向官坡必经之路的一座名叫五家岭的大山时，突然，在正前上方的山道上，横出了两只大恶狼，恶狼见人并不避让，而是直瞪瞪地瞅着人，眼睛里放射出贪婪的绿光。情急中，父亲弯腰欲从地上捡石而击之，不想地面已被厚厚的积雪覆盖，无石可找。正危急时，当他猛转身，忽然听到肩头扁担上铁环骤响，这才猛然觉察到自己原本是带着防身家伙的。这下，他才壮了胆，径直迎上去。正可谓“狭路相逢勇者胜”，也可能是狼发现了父亲随身携带的“武器”，不得已才姗姗离去。每当听到这里，我总为父亲捏一把汗，于是，就情不自禁地发问：“那样危险，就不要去赶集了嘛！”父亲总是会说：“不去怎么行呢，家里这么多人还在等着吃、等着喝呢。”

童年时，我曾无数次随父亲到黑沟街赶集，父亲到街后，总是先借

【作者简介】

刘树生，河南卢氏人。1967毕业于郑州大学外语系，退休教师，三门峡市诗词门楹协会理事，三门峡市作协会员。

街人的门板，然后用板凳支定，随后便把随身挑来的杂货置于案上。之后，便把我领到相邻的饭店，给我买一个香喷喷的火烧馍，有时竟还能吃上一碗油香可口的葱花素捞面或几个糖油包子呢。那时，一个在家里时常与糁子饭、酸黄菜、糊涂面条相伴的山里孩子，能在饭店里吃上这上等的饭食，真是一种巨大的奢望与满足。直到现在，每当想起黑沟街那50年前的小饭店时，仍觉得那味道令人回味无穷。

在父亲忙生意时，我曾不止一次地由街的西头转悠到街的东头。记得街西头外沿有一家铁匠铺，逢集时，四乡山民从家里带来用废了的镢头、锄头、斧子等，在此修理加工后，待散集时再带回去。铁匠铺里总是人来人往，叮叮当当，生意红红火火。我格外叹服那两个轮番挥着铁锤的大汉，他们不仅粗壮有力，而且击打落点精准，被烧得通红的铁块在他们的锤下，竟成了软面叶子，任他们随意玩弄。每当我把这一情节向父亲描述时，父亲告诉我说："常言道，'开过药铺打过铁，各样生意都不热'。"又说，"那抡大锤的是徒弟，而掌钳的才是师父呢。"我若有所悟，此后，在我的心目中，对那原先并不被我注意的掌钳人，便增加了几分敬重与佩服。

紧挨着铁匠铺子街西的河滩是牛市。河滩的杨树林里拴满了大大小小的黄牛，牛市里人流熙来攘往。我最惧怕的是那长着粗壮长角的大公牛，总以为它们会随时挣断缰绳，而在市场上撒野抵人。所以，对它们我总是像看《动物世界》一样，既新鲜又好奇，只是远远地驻足张望，不敢靠近。

与牛市紧挨着的是柴炭市场。赶集的山民从四面八方挑来柴炭，在这里摆成一条龙的柴市。这木柴有长有短，长的是山民们一捆捆用肩从大山深处扛来，未经过任何加工的栎树的树梢，短的则是山民在家里预先截劈捆绑得整整齐齐，用扁担挑进街市的，但无论长与短，市上的柴火都是青一色的上等干柴。从柴民肩上那厚厚的垫子可以看出，卖柴人应属这街市上最苦的一族。他们多半是用当日卖柴的钱，换回家中最为紧缺的生活用品，以维持最为艰难的生活的。

柴炭市场的东侧是山货市场，街道两侧堆满了诸如木耳、香菇、中药材以及禽蛋类商品。街道一侧有个山

货收购站，山货购销成为这大山里街面上一个最具特色的亮点。

在山货市场东侧是各色杂货摊点。这里的街道两旁摆满了出售油、盐、酱、醋、火柴、纸张、布匹、鞭炮之类的摊铺。这些商贩多为流动货郎，他们总是随着周边镇集日的交替而忙碌地追逐着。我父亲的摊点当然也在其中。记得父亲的货销路非常好，他做生意十分灵活，无现钱他就赊销，父亲的摊上总放着一叠厚厚的记账簿，那是专门用来记录拖欠货款人的清单。

杂货市场的东侧有个诊所，这是方圆数十里山民唯一的看病去处。诊所里有一位郭姓的戴花镜的长者，是当地闻名的中医先生，据说，就算是最为疑难的顽症，只要找到他，定能药到病除。每当我从诊所门前路过，总要仰望这颇负盛名的老先生，心里总会产生一种由衷的敬意和感激。

诊所的东侧是粮食商行。大街上摆放着许多巨型笸箩，笸箩里盛满了小麦、玉米、豆类等粮食，商行人员不断用斗、升等器具盛量着交易的数量，并不时地吆喝着向坐在屋里的记账先生报着数目：“张××，小麦×斗×升；李××，玉米×斗×升……”记账先生总是十分利索地用毛笔将所报数目记录下来，并噼里啪啦地飞速用算盘将交易金额计算出来。整个市场呈现出一派繁忙、紧张而有序的景象。我特别欣赏账房先生那左右手能同时运作，敏捷准确无误的神笔妙算动作。他在我心目中成了当地至高无上的“文化人”和崇拜的偶像。

黑沟街的最东头有一眼清泉古井，井深不过数尺，井水清澈甘甜，冬日里热气蒸腾，夏日里冰冷刺骨，里边鱼儿成串。当我逛过整个街市后，总会蹲在井边观鱼儿嬉戏，或在井边的凉水潭洗浴玩耍。

黑沟街的集数腊月集最大，特别是腊月二十一和二十四两个集，年轻的男女像是去庆喜事，穿上最新最美的衣服。他们在街上与久违的朋友约见，诉说着别离情长。腊月的街市上显得格外拥挤，集市上额外增添了许多外地来的商贩和卖小吃的摊点。我最喜欢腊月集，因为它不仅热闹，而且更给我的“吃”增加了更加多样化的选择。然而越是在这时，父亲就显得格外忙碌，常常在天黑下来之后，才能挑起担子回家。有一年雪夜，天黑得伸手不见五指，父亲回家在翻越房后的高岭时，连人带货担跌落山坡，翌日凌晨，才又赶回捡拾在雪野里遗失的货物。

腊月的最后一个集，因为年关将至，置买年货的人无暇在街市上转悠，总是匆匆地来又匆匆地去，故而人称“跑马集”。

20世纪40年代末，时局动荡，豫西解放前几年，国共军队处在拉锯状态。国民党反动政府为了扩充军费，滥印钞票，引起通货膨胀，父亲卖货换来的钞票成了一堆废纸。记得解放初期，姐姐曾把父亲千辛万苦挣来的旧钞，当作花纸糊在炕头墙上，或做成纸扇及其他儿童玩具。还有一段时期，人们竟完全废弃了纸币，街市上出现了用银圆、铜圆流通的返祖现象。记得童年时，我就曾常常从父亲的钱褡里搜寻并帮父亲清点他从集市里赚回的硬币。

集市贸易在夏季成了淡季，赶集的人非常之少。我见父亲却仍是不辞劳苦地赶集，曾多次劝慰说：“现在没集，就别去了。”而他却还是那句老话：“生意人，有集无集常常赶嘛!”

我的叔父是当地颇具名气的风水先生，他也是个有集无集常常赶的人。他一到街上，总是选择街中心那块固定的大石头，一坐下来，周围立刻就挤满了人。他还是个上知天文下通地理，能巧舌利嘴地说“三国”道“列国”的人。他的周围成了街市上一道奇特风景线。

岁月沧桑，50年后重归故里，当年的黑沟街已更名为“上店街”，它昔日的模样早已荡然无存，街道两旁楼房林立，店铺如云，一条笔直宽阔的水泥街道已与前后村落连接在一起，成为长达千余米的现代化街市。只有那位于街中心的清泉古井依然如故。上店街依然沿袭着黑沟街农历每月一、四、七日的集日传统，只是较前更加兴旺、更加发达和繁荣。

散落在大平原上的音符

李　振｜文

远逝的唢呐

伯父的一生，是用唢呐表达的一生。

伯父用爷爷遗留给他的唢呐，吹过冬夏，吹过春秋。一年四季，他将心爱的唢呐，挂在脖子上，披星戴月，走村串巷。谁家新婚嫁娶谁家得子得孙，他要去；谁家盖屋上梁谁家出殡发丧，他要去；谁家的老牛下了小牛，他也要去。

伯母常常怨言，你没日没夜送人家兴旺，自家田地却荒着，我一个人怎么操持得过来呢？

伯父却说，艺大有人求，这是祖宗留下的饭碗，我舍不得丢！

小时候，我生活在乡下。跟在伯父身后，为他背着褡裢儿，走过不少村落，吃了不少好吃的。难怪伯父不舍唢呐，吹一场，就有荤吃，有酒喝，有烟抽。有一天，我仰头钦羡地对伯父说，教给我吧！于是我便有了一支属于自己的唢呐，并且立志要像伯父那样，受人欢迎和敬仰，成为方圆十几里有名气的“吹家”。

村子里东山爷爷抚着我的头，意味深长地说，雏凤清于老凤声啊。不断增长我的勇气和希望。每天，我开始起早贪黑。学前学后，常背着书包，跑到村外田野里去，站在水塘半坡的一棵大楝树下，长一声短一声地学吹《东方红》。

那是我学会《东方红》之后不久，伯父去西塘村，为一家喜事吹

【作者简介】

李振，笔名“迩半坡”，河南郸城人。现居南京。《读者》《格言》《启迪与智慧》等杂志签约作家。迄今已发表小小说、散文、纪实文学1000多篇约200余万字。

“响儿”，晚上喝醉了酒。回来时，天黑尽了，伯父一头栽在路旁的深沟里，再没有爬站起来。他死去的时候，那支破旧的唢呐，也不见了，不知是被大水冲走了，还是落在了西塘村。伯母痛哭流涕，没有着意追究。伯父下葬那天，很多人前来送葬，一片歇斯底里的悲壮。事后又陆续来了好几拨人，为伯父圆坟。

我问伯母，唢呐呢？

伯母木然地说，给你伯带走了。

我悲痛欲绝。

伯母悲痛地哭了，泣不成声地说，搁下这份心吧，你爷爷在外头吹响器，你奶奶被活活烧死在家里，他连一声消息也没有得到。

直到有一天，一直看好我的东山爷爷说起，每当风雨交加的深夜，他都会听见一会儿在树梢，一会儿在屋顶，不时响起呜咽的唢呐声，不成个曲调。

当时我就想，伯父吹的正是我的那支唢呐吧……

如今，那已是遥远的过去了，但伯父的唢呐时常在我心灵的深处，声声吹响，唤起我对那段人生无限的怀想和对伯父的追思。

正如有人说：“唢呐是人生的乐器。”

于是我明白了，人生是需要乐器的，有什么样的乐器，就有什么样的人生。因而，我曾追随唢呐多年。更是懂得，无论什么样的乐器和人生，一旦融入到个体的生命里去，就会生生死死，永不分离。

虎头鞋

我想起了我小时候穿过的虎头鞋。

应该说，穿虎头鞋的年龄，我还是不记事的。我当然记不得，每当穿上崭新的虎头鞋是怎样在母亲的呵护娇宠下向大人们炫耀的，也记不得穿着虎头鞋的脚是怎样故意又

调皮地往泥水窝子里踩的，更记不得学走路时虎头鞋是怎样莫名其妙从脚上掉下来的。只是长大了，看到别的娃娃这个样子，我便回去问母亲，母亲只一个劲儿地笑，笑完才说：你小时候还不是跟他们一个样儿？

虎头鞋如一叶小舟，载着我走过不记事的婴孩时代。但我至今没有专注地审视过它，只清楚地知道弟弟妹妹们的虎头鞋，是母亲怎样用绣花针与绸丝线一针一针绣出老虎面孔的。虎头鞋的鞋面就是一个老虎面孔，怒睁的眼睛，厚重的眉宇，还有母亲并没有学过的“王”字，血红血红的舌头从虎口中伸出来。穿在脚上，宛然两只小老虎。

母亲在显耀她的杰作时，不是托着虎头鞋给人赏评，而是穿在娃娃的脚上，向人一戳一戳，虎头鞋如虎，扑来扑去，外人佯装害怕状，逗得娃娃疯笑。

我记得母亲用粗糙的手指在绣精致的虎头鞋时是那么细心那么顶真，以致锋利的针尖刺破了手指，忙用嘴吮去殷红的血。哪个手指不连着心啊，可娃娃们更是母亲的心肝宝贝。

从农村到异乡市井，从虎头鞋到用自己的薪水买的皮鞋，是一段被浓缩的人生。但母亲并没有因为我们长大成人了而停搁手中的针线，她每年依然做上几双，一则因为年轻的媳妇都不会做虎头鞋了，二则母亲说，他们都是亲戚，给这家孩子做了，怎能不给那家孩子做呢？

春节回家时，母亲说，你拿上一双吧。

虎头鞋原本是件精致耐看的工艺品，洋溢着浓浓的乡情，散发着正在陌生的乡土气息，寄托着无限的怀念，久久凝视，会不由自主地想起那遥远的小山村、满头白发的亲娘。

当我想追溯人生的时候，虎头鞋该是多么温馨亲切的向导呵。

纺车声

记忆中，母亲总不离开她的那架纺车，母亲总在夜里纺棉。

白天，母亲起早贪黑，下田务农，为我们操持吃的。至夜，母亲就点一盏油灯，盘坐在纺车前纺棉花了。纺成棉线，然后能织成布匹，缝制过冬的棉衣，母亲总是为我们的冷暖想近想远。

回味那嘤嗡如歌的纺车声，便不由地会想起母亲的宽大身影。

夜色如磐，灯光如豆。一盏灯，搁在她面前的地面上。灯很小，而母亲的身影很大，能投映半个房间，如一张幕帘。我们常常躺在母亲的身影里，沉浸于悠转的纺车声。眨着眼睛睡不着时，便能看到母亲纺棉时的身影动作。她右手摇着纺车在旋转，影子投在后墙上，而拉线的左手的影子就投在前墙上了。摇动的右手和纺车的影子，变换着后墙上贴着的年画，一会儿眼睛亮，一会儿鼻子亮。而母亲将宽阔的背影全投给了我们。突然回转，纺车声如一把大提琴拉过最后的一个音符。她左手影随后跟着上移，从堂屋的木门下向上，掠过门栓到了门头。看着打一下折扣，缩手回凑的左手影，听着有节奏的纺车声，便知母亲已将抽出的线缠在锭子上。母亲的头影却上在屋顶，蓬松的发丝都投影得很明晰，或许那一根蓬松最开的发丝的黑影，就是母亲头上的一根白发吧。想到这时，我就在心里催促母亲，夜太凉，早点睡。

母亲灯光中的影子就是我们温馨的夜晚、舒适的温床和甜美的梦乡了。

蒙眬的睡意里、缥缈的梦乡中，嘤嘤嗡嗡，纺车依然在哼唱着。在翻身的当儿，我睁开惺忪的眼睛，母亲的身影依旧随着那乐律宛然在舞蹈着……

而此时，夜风明月透进了窗棂，夜阑风凉中，屋外已传来公鸡的啼鸣声。

唱大戏

黄书展｜文

那时候，在我们乡下，时常会有大戏上演。那时候的戏曲演员真的就是普通的老百姓一个，从老百姓中来，到老百姓中去，很真诚地唱戏给老百姓听。不像现在，戏曲演员一边埋怨着听戏的少了，戏途难混，一边高高在上只躲在大城市富贵地方，顶多给一些有钱打赏的老板唱个茶社、戏楼。下到乡下去，一张嘴一口风沙地唱戏给最普通的老百姓听，在如今是最难得一见的了，就算有，也被打了“慰问”的旗号，那派头那意味，好像某县几大领导班子每逢春节来临时都会上演的那出“慰问”孤寡老人的固定曲目似的，是送温暖，像施舍。

那时候，但凡到了农闲季节，大多数时候是冬天，临近过年的当口儿，只要留心打听，总能打听到哪里又搭戏台、唱大戏了。或远或近。

远，也远不过二十来里地。这点距离在爱听戏的人眼里，只是多走几步路的事儿。爱听戏的，多是上了年纪的，他们索性就带了自家孙子孙女，直接就近住在了嫁在附近村镇上的闺女女婿家里。戏台还没搭好，就被孝顺的闺女接了去。大戏唱多久就住多久，住十天半天都是常有的事儿。亲家也是爱听戏的，搭了伴儿，带着各自的孙男娣女，整天价儿地出没在戏台子下面。

近，就在两三里外的集上。集，有大有小，无论多小，都会有戏唱。太小的集上搭了戏台，唱起了大戏，人们便说，这是“起会”。意思也就是说，这里原本就是个普通的乡村，只是村庄大了些，周围村子多了些，为方便这些个村子里的人们售货、购物，就在这个大庄子的中心大街上“起了会”——搭起戏台、唱起大戏，吸引十里八村的人们前来。戏台上，高腔大调地唱；戏台下，拥挤着看戏的人群；人群之外，

【作者简介】

黄书展，河南兰考人。新媒体编辑。

便是各样的摊点。除了看戏，饿了渴了，免不掉要去摊点前转转看看，顺带着购一些家里头急用的东西……渐渐地，这集会便形成了。无论逢农历的单日子还是双日子，朴实的乡人们只要养成了这个习惯，但凡日子到了，就会到这集上转转逛逛，凑凑热闹也好。

就两三里的距离，隔了一片麦田，或是隔了一道岭、一片林，官道都无须走，抄了羊肠小道，步行就过去了。实在太近，所以，每每有大戏的时节，只要“打头场”的锣鼓声一响，我们在自己的村子里就能够听到。锣鼓齐鸣，吹打得热闹，吹得我们这些小孩子送在唇边滚烫的糊涂汤面再也无法下咽，坐立不安地就想冲出去。大人们便嗔怪，不急不急，打头场又不是真的就开唱了，不急不急。

打头场的锣鼓声催得人心焦，催得赶往戏场的脚步都匆匆。俺娘连刷锅的心事也没了，站在院门口不时地张望，嘟囔着，这天不亮就去接去了，怎么这会儿了还不见人儿？

我听了，急得差不多要哭出来了。俺爹是接俺姥去了，拉了个平板车，天不亮就走了。几天前让人给俺姥捎信儿，说我们这里有大戏，问她啥时候来看，她捎话说家里猪呀羊呀需要人照料，戏啥时候开唱啥时候再来吧。这下可好，都“嘚哐嘚哐”地打头场了，人还没到！

正着急，远远见一个同村的骑着洋车子就过来了，告诉俺娘，不用等了，直接去戏场子吧。原来，俺爹拉了平板车接上俺姥，

家也不回了，直接从村西头的小公路，斜岔子就往集上去了。一听这样，我和俺娘二话不说，立即锁门，开步抄小道向戏场子奔去。

小道在岭上，地势高，路窄，从这里走的，大都是青壮年以及孩子。孩子们大都跑得飞快，跑出去老远了，回过头不耐烦地催自已的爹娘老子快点儿再快点儿，在后边在那里闲扯啥呢。小青年们倒不急，三五成群地边走边逗笑打闹，反正他们像小孩子一样去戏场也不是为了看戏：孩子们去戏场，是图个热闹，更是为了打牙祭；小青年们去戏场，多是为了聚聚会，和某个心仪的异性见见面，多一些沟通与交流。从岭上往不远处的官道上看，往戏场赶的人可真不少。

紧赶慢赶，刚至村口，还未到集市中心，就听到打头场的锣鼓声骤然全息，紧随其后的，是轻缓的二胡声，紧接着便是一声穿透云翳的男腔或女腔，高亮、悠长，翻过前面熙熙攘攘人群的头顶，越过村子里高低错落的屋顶，不期而至。大戏正式开场。

戏台子搭在一片空地上，这空地原本是赶集的人们在此做牲口买卖的地方。戏台子搭在最外缘处，临着河沿。台下观众密密麻麻，人群从戏台子跟前一直向后延伸到集市所在的中心大街上。中心大街像双翼，向两边延展，路边全是各样摊点，小吃摊点居多。

我被俺娘牵着，来不及瞅清小吃摊点上那油黄的水煎包、香气扑鼻的烧饼、滋滋作响的炒凉粉……我和俺娘像两条鱼在人群里穿行，四处寻找俺爹以及俺姥。拉平板车的可真不少。戏台上的戏正唱得响亮，就是喊破了喉咙俺爹也听不见我和俺娘的声音啊。挤挤挨挨，终于遇到一个同村的，也拉了平板车。俺娘让我站到他家的平板车上，踮着脚张望。黑压压的人头啊，俺爹明明就在这中间……

终于找到了。几乎在平板车观众区的最

前边了。在俺家停放平板车的前面，就是自己提了板凳坐着看戏的观众了。两边厢，便是站着的观众。在平板车观众区的后边，还有站在平板车或自行车架上的观众。俺爹用两条长凳把平板车的两头支起，平板车便平平稳稳的了。俺姥坐在上面，屁股底下还铺了褥子呢。

戏台上，正咿咿呀呀地唱，并不算万分精彩的唱腔，台下的人却听得依然是如痴如醉。乡下的戏多是简陋的。本就不是什么大的剧团，大多数时候，也只是县剧团会来。很羡慕那时的戏迷，好像每个县都有自己的戏班子，或曲剧团，或越调剧团，或直接就是豫剧团。听上了年纪的人说，这算什么啊，再往前些年，几乎每个乡（那时候，应该叫“公社”）甚至每个大队都有自己的“剧团”的。农忙的时候，在田野里热火朝天地劳作；农闲的时候，锣鼓敲起来，行头穿起来。搭不起华丽的戏台？没关系。找个庄子大的村落，在村头的打麦场甚至大的饭场上，只要有人围拢来，只要有观众，所有的地方都能是戏台。即便是县剧团，舞台布置也多是豪华不足简陋有余的。两盏汽灯在戏台前头挂着，几缕差不多都要看不出颜色来的帷幕在风中飘着。但即便如此乏善可陈的舞台，晚上汽灯一照，借着墨蓝色的缀满了星子的夜幕当背景，那白天看上去极不咋样的舞台突然就有种流光溢彩的感觉出来，再加上台下男观众抽烟时吞云吐雾出的烟气、观众外围那些小吃摊点上缭绕而起的热气、冬季里拥挤的观众们吐出的哈气，借了汽灯的光，缭绕在戏台前，使得那戏台竟有几分仙境的意味了。

因这戏班子差不多接近了草台班子，所以，那些演员也定然算不上是什么大腕。但就像某个经常在这十里八村出没的说书人一般，一些个戏曲演员的大名在乡下人的心目中，那也是响当当的。“今天有谁谁谁的戏，听着肯定可得劲儿，一定要去看一定要去看！”这是乡人之间的口碑相传，免费的广告。

童年时光里，随了大人十里八村、走南闯北地追着去看戏，更多的是为了那一份热闹，为了窥探戏剧舞台上那转上两圈儿就已走过千山万水、从台前到幕后走一遭就已走过小半生的神奇。为此，孩子们最喜欢的事情，就是跑到戏台子的后台去，从帷幕的缝隙里伸出小脑袋，朝里窥望。演员们有的在化妆，有的在聊天，有的……刚才在台上还哭得梨花带雨、一身素衣打扮的女演员，此刻竟然在和那个抹了白鼻窝的“仇敌”有说有笑！

看到有孩子们围观，演员们并不恼，甚至还有闲极了的，招手唤你过去，同你闲聊上几句。有一次，是父亲带我去的后台。三言两语间，一个演员竟然答应给我画一张脸谱。我兴奋万分，如坐针毡地终于等他画下最后一笔，没顾得上照镜子，就兔子一般蹿出了后台，向我的那些小伙伴炫耀去了。炫耀、得意了半天，回到家，取过镜子一照：哎呀，我的妈呀！四五岁的我当场被吓得尖叫起来。原来，那演员竟给我画了一张老包脸——乌黑乌黑的，额头上有个白月牙儿的那张脸。

及至长大，真的喜欢上听戏之后，在我们豫东乡下却是几乎再难得一见搭戏台、唱大戏的了。电视、电影，以及现在的网络多媒体，使得老百姓的娱乐方式数不胜数，年轻人喜欢听戏的越来越少了，是乡下大戏日薄西山的原因；但是，如今的剧团以及演员离真正的民间、离现在的年轻人越来越远，更是其自身不可忽视的原因。

天堂电影院

方在兴｜文

我是上世纪70年代的人，小时候，最高兴的事儿就是村里有人家放露天电影。

那时农村生活既枯燥又无趣，20世纪七八十年代，露天电影逐渐流行，看露天电影则也成了我童年生活中最有趣味的文化娱乐形式之一，它变幻的光影，把贫瘠的乡村和苍白的童年装点得生动而多彩。在文化娱乐项目匮乏的当时，露天电影可以说是老百姓能够享受到的一道“文化大餐”。

那时候，村里谁家新房落成、孩子满月，凡有喜事的时候就会请放映队来村里放露天电影。在当时，看露天电影那可是一件头等大事。不论乡里村外的男女老幼，一听说电影放映员今晚要来村里放电影，就像过节一般高兴。孩子们就会早早地搬着破草墩、扛着小凳子，争先恐后地去电影场占位子。为占到好位子，孩子们可谓绞尽脑汁，方法算得上是五花八门。如有的用破砖块、石头占着地方；有的将草墩、大小木凳等提早摆在电影场；有的则用粉笔或红砖块在场地上写下自己的名字或者干脆写下“有人”等字样。有时为了能占到好一点的位子，孩子们还会来一番争吵，但从未因此影响到大家看电影的热情和兴致。令人难以置信的是，在当时通信条件极端落后的情况下，这放电影的信息传播得却是如此的高效和准确。

大人们忙完了一天的农活，吃完晚饭后，踏着夕阳的余晖，穿着逢年过节时才穿的衣服，三五成群地奔向打谷场，那里已经早早地竖起了两根杆子（条件差的干脆利用两棵大树），中间扯一块白布就是放电影的屏幕。晚来者没有位子的只好站在观众后面或干脆爬到谷堆上、墙头

【作者简介】

方在兴，河南淅川人。整形美容中心主任，主任医师。中国管理科学研究院研究员，中国美容与整形医师协会会员。

观看，实在没地方的不得不到电影屏幕的背面观看“反电影”，那可是别有一番韵味。我就曾经历过这样的事情：一天晚上，我和弟弟一起去看电影，因为去晚了，站在地上看不见，就爬到旁边一户人家的窗台上，怕在窗台上站不稳，只能用手拉住窗子上的钢筋转过头来拧着身子看。正看得入迷时，只听到“扑通”一声，紧接着就有人在下面号啕大哭。一摸身边的弟弟，不在了，跳下窗子找着弟弟，借着余光一看，吓了一跳，弟弟满脸是血。电影是看不成了，一路哭一路往回走，找到一条河，洗脸时才发现门牙也掉了两颗，害怕得不行，回家自然免不了一顿胖揍。

当时不管放映什么片子，放完后人们总是舍不得离开，总是焦急地昂着脖子问放映员：“就这就没了？”“再放一部呗？”直到电影放映员反复说明：“今晚不放了。”大家才拎着自带的凳子依依不舍地离开。大家对电影艺术的那种如饥似渴的模样，至今仍历历在目。

整个电影场上，孩子们是最快乐的一族，特别是电影放映前，你追我赶、嬉笑怒骂；青年男女则极为憧憬，看电影自然成为了当时男女青年交流感情、加深沟通的最佳方式，那是一个浪漫温馨的夜晚，到处弥漫着爱情的气息；成年人则大多拉拉家常，交流着各自身边的琐事。

记得那时发生了一起在今日说来是相当不可思议的事情。村内的王大妈因在电影场卖瓜子，被大队治保主任发现，并将她抓了起来，理由是投机倒把，走资本主义道路，送进了当时生产大队专门办的“流阿强（流氓、阿非、强盗）”学习班，与“流阿强”们一起教育改造。三天后放出，所卖瓜子全部没收。

而在20世纪80年代，电影场自然成为了一些有一定小商品经营意识的村民摆摊设

点、做小买卖的场所，主要经营糖果、瓜子、五香粉、酸梅粉、汽水等零副食品。每逢放电影，这里也自然成为了村落内的小夜市，使劳作了一天的村民在这里得到了难得的放松，过了一回乡下独特的夜生活。

还有一件趣事，当时我们村里放的电影，是周边驻军部队支援农村。我的母亲当时是生产大队的大队长，为了对部队表达感谢，母亲要在电影开场之前发表讲话，尽管母亲经过了认真的准备，但在讲话时，还是闹了个大笑话，她说："我代表全体村民对部队的到来表示最哀心的感谢！"（她把"衷"字读成了"哀"字），而且还把"哀"字念得特别大声且特别的长，部队领导和士兵是否注意到我们不得而知，等待看电影的村民可是热烈地鼓掌，他们更期待的是电影赶紧放吧！这件事，一直是我们家最有意思的记忆。只要一提起这件事，母亲必大笑不止，甚至笑出眼泪来。是好玩，是害羞，也许还有别的。但在那个年代，文化知识有限，相信这样的故事还会有很多！

在影片放映前，通常先要放映一些约为二十分钟的宣传农业科技知识和党的政策方针的短片，俗称"加演"。短片放完后，才开始放映故事片，俗称"正片"。说句实话，这样的"加演"，只是办公室里的人的一厢情愿，村民是不理这一套的。这个时候，也是电影场上最为混乱的时候，有怨怒的、有叫骂的，有呼朋引伴的，大家只盼"正片"早点开始。

20世纪60年代放映的电影片子，主要以故事片为主，如《地道战》《地雷战》《小兵张嘎》《白毛女》《上甘岭》《野火春风斗古城》《铁道游击队》《苦菜花》等红色经典影片以及《哪吒闹海》《孙悟空三打白骨精》等小朋友最爱的片子。"文革"时期，主要放映《沙家滨》《红灯记》《红色娘子军》《杜鹃花红传友谊》《乒乓盛开

友谊花》《骏马飞腾》等。改革开放初期，随着国家政策的调整，还放映了一些具有浓郁民族风情、体现男女爱情故事的片子，如《刘三姐》《五朵金花》《阿诗玛》《冰山上的来客》《一江春水向东流》等。其中，放映《刘三姐》《五朵金花》《阿诗玛》时，周围村落万人空巷，观众人数空前。有一次，在部队的一所医院放映《五朵金花》时，人山人海，电影结束后，别人我不得而知，自己是“踏着空气”出来的。据说第二天在放映场地捡了满满一大卡车烂靴子。20世纪80年代中期，又放映了武术片《武当》《少林寺》《自古英雄出少年》等，枪战故事片《神秘的大佛》《瓦尔特保卫萨拉热窝》《屠城血证》等，以及同时期城里电影院刚放映结束后的一些“新片”，如《红高粱》等。当时这些露天电影，使村民们受到了良好的爱国主义、集体主义和理想主义教育，陶冶了情操，至今仍久久地回荡在人们的脑海中，终生难忘。

在20世纪80年代中期，由于农村百姓家中未曾普及电视机，看露天电影还比较常见。80年代末期，随着改革开放政策的深入推进，村民的生活水平得到了普遍提高，电视机和录音机等大众娱乐媒体普遍进入村民家庭，村民的社会活动出现了多样化，看露天电影不再是村民的主要文化娱乐形式，因而它逐渐淡出了乡村的娱乐圈。而那个时代看露天电影成为了村民们最为难忘的记忆。

脑海中，露天电影的记忆正在逐渐远去，更多的新生事物向我们走来。物质水平的提高必将给精神需求带来新的内容。搜索一下脑海中关于电影的记忆，我深切地感受到了这二三十年里生活水平的飞速提高，同时，也很期待接下来的日子里中国的发展能够更加日新月异，因为，我们不仅要见证，也要参与其中。

敬启

在本书编辑过程中，我们经多方努力，未能找到一部分作者的联系方式。

我们尊重作者的权益，为此预留了稿酬。见书后请即与本丛书编委会联系。

联系方式：（QQ）2086670494（大中原文化读本）

电子信箱：dzywhdb@qq.com dzywhdb@126.com

另：编委会正在筹备“国风读库”系列丛书，欢迎多多赐稿。约稿详情及样文，请关注“文心出版社”微信公众号（wenxinchubanshe），详细了解。

（欢迎扫码关注）
“文心出版社”微信公众号